伊藤塾
試験対策
問題集

ITO JUKU
SHIKENTAISAKU
MONDAISHU

予備試験論文 5

伊藤　真 [監修]　伊藤塾 [著]

刑 法

第2版

弘文堂

第2版　はしがき

　2021年で11回目となる予備試験は，年々受験者が増え，合格者数も初回の116人から2020年には442人と約４倍となった。そういう意味では合格しやすくなったといえるが，予備試験における天王山である論文式試験は，第３回目以降合格率が20％前後と変わっていない。この20％のなかに入れるかどうかは，学習の仕方次第であることは間違いない。そして，学習の初期段階で，自分にとって必要な情報をどう見つけ，どう活かせるかが大きく影響してくる。

　現在，10年前には想像もつかなかった，超高速化，超多数同時接続，超低遅延といわれている５Ｇ（第５世代移動通信システム）の商業運用が始まっている。今までとは比べ物にならない大容量の動画やテキストがインターネット上にあげられるだろう。つまり，更に多くの情報を得ることができるようになる。そのなかから，自分にとって必要な情報を見つけだすことは容易ではない。

　伊藤塾は，25年にわたる司法試験受験指導の経験をもち，設立当初から圧倒的な合格実績をあげてきた。また，予備試験制度開始時から試験の傾向と対策について研究をしている。そして，そのノウハウを活かして，ちまたにあふれている膨大な情報から予備試験対策に必要なものを集約し，作成したのが本書である。

　第２版では，研究成果として得たデータをベースに近年の試験傾向を精緻に分析し，更に，初版以降の法改正や判例などの情報を反映させ，刊行することとした。たとえば，刑事科目に関連する法改正として，2017（平成29）年の「刑法の一部を改正する法律」があり，本書はこれに対応している。

　初版出版以降も予備試験合格者の司法試験合格率は，2017（平成29）年は72.5％，2018（平成30）年は77.6％，2019（令和元）年は81.8％，2020（令和２）年は89.36％と更に高くなっている。

　かぎりある時間を有効活用し，重要度に応じたメリハリをつけた学習をするためにも，まずは本シリーズを利用して論文式試験を突破し，その先へ着実に進んでほしい。

　最後に本書の改訂に際しては，多くの方のご助力を得た。特に，刑法という科目の特性から，弁護士近藤俊之氏（54期）と永野達也氏（新65期）には，実務家としての観点から細部にわたって目を通していただいた。また，2019年予備試験に合格され，翌年の司法試験に優秀な成績で合格された長谷川司さんを中心とする伊藤塾の誇るスタッフ，そして，弘文堂のみなさんの協力を得てはじめて刊行することができた。この場をお借りして，深く感謝を申し上げる次第である。

　2021年6月

伊藤　真

　　　2021（令和３）年の予備試験論文試験解説はここからアクセス！
　　　　　　　　　　　　　　　　　　　　　　　＊2021/10/31配信終了予定
　その他，司法試験・予備試験に関する新情報は，伊藤塾ホームページをご覧ください。

伊藤塾 Q

はしがき

1 はじめに

2011年から導入された予備試験も制度として定着し，合格者の数も，毎年大きく増えてきている。

予備試験を受験する最大のメリットは，経済的・時間的負担がないことである。法科大学院に進学する道を選べば，少なからぬ経済的・時間的負担を強いられる。もちろん，法科大学院には独自の存在意義があるのだが，法科大学院に進学する経済的余裕がない学生や，法科大学院の講義を受ける時間的余裕がない社会人にとって，法科大学院を卒業することは法曹をめざすうえで大きな壁となって立ちはだかっていることだろう。しかし，法曹となるうえで各自の経済的事情や可処分時間の多さは本来関係ないはずである。予備試験は法曹を志すすべての者に門戸を開いている点で法曹の多様性を維持するため必要不可欠な制度であろう。

予備試験受験のメリットは，経済的・時間的負担がないことだけではない。司法試験の合格率はおよそ20％程度であるが，予備試験合格者は司法試験において高い合格率を誇っている。予備試験合格者がはじめて司法試験を受験した2012（平成24）年の司法試験では全体合格率の約3倍である68.2％を記録し，2013（平成25）年は71.9％，2014（平成26）年は66.8％，2015（平成27）年は61.8％，2016（平成28）年は61.5％と圧倒的な合格率を維持している。もちろん，この合格率は予備試験合格者がはじめて司法試験を受験した2012年から2016年にいたるまで5年連続で全法科大学院を差しおいて1位の合格率である。

このように，予備試験にはいくつものメリットがあり，予備試験に合格することは，みずからの可能性を広げることにほかならない。そして，本書は，その予備試験合格への道を切り開くものである。

本書を通して，法科大学院卒業生に勝るとも劣らぬ実力を身につけ，ひとりでも多くの受験生が予備試験に合格されることを切に望んでいる。

2 本書の特色

【1】問題の厳選

予備試験に合格するためには，短答式試験，論文式試験，口述式試験のすべてに合格しなければならない。そして，そのなかで最大の難関が論文式試験である。論文式試験では，憲法，行政法，民法，商法，民事訴訟法，刑法，刑事訴訟法，法律実務基礎科目として刑事実務基礎科目と民事実務基礎科目，一般教養から出題される。したがって，論文式試験に合格するためには，これらの科目について十分な対策をしなければならない。

しかし，闇雲に勉強をしては，すべての科目に十分に目をとおすことはできない。本書は，かぎられた時間のなかで最大の成果をあげるために，予備試験合格に直結するよう最良の問題を選定している。

本書では短期間で高い学習効果が得られるように，予備試験においても圧倒的な合格実績をだし

ている伊藤塾の『伊藤塾 試験対策問題集』（弘文堂）や旧司法試験のなかから予備試験での出題可能性が高い問題を選定して掲載している。また，予備試験合格者が出題可能性を意識して，議論を重ねてオリジナル問題を作成している。旧司法試験過去問はもちろんのこと，他の問題も予備試験と遜色ない練りに練られた良問ばかりである。厳選されたこれらの問題に取り組むことによって本試験でも通用する真の実力を身につけられるであろう。

【2】初学者への配慮

　初学者にとっては，本書のような問題集を用いて問題演習を行うことは，ハードルが高いと思われるかもしれない。しかし，本書は，そのような受験生であっても十分に問題演習の効果が得られるようにこれまでにない工夫をしている。

　まず，それぞれの問題に「思考過程」という項目を設けた。ここでは，予備試験合格者の思考過程を忠実に再現するのみならず，各問題について基本的知識の言及や判例・学説の紹介など丁寧な説明をしている。予備試験合格者の思考過程をここまで丁寧に再現した問題集はほかにはないと自負している。

【3】過去問の徹底的な分析

　予備試験の論文式試験対策において，もっとも重要な位置を占めるのが，過去の予備試験問題の分析である。過去問の分析なくして試験対策の完成はありえない。そこで，本書では，これまで実施されたすべての予備試験過去問に対して徹底した分析を加えた。

　たとえば，初版刊行時の2016（平成28）年予備試験論文問題のなかには，過去問と同様の論点が出題されている科目もある。刑法もその科目のひとつであり，2016年においては，2011（平成23）年と論点が重複している部分があった。この事実からも過去問の徹底的な分析は合格のために非常に有意義であるといえる。

3 本書の構成

　本書は大きく分けて2部構成になっている。以下で詳しく述べる「第1部　基礎編」と「第2部　応用編」をこなすことによって，予備試験合格に必要な重要論点が網羅できるものとなっている。予備試験合格にとって重要な鍵のひとつは重要論点の網羅である。問題選定にあたっては，基礎編と応用編で論点の重複がなるべく生じないように配慮している。

　第1部の基礎編は，『伊藤塾 試験対策問題集』，旧司法試験，予備試験合格者作成オリジナル問題のなかから特に学習効果が高く予備試験対策に資する問題を厳選して収録している。基礎編は，予備試験において出題可能性が高い基本的論点を身につけてもらうことを意識して問題を選定している。基礎編の20問を通じて磐石な基礎を身につけてほしい。

　第2部の応用編は，今まで実施された予備試験論文式問題をすべて収録している。また，旧司法試験で良問とされ，予備試験の難易度に近いものを選定して収録している＊。予備試験合格のためには，過去問を深く吟味することが必要不可欠であるから，これらを繰り返し学習してほしい。

＊初版時においては，予備試験過去問が少なかったため，第2部にも旧司法試験の良問を掲載していた。

【1】第1部　基礎編

(1)　問題

　前述したように，第1部では試験対策問題集，旧司法試験，予備試験合格者作成オリジナル問題のなかから特に学習効果が高く予備試験対策に資する問題を厳選して収録している。応用編とあわせて1冊で論点を網羅しているため，基本的知識の確認・論述の方法を基礎編で身につけて，応用編に進んでほしい。また，第1部では学習の便宜上分野別に問題を並べている。

　法律の学習において，メリハリづけはきわめて重要である。学習レベルや可処分時間に応じてマスターしておいたほうがよい問題が異なる。重要度は，論点の重要性，予備試験における出題可能性等を総合的に勘案して設定している。もっとも，問題を厳選しているため，重要度が低い問題はほとんどない。時間に余裕のある者はすべての問題に目をとおしておくべきであろう。ランクづけについては，以下の目安に従ってほしい。

　　　必ずおさえるべき問題　　Aランク：予備試験に出題される可能性が十分に高い論点を含む問題。
　　　　　　　　　　　　　　　　　　　　必ず論証をおさえておくべき問題である。

　　　周囲と差をつける問題　　B⁺ランク：Aランクには及ばないものの，予備試験に出題される可能性がある問題。ここについてもマスターしておく必要がある。

　　　一読しておくべき問題　　Bランク：他の問題と比較して，論点の重要性はやや下がる問題。余裕のある者は，論述の流れだけでもおさえておくとよい。

(2)　答案例

ア　論述部分

　各問題について答案例を付した。各答案例には，伊藤塾がこれまで築きあげてきた答案作成のノウハウが詰まっている。各答案例を吟味して，答案作成のノウハウを学んでもらいたい。

　また，答案例は，理想の答案を示すと同時に現実的な答案となるように心掛けた。答案はかぎられた時間および紙面で作成されるものである。予備試験では4頁以内の答案を作成しなければならない。そこで，答案例では多くの受験生の標準であると思われる1行30字程度を目安に作成している。

　なお，答案例は数ある正解のなかのひとつでしかない。ここに掲載した答案例以外にも正解の道筋がある。答案例を分析するのみでなく，ほかにどのような正解の道筋があるかを考えてみることで，より問題に対する分析力や法的思考力が身につくことだろう。また，答案例以外の道筋については，優秀答案や答案作成上の注意点において言及している。ほかの道筋を考えるうえで参考にしてもらいたい。

　答案例の作成にあたって，心掛けている点を以下にまとめた。特に初学者は論述の参考にしてほしい。

(ア)　流れのある答案となるように心掛けた

　答案の善し悪しは流れで決まる。そこで，本書では接続詞を多用して，論理的な文章を心掛けている。合格答案のイメージづくりの参考にしてほしい。

　特に初学者は，初期のうちからしっかりした答案のモデルに触れることが短期合格の秘けつである。おおいに参考にしてほしい。

　また，答案の論理の流れも，できるだけ単純なロジックを心掛けた。単純明快でわかりやすい答

案ほどレベルが高いと考えられるからである。シンプルで読みやすい答案ほど評価が高い。そこで，論理の流れは次のように単純化している。これにより，理解が容易になり，さらに，理解した後の記憶の負担が劇的に減少する。ワンパターンとの批判もありうるであろうが，むしろパターン化したほうが，自分の考えを正確に伝えることができるし，問いに答えた答案を作りやすい。判決文のパターンをまねるべきである。たとえば，

　「たしかに，しかし，したがって（そこで），……」

　「この点，そうだとすれば，したがって，……」

　「この点，そうだとすれば，もっとも，そこで，……」等

⑷　積極的に改行して**余白部分を作り，視覚的に読みやすい答案**をめざした

　答案は読んでもらうものである。採点者は 1 通にそれほど時間をかけられず，しかも，かなりの数の答案を読まなければならない。読み手の負担を軽減する方策をとることは，読み手に対する礼儀である。まず視覚的に読みやすい印象を与えることはきわめて重要なことだと考えている。

　「たとえば，」「本来ならば，」「また，」「さらに，」で改行するのは，日本語の使い方としておかしいであろうが，採点者の便宜を考えて，積極的に改行している。

⑸　**法的三段論法**を意識した**ナンバリング**にした

　法律文書の基本は，法的三段論法である。そこで，大前提として規範を立てる部分と，小前提として事実認定をする部分と，あてはめによる結論部分とを意識的に改行して項目立てを分けている。

　特に初学者は，このナンバリングを参考に法的三段論法の書き方をマスターしてほしい。

イ　**右欄のコメントおよび該当する答案部分の作成方法**

　答案例の分析の手助けとして右欄にコメントを付した。右欄コメントでは論述の際の注意点や事実および事実に対する評価の部分などがわかるように記載している。答案例の分析に役立ててもらいたい。

　以下は，コメントをするに際しての指針である。特に初学者であれば答案作成のノウハウとしてぜひ一読してほしい。

⑺　**問題文からの要件定立（オウム返し）**

　問題文：「……，裁判所は証拠として採用しうるか。」

　書き方：「裁判所が証拠として採用しうるためには，適式な証拠調べ手続を経た証拠能力ある証拠である必要がある（317条）。」など

　よくないオウム返し（形式的オウム返し）の例：「裁判所は証拠として採用しうるか。まず，……が問題となる。」

　　　　　　　　　　　　　　　読み手（採点者）は，思わず「あなたに聞いているんですよ。」とツッコミたくなるであろう。

⑻　**問題点の抽出**

　事実から入る。

　答案を作るにあたって，事案を解決するために論点を書くという姿勢が不可欠である。つまり，なぜ論点となるのか，という思考過程を示すのである。問題文を見てはじめて現場で考えて書くべき部分なので，書き手の実力がそのまま現れることになる。事実から離れて論点を展開すると，いかにも論点主義的な印象を与え，さらに思いつきでしか論点を抽出しないため，論点落としや論点はずしの危険を伴うことになる。これらを避けるという点で大きなメリットとなる。

しかし他方で，文章が長くなる，あてはめと重複する可能性があるなどの短所もあるので，答案構成の段階でしっかりと考えてから書くべきである。

㈡　事案の問題提起

　問題点の抽出をした後，事案の問題提起（当該事案固有の問題提起を伊藤塾ではそうよんでいる）をしてから，論点の問題提起（抽象論）を展開するのが理想である。

　また，事案の問題提起に対応させて，三段論法の帰結を書くのが理想である。

㈢　論点の問題提起

　論点自体の問題提起のことで普遍的なものを伊藤塾ではこうよんでいる。これは事前に準備できる部分である。この問題提起のところだけを読んで，何の論点について論じるのかが明らかになるよう心掛けた（抽象的な問題提起を避けた）。

　また，できるだけ中立的な問題提起にした。つまり，問題提起部分のみを読んで特定の立場に立つことがわかってしまう表現は避けた。

　そして，条文解釈の姿勢を示すことを心掛けている。できるだけ条文の文言に引っ掛けて問題提起することが重要である。

　こうした点を意識して，普段から典型論点については事前の準備を怠らないようにしたい。

㈣　原則

　多くの場合，論証は原則から入って例外の必要性と許容性を論じることになる。この場合の原則をできるだけ示した。この原則には気を遣ってほしい。原則を間違えると法律がわかっていないと思われ，致命的な結果を招くことがある。

　また，例外とは，あくまで例外であるから，「……の場合には」，「……のときには」という留保が付くことに注意すべきである。

　原則の後には，必要性や不都合性などの価値判断が入る。なぜなら，原則の結論が正しいのであれば，例外や修正を示す必要がないからである。だからこそまた，原則の後にいきなり法律構成をもってくるのは避けるべきであろう（原則→価値判断→法律構成の順番で書くのが理想である）。

㈤　論証

　できるかぎり，趣旨，本質，根拠，保護法益などの根本からの論証を心掛けた。そのほうが論証に厚みがでるからであるが，より根本的には法律家の命ともいうべき説得力がこの部分で試されることになるからである。本書では，その場での思いつきのような，場あたり的な理由づけは避けるようにしている。

　学説については，実務家登用試験対策を考慮して，判例・通説をベースにしている。さらに，試験対策という実践的な要請から書きやすさという点にも配慮している。そのため，学部の試験にも有用であろう。

　基礎編では，特に初学者の学習効果を高めるために，答案例中の論証部分を色枠で囲んだ。この囲み内の論証は，今後，自分なりの論証を書くうえにおいて基礎となるものである。ベーシックな論証がどのように答案で使われているかを学び，応用編へ進んでほしい。

　基礎がしっかりしていないと応用ができないのは言うまでもない。そのため，この囲み内の論証を覚えて試験会場で答案に書き写すのではなく，応用編に進むころには，この論証部分の構造を理解し，本書で学習をし終わるころには，自分なりの論証を書けるようになってほしい。

　また，論証は，かぎられた試験時間内に答案を仕上げるにあたり，便利なツールである。1つの論点において，論証が1つということはないから，いくつか作成してみて，試験会場ですんなりと

書けるものを用意しておくと更によいだろう。最初は難しいかもしれないが，答案例ばかりでなく優秀答案も参考にして，自分の論証を考えてみよう。

なお，応用編の答案例においては，画一した論証がないことを意識してもらうためにも，論証部分を色枠で囲んでいない。

㈎ 規範

論点の問題提起に対応させたかたちで書いてある。

問題提起：「……が許されるかが問題となる。」

書き方：「……は許されると解する。」または「……は許されないと考える。」

悪い例：問題提起は「許されるか。」なのに，「……は認められると解する。」「否定すべきである。」

など，問題提起に対応していないものがその典型である。自分の立てた問題提起に対応させないで規範を定立するのは，日本語の文章としておかしいという感覚をもつことが大切である。

基礎編の答案例においては，規範を定立している部分を色文字で目立つようにした。上記を意識しながら，読んでほしい。

㈏ あてはめ

伊藤塾では創立当初から，あてはめの重要性を訴えてきた。具体的な問題を解決するために法律を使いこなすのだから，このあてはめ部分の重要性は明らかである。また，本試験では，問題文を見なければこの部分は書けないのだから，具体的に考えることができるかという本人の実力がそのまま反映される部分でもある。

まず，問題文の事実を省略しないことである。これは事案を解決するために規範を定立したのであるから当然である。

次に，問題文の事実に評価を加えて認定するのが理想である（事実→評価→認定）。法的三段論法の特長は，このように小前提たる事実認定にも評価が入る点である。事実を自分がどうみるのかを指摘できれば，採点者にアピールできる。ただ，紙面（＝答案用紙）のスペースとの関係で評価を加えながら事実を認定した答案例もある。なお，問題文にない事実を付け加えるのは厳禁である。

あてはめを規範に対応させることも大切である。規範定立したのに，それに対応させないのはあまりにもお粗末である。自分の定立した規範に従ってきちんとあてはめをすることである。これは自分の書いた文章に責任をもてということでもある。規範とは道具であって，あてはめがしっかりできることによって道具を使いこなしたことをアピールできるのである。

㈐ 三段論法の帰結

あてはめの後，事案の問題提起に対応させて，三段論法の帰結を書くのが理想である。ただし，本書ではスペースの関係でできなかったものが多い点はご容赦いただきたい。

㈑ 形式的に問いに答える

問題文の問い掛けに形式的に答えることは答案の基本であるが，意外とできていない人が多い。この点は各自の答案ですぐに検証できる部分なので，早い時期から気を遣い，問いに答えられるようにしたい。

問題文：「……は適法か。」

書き方：「以上より，……は適法である。」「違法である。」

悪い例：「以上より，……は許される。」「……は認められない。」など問いに答えていないもの

ウ　条文・定義・趣旨の重要性

㈎　条文

あたり前のこととして軽視されがちであるが，すべての出発点は条文である。条文を正確に示すことも実力のうちということを認識してほしい。法令名や条文番号だけでなく，項や号，前段・後段・本文・ただし書まで正確に引用する方法を参考にしてほしい。

たとえば，刑法でいうと，緊急避難（37条1項），併合罪（45条），観念的競合（54条1項），強盗殺人罪（240条）などの引用は不正確である。それぞれ，37条1項本文，45条前段，54条1項前段，240条後段と正確に引用する必要がある。不正確な条文引用は減点事由となることを認識しておいてほしい。

なお，答案例では，刑法については，原則として法令名を省略し，刑法以外の法令を引用する場合には，すべて法令名を記載することとしている。

㈏　定義

定義が不正確だと，採点者に対して，マイナスの印象を与えてしまう。いわば不合格推定がはたらくといってもよいだろう。ただ，むやみに丸暗記するのではなく，定義のなかのどの言葉が本質的で重要なのかを意識して記憶するようにしてほしい。

㈐　趣旨

定義とならんで，あるいはそれ以上に重要である。法律の解釈は趣旨に始まり趣旨に終わるといってもよいほどよく使うので，理解して正確に表現しなければいけない要素である。

論点を論述する際には，趣旨から論証できると説得的になり高い評価が得られるであろう。

⑶　優秀答案

周囲の受験生のレベルを知るひとつの手段として優秀答案を付した。優秀答案であるからもちろんよく論述できている部分もあるが，完璧な答案を試験時間内に作成することは至難の業であり，どのような答案でもミスや論述が不足している部分は存在する。優秀答案からはよいところはそのまま自己の糧とし，悪い部分は反面教師として学ぶ必要がある。

また，そのための一助として優秀答案にも右欄にコメントを付し，よい部分，悪い部分を明確に指摘した。これによってより深く優秀答案の分析ができることだろう。

なお，予備試験の場合，論述は4頁（1頁22行目安）以内に収めなければならない。書くスピードは人によってさまざまであるから，試験時間内に自分がどれだけの分量を書くことができるかを知っておくことも重要である。

⑷　答案作成上の注意点

受験生が誤りがちなポイントや高得点をとるためのポイントについて記載している。答案例とは異なる見解からの論述についても言及している。

合格者であればどのように答案を作成するのかということも知ることができるようになっている。

⑸　答案構成例

答案構成にも2種類のものがある。実際に答案を書く際に，15分から20分くらいで作成するメモ書きとしての答案構成と，ある問題を学習した後に復習として作る答案構成である。本書の答案構成は後者にあたる。これは試験直前に，それまで勉強したことを総復習する際に，手軽に記憶を喚起できるように作成したものである。

【2】 第2部 応用編

⑴ 問題

第2部では，予備試験過去問を中心に収録している。

⑵ 思考過程

思考過程では，実際の予備試験合格者の思考過程をできるかぎり丁寧に記述した。実際に答案は，多くの思考を経たうえで作成されている。しかし，通常の問題集にはその思考過程が十分示されることはなく，どのような思考過程を経て答案例が作成されているのか不明であることが多い。また，実際の予備試験合格者の思考過程を知る機会はほとんどないが，予備試験合格者が，問題を見てどのような思考過程を経たうえで答案を作成しているのかを学ぶことは，予備試験対策としても非常に有意義である。

そこで，本書ではできるかぎり丁寧に思考過程を記述することで，予備試験合格者の思考過程を追体験してもらうことを試みた。この思考過程を徹底的に分析することで，予備試験合格者の思考過程を身につけてもらいたい。

⑶ 答案例

応用編は，問題の難易度も比較的高度なものとなっており，答案例は，いちおうの完全解を想定しているが，合格レベルに達するには，ここまで書ける必要はない。答案例を目標にしつつ，自分であれば，いかなる答案を書くことができるのか，理想の答案を確立してほしい。

⑷ 優秀答案

優秀答案は，すべて予備試験合格者が書いた答案である。各年の予備試験に合格した者のA評価の答案を採用している。旧司法試験やオリジナル問題，合格発表前の問題についても，予備試験合格者がA評価相当である答案を意識して作成した答案を優秀答案としている。

予備試験合格者といえども，時間内で完璧な答案を書くことは至難の業である。どの程度書ければA評価の答案に達するのか，肌で感じてほしい。また，合格者でもこの程度かと自信をもってもらってもよいだろう。

⑸ 出題趣旨

各問題に出題趣旨を付し，問うている事柄や能力を明確にするために出題の趣旨を用意した。予備試験については，法務省が公表している出題の趣旨を掲載した。旧司法試験については，法務省公表の出題の趣旨に加えて数ある問題のなかから当該問題を選出した理由について言及している。さらに，オリジナル問題については，当該問題を掲載した理由についても言及している。

⑹ 優秀答案における採点実感

答案全体のよい部分や悪い部分，更には右欄のコメントでは説明しきれなかった部分を優秀答案における採点実感で説明した。答案の採点官が実際に答案を読んだときにどのように評価する可能性があるかを示している。この部分から採点官は，答案のどのような部分を評価し，どのような部分を評価しないのかを学びとってもらいたい。

⑺ 再現答案からみる合格ライン*

予備試験の論文式試験に合格するためには，すべての科目においてA評価をとる必要はない。合格するためには，むしろE〜F評価をとらないことが重要である。今までの予備試験をみると合格ラインは，B〜C評価の答案といえる。この評価をとるためには，ほかの受験生が書いている論点に言及し，まわりに差をつけられない守りの姿勢が重要となる。

そこで，伊藤塾に集められた数多くの再現答案を読み，どれだけの水準に達していれば十分であ

るか受験生の相場の分析を試みた。

　また，ほかの受験生が実際にかぎられた時間内で作成した答案がどのようなことを書いているかを知ることは非常に有意義なことである。「再現答案からみる合格ライン」を読んで，みずからの答案を合格答案にしてほしい。

＊　本項目は，本書の制作終了までに，法務省より予備試験論文式試験の講評が公布されていない場合に設けている。

【3】論点・論証一覧

　本書の末尾には，実際に答案で用いた論証を一覧にしてまとめている。読者の復習の際の便宜を考え，答案例から実際に用いられた論証を抜粋して末尾に記載することとした。

　ちまたに出版されている論証集は，冗長にすぎるものが散見される。長い論証では，理解の助けにはなるものの，実際に現場で答案を書くときには，そのすべてを吐きだすことはできない。予備試験はかぎられた時間内での戦いであるから，実際にそのまま貼り付けることのできる論証を事前に準備することが合格のための重要なポイントとなる。

　本書の論証一覧は，実際に答案例で用いられている論証をまとめているため，そのまま自分の答案に表すことも可能である。また，本書の論点・論証一覧をベースとしつつ，現場で書きやすいように自分なりのアレンジを加え，よりよい論証を事前に準備して，本番にのぞんでほしい。

４　本書の使い方

【1】初学者（まだ答案を書いたことがないか，書き方がわからない人）

　まずは，ここまでに示した答案のノウハウを熟読し，しっかりと理解・記憶してほしい。そのうえで，Ａランクの問題を先に解いてみてほしい。

　その際，いきなり答案構成をしたり，答案を書いたりすることは，非効率的で，およそ不可能である。まず，問題文と答案例を対照して，どのように書いたらよいのかを分析してみよう。その際には，右欄のコメントを参考にするとよいだろう。

　また，条文，定義，趣旨などの基本事項がいかに重要であるかを認識してほしい。もちろん重要性を認識したら，カードを作るなどして繰り返し覚える努力を惜しまないでほしい。

　答案作成の方法がわかったら，実際に答案構成をしてみるか，答案を書いてみるとよい。わかったつもりでいたところが，いざ書いてみようとすると記憶が曖昧で書けないなど，自分の弱点が見えてくるはずである。弱点を突きつけられたとしてもそれに負けずに，一歩一歩確実にしていくことが今後の力となる。

　そして，一度答案構成をしたり答案を書いた問題でも，何度か繰り返してやってみてほしい。それによってその問題が解けるだけではなく知識や答案の書き方が身についてくる。問題文の右上にCHECK欄を作ったのは，何回勉強したか自分で記録するためのものである。

【2】中級者以上（答案を書いたことがあるが，本試験や答練でよい評価を得られない人など）

　まずは，問題を見て，答案を作成してほしい。少なくとも答案構成をしてほしい。問題文を読んで即座に思考過程や答案例を読むことはお勧めしない。実際に答案構成をし，答案を作成するなど

各問題と深く向き合うことで，はじめて真の実力が身につく。したがって，時間があるかぎり，答案を実際に作成するのがよいだろう。特に，過去問については実際に答案を作成してほしい。

　次に，自分の答案を答案例や優秀答案と見比べて，どこが違っているかを確認する。たとえば，事実を引用せずに，いきなり「それでは，……であろうか。」などと問題提起をしていないか。つまり，「それでは」は，前の文章を受けていないので，論理が飛躍し，読み手に論述の流れが伝わらない危険性が高い（「まず，前提として」も同じ）。もちろん，これらを使ってはいけないということではない。本当に「それでは」でつながるのか，本当に「まず，前提」なのかを自分でチェックしてみることである。

　また，抽象的な問題提起をしている，定義が不正確である，あてはめと規範が対応していない，問いに答えていない，など自分の欠点を見つけ，改善すべきところを探る。こうして自分の書いた答案を添削するつもりで比較検討するのである。欠点のない人はいないのだから，それを謙虚に認めることができるかどうかで成長が決まる。

　そして，答案例や優秀答案から基本事項の大切さを読みとってほしい。この点の再認識だけでもおおいに意味があると思う。答案作成にあたって，特別なことを書く必要はないということが具体的に実感できるであろう。ぜひ，基本事項の大切さを知ってほしい。人と違うことを書くと，大成功することもあるが，大失敗する危険もある。そのリスクに配慮して書かない勇気というものもある。また，たとえ加点事由でもあっても，基本事項を抜きにして突然書いてみてもほとんど意味がない。基礎点のないところに加えるべき点数などないことを知るべきである。

　また，答案例・思考過程を読み過去問を分析することは予備試験合格にとって重要なことである。過去問の分析をすることにより，予備試験ではどのような問題が出題されるのか，ある問題に対してどこまで論述できなければならないのか，合格ラインに達する論述を行うためにはどのような学習をする必要があるのかということが明確になるだろう。ゴール（過去問＝本試験問題）から逆算して，どのような学習を行えばよいのかを考えることで，合格に直結する最短距離での学習ができるはずである。本書を有効に活用し，過去問を徹底的に分析してもらいたい。

　最後に，自分の答案の表現の不適切さなどは，自分自身では気づかない場合が多い。本書の問題を使って答案を作成した後に，できれば合格者に答案を見てもらう機会をもてるとよい。また，受験生同士で答案の回し読みをすることも一定の効果があるので，ゼミを組んで議論するのもひとつの手であろう。ほかの人に答案を読んでもらうことによって，独りよがりの部分に気がつくこともしばしばある。ただし，ゼミの目的と終わりの時間をしっかりと決めて参加者で共有しておかないと，中途半端なものとなり時間の無駄に終わることがあるので注意してほしい。

5 おわりに

　本書は，予備試験論文式試験における合格答案を書くためのノウ・ハウが詰まっているテキストである。冒頭でも述べたが本書は，予備試験合格への道を切り開くものである。本書を十分に学習すれば，問題分析の仕方や予備試験合格者の思考，論述作成の方法などを知ることができ，刑法はもちろん他の科目にもよい影響を与えることができるだろう。そういった意味では，本書はすべての科目に共通する分析の仕方，考え方，論述の仕方を示しているといってよい。

　本書に収録されている問題と深く向き合い，本書を有効に活用することでひとりでも多くの受験

生が予備試験に合格することを切に望んでいる。

　なお，本書の制作に際して，多くの方のご助力を得た。特に2015年に予備試験を合格し，翌2016年に司法試験に合格した小川美月さん，加藤千晶さん，小泉遼平さん，小味真人さん，佐藤健太郎さん，横田直忠さん，渡邊俊彦さんの7名には，優秀な成績で合格した力をもって，彼等のノウハウを惜しみなく注いでいただいた。また，伊藤塾の書籍出版において従前から貢献していただいている近藤俊之氏（54期）と永野達也氏（新65期）には，実務家としての必要な視点をもってして内容をチェックしていただいた。そして，伊藤塾の誇る優秀なスタッフと弘文堂のみなさんの協力を得て，はじめて刊行することができた。ここに改めて感謝する。

　　　　2016年10月

　　　　　　　　　　　　　　　　　　　　　　　　　　　　　　　伊藤　真

★参考文献一覧

　本書をまとめるにあたり多くの文献を参照させていただきました。そのすべてを記すことはできませんが主なものを下に掲げておきます。なお，本書はいわゆる学術書ではなく，学習用の教材ですので，その性質上，学習において必要な部分以外は引用した文献名を逐一明記することはしませんでした。ここに記して感謝申し上げる次第です。

【総論】

大塚　仁・刑法概説（総論）[第4版]（有斐閣・2008）

大塚裕史＝十河太朗＝塩谷毅・豊田兼彦・基本刑法Ⅰ－総論 [第3版]（日本評論社・2019）

大谷　實・刑法講義総論 [新版第5版]（成文堂・2019）

川端　博・刑法総論講義 [第3版]（成文堂・2013）

団藤重光・刑法綱要総論 [第3版]（創文社・1990）

福田　平・全訂刑法総論 [第5版]（有斐閣・2011）

前田雅英・刑法総論講義 [第7版]（東京大学出版会・2019）

山口　厚・刑法総論 [第3版]（有斐閣・2016）

山中敬一・刑法総論 [第3版]（成文堂・2015）

裁判所職員総合研修所監修・刑法総論講義案 [四訂版]（司法協会・2016）

曽根威彦・刑法の重要問題〔総論〕[第2版]（成文堂・2005）

【各論】

大塚　仁・刑法概説（各論）[第3版増補版]（有斐閣・2005）

大塚裕史＝十河太朗＝塩谷毅・豊田兼彦・基本刑法Ⅱ－各論 [第2版]（日本評論社・2018）

大谷　實・刑法講義各論 [新版第5版]（成文堂・2019）

川端　博・刑法各論概要 [第3版]（成文堂・2003）

団藤重光・刑法綱要各論 [第3版]（創文社・1990）

西田典之・刑法各論 [第7版]（弘文堂・2018）

福田　平・全訂刑法各論 [第3版増補]（有斐閣・2002）

前田雅英・刑法各論講義 [第7版]（東京大学出版会・2020）

山口　厚・刑法各論 [第2版]（有斐閣・2010）

山中敬一・刑法各論 [第3版]（成文堂・2015）

大塚仁＝河上和雄＝佐藤文哉・古田佑紀編・大コンメンタール刑法 [第2版]（青林書院・1999〜2006）

大塚仁＝河上和雄＝中山善房＝古田佑紀編・大コンメンタール刑法 [第3版]（青林書院・2013〜2021）

曽根威彦・刑法の重要問題〔各論〕[第2版]（成文堂・2006）

【その他】

佐伯仁志＝橋爪隆編・刑法判例百選Ⅰ－総論 [第8版]・Ⅱ－各論 [第8版]（有斐閣・2020）

前田雅英＝星周一郎・最新重要判例250〔刑法〕[第12版]（弘文堂・2020）

前田雅英編・条解刑法 [第4版]（弘文堂・2020）

重要判例解説（有斐閣）

判例時報（判例時報社）

判例タイムズ（判例タイムズ社）

最高裁判所判例解説刑事篇（法曹会）

石井一正・刑事事実認定入門 [第3版]（判例タイムズ社・2015）

植村立郎編・刑事事実認定重要判決50選［第3版］（上・下）（立花書房・2020）

西田典之＝山口厚＝佐伯仁志編・刑法の争点（有斐閣・2007）

井田良＝佐伯仁志＝橋爪隆＝安田拓人・刑法事例演習教材［第3版］（有斐閣・2020）

目　　次

❰ 伊藤塾合格エッセンス ❱

　試験対策問題集シリーズに掲載されている問題やここで記載したような学習方法は，伊藤真塾長や伊藤塾で研究・開発した数多いテキストや講義のうちの一部を紹介したにすぎません。「伊藤塾の講義を体験してみたい」，「直近合格者の勉強方法をもっと知りたい」，「伊藤塾テキストを見たい」，「伊藤真塾長ってどんな人かな」……。そう思ったら，伊藤塾ホームページにアクセスしてください。無料でお得な情報が溢れています。

　　　パソコン・スマホより → https://www.itojuku.co.jp/

```
┌─────────────────────────────────────┐
│     伊藤塾ホームページにある情報の一例     │
└─────────────────────────────────────┘
```

　　塾長雑感（塾長エッセイ）
　　無料体験講座
　　合格者の声 ― 合格体験記・合格者メッセージ ―
　　合格後の活躍 ― 実務家レポート ―
　　講師メッセージ
　　伊藤塾の書籍紹介

　講座は，受験生のライフスタイルに合わせ，在宅（通信）受講と通学（校舎）受講，インターネット受講を用意しています。どの受講形態でも学習フォローシステムが充実しています。

第1部

基礎編

> 　甲は，深夜，自動車の運転を誤って歩行者Aをはね，重傷を負わせた。甲は，いったん自動車から降りてAの様子を見たが，死ぬことはないだろうと思い，その場にAを放置してそのまま自動車で逃走した。その後，たまたま現場を自動車で通り掛った乙は，Aが道路上に倒れているのに気づき，病院へ運ぶためにAを自動車に乗せ，発進させた。しかし，途中で顔をよく見たところ，乙が以前から恨みに思っていたAであると気づいたので，こんな奴は死ねばいいと思いなおし，Aを車から降ろして，暗く交通量の少ない道路上に放置して走り去った。そのため，数時間後にAは死亡した。なお，Aは病院へ運ばれれば十中八九救命可能であったものとする。
>
> 　甲および乙の罪責を論ぜよ。

【論　点】

1　因果関係（行為後に特殊事情がある場合）
2　ひき逃げと保護義務
3　不真正不作為犯の実行行為性

答案構成用紙

第1　甲の罪責について
1　甲が自動車の運転を誤ってAをはね，重傷を負わせ，
　数時間後に死亡させた行為につき，過失運転致死罪（自
　動車の運転により人を死傷させる行為等の処罰に関する
　法律5条本文）の成否を検討する。　　　　　　　　　5
　(1)　この点，甲は自動車の運転を誤っているので，「自
　　動車の運転上必要な注意を怠り」といえる。
　(2)　そうだとしても，甲の上記行為とAの死亡との間に　　➡問題点の抽出
　　は，乙がいったんはAを自動車に乗せつつ，その後に
　　暗く交通量の少ない道路上に放置したという第三者の　10
　　行為が介在している。
　　　そこで，甲の行為は「よって人を死」亡させたとい　　➡事案の問題提起
　　えるのか，刑法上の因果関係の判断基準が問題となる。　➡論点の問題提起

> ア　因果関係は，行為者の実行行為に結果を帰属させ　　➡危険の現実化説
> 　ることができるかという問題であるから，条件関係　15
> 　を前提に，行為の危険が結果に現実化した場合に因
> 　果関係が認められると解する。

　　イ　本問についてみると，まず甲の行為がなければA　　➡あてはめ
　　　の死亡結果が生じなかったのであるから，甲の行為
　　　とA死亡との間に条件関係が存する。　　　　　　　20
　　　　また，たしかに，以前から恨んでいたAと気づき，
　　　いったんは車に乗せたAを道路上に放置したという
　　　乙の行為は，介在事情として異常なものといえる。
　　　しかし，甲の上記行為は，走行する自動車に衝突さ
　　　れたら対抗できない歩行者に対するもので，それ自　25
　　　体死亡結果を生じさせる危険性を有する。Aは甲の
　　　自動車にはねられたことが原因となって死亡したの
　　　であるから，このような危険が現実化したものとし
　　　て，因果関係が認められる。
　　　　したがって，甲の上記行為は，「よって人を死」　30　➡事案の問題提起に対応させる
　　　亡させたといえる。
　(3)　以上より，甲の行為に過失運転致死罪が成立する。　➡結論
2　次に，甲は，いったん自動車から降りてAの様子をみ
　たが，その場にAを放置して自動車で逃走しているので，
　保護責任者遺棄致死罪（刑法219条，218条前段。以下　35
　「刑法」法名省略）が成立しそうである。
　　　しかし，甲は要扶助者Aを引き受けるなどその生命を　　⇨大谷（各）78頁，前田（各）66
　　支配できる地位にはないから，甲に保護義務は生じない。　頁
　　　したがって，甲は，「病者を保護する責任のある者」　➡文言解釈
　　にあたらない。　　　　　　　　　　　　　　　　　40
　　　よって，甲に保護責任者遺棄致死罪は成立しない。　　➡結論
3　以上より，甲は，過失運転致死罪の罪責を負う。　　　➡問いに答える
第2　乙の罪責について
　　乙が，Aを自動車に乗せ，発進させたのに，こんな奴は

死ねばいいと思いなおし，Aを道路上に放置して走り去っ　45
て，数時間後にAを死亡させた行為につき，殺人罪（199
条）の成否を検討する。

1　まず，放置行為は，「殺」すという本来作為犯を予定　➡問題の所在
　　している構成要件を不作為によって実現するものである。
　　　そこで，不真正不作為犯の実行行為性が問題となる。　50　➡論点の問題提起

　(1)　この点について，実行行為とは構成要件的結果発生　➡定義から
　　の現実的危険性のある行為をいうところ，その危険の
　　実現は不作為によっても可能である。
　　　もっとも，処罰範囲が不当に拡大することを防止し　➡歯止め
　　なければ，罪刑法定主義の趣旨に反する。　　　　　　55　⇨川端（総）233頁参照
　　　そこで，作為犯との構成要件的同価値性が認められ　➡規範定立（論点の問題提起に対
　　る場合，すなわち，①法的作為義務が存在し，②作為　　　　応させる）
　　可能性・容易性が認められる場合に，不真正不作為犯
　　の実行行為性を肯定できると解する。

　(2)　これを本問についてみると，乙は，Aを自動車に乗　60　➡あてはめ
　　せるという先行行為によって，他者による救護を不可
　　能にし，Aの法益が乙に依存する関係を作出している。
　　そのため，乙には①法的作為義務が認められる。
　　　また，乙は，容易に自動車でAを病院に運ぶことが
　　できたから，②作為可能性・容易性も認められる。　　65
　　　したがって，乙の放置行為は，殺人罪の実行行為性　➡三段論法の帰結
　　を肯定できる。

2　そして，乙がAを病院へ運べば十中八九救命可能であ　➡結果・因果関係
　　ったのであるから，社会生活上の経験に照らすと，乙の　⇨最決平成元年12月15日（判例シ
　　上記不作為とAの死亡との間には因果関係があるといえ　70　　　リーズ1事件）
　　る。

3　また，乙は，Aが死ねばいいと思っており，殺人罪の　➡故意
　　構成要件該当事実の認識・認容があるといえる。よって，
　　故意が認められる。

4　以上より，乙の行為には殺人罪が成立し，乙はその罪　75　➡問いに答える
　　責を負う。

　　　　　　　　　　　　　　　　　　　　　　　　以上

1　甲の罪責について
　(1)　甲は自動車の運転を誤って歩行者をはね，重傷を負わ
　　　せていることから，過失運転致傷罪（自動車の運転によ
　　　り人を死傷させる行為等の処罰に関する法律5条本文）
　　　が成立しないか。　　　　　　　　　　　　　　　　　5

　　　　この点，甲は「自動車の運転」中に，誤って歩行者を
　　　はねており「過失」により重傷という結果を負わせてい
　　　る。

　　　　よって，甲には過失運転致傷罪が成立する。
　(2)　その後，甲は，そのまま自動車で逃走し，その後Aは　10
　　　死亡しているので保護責任者遺棄致死罪（219条）が成
　　　立しないか。
　　ア　まず，Aは重傷を負っているので「病者」といえる。
　　　　また甲には，Aをはねたという先行行為に基づく条
　　　理上の保護義務があり「保護する責任のある者」とい　15
　　　える。
　　　　さらに，そのままAを置き去りにして逃走しており
　　　「遺棄」といえる。
　　イ　では，死の結果についても甲は責任を負うか。因果
　　　関係の有無が問題となる。　　　　　　　　　　　　　20
　　　　思うに因果関係は，構成要件該当性の問題であり，
　　　構成要件は，社会通念をもとに違法有責な行為を類型
　　　化したものである。そうであるなら，行為者が特に認
　　　識し又は予見していた事情及び，一般人が，認識しえ
　　　予見しえた事情を基礎事情として，そのような行為か　25
　　　らそのような結果が生じるのが社会通念上相当といえ
　　　る場合にのみ因果関係を肯定すべきである（折衷的相
　　　当因果関係説）。
　　　　本問の場合のように，その後通りかかった者が，い
　　　ったん重傷者を引き受けたのに，死ねばいいと思い直　30
　　　して車から降ろすことは，行為者も予見していなかっ
　　　たし，一般人も予見しえない。よって基礎事情にはと
　　　り込めない。すると，重傷者を深夜路上に放置すれば，
　　　死に至ることは，社会通念上相当といえるので，因果
　　　関係は認められる。　　　　　　　　　　　　　　　　35
　　　　よって，甲には保護責任者遺棄致死罪（219条）が
　　　成立する。
　(3)　罪数
　　　　過失運転致傷罪と，保護責任者遺棄致死罪（219条）
　　　は，手段と結果の関係になく，又，一つの行為から生じ　40
　　　た結果でもないので，両罪は併合罪（45条前段）となる。
2　乙の罪責について
　(1)　乙は，「こんな奴死ねばいい」と思いAを放置し，そ
　　　の後死亡しているので，乙に不作為による殺人罪（199

← ○行為の抜きだしOK

← △過失運転致死罪の成否として，死の結果との間の因果関係を論じてほしい

← △正確には「219条，218条」

← △本問で保護義務を認定するのは苦しい（答案作成上の注意点参照）

← ○因果関係の検討をしていること自体はOK

← △「すると」ではつながらない。接続詞に注意してほしい

← ○罪数処理OK

← ○行為の抜きだしOK

条）が成立しないか。   45

(2)　構成要件が「人を殺した者」と作為の形で規定してい
　るので，乙に不作為による場合も実行行為といえるか。
　　　思うに実行行為とは構成要件的結果発生の現実的危険
　性のある行為と解されるが，不作為によってもかかる危
　険性は生じうる。   50
　　　よって不作為も実行行為といえる。
　　　もっとも，すべての不作為が作為と同視されるのでは，
　構成要件の自由保障機能を害することになる。
　　　そこで，法的に①作為義務を負う者の不作為のみを問
　題にすべきである。又，法は不可能を要求するものでな   55
　いから，②作為の可能性，容易性も必要である。さらに，
　③作為との同価値性を要求すべきである。

(3)　本問の乙は，自らがAをはねたわけではないが，いっ
　たん自分の車に，Aを引き入れている以上，事務管理上
　の作為義務を負っている（①）。又，Aを病院へ運べば   60
　救命は可能であったのであるから，作為の可能性，容易
　性も認められる（②）。さらに，殺人罪の場合人の生命
　を侵害するという強度の違法性があるので，その作為と
　同価値というには，引受けなど，生命に対する支配が強
　度である必要がある。本問の乙は，自分の車にAを引受   65
　けており生命に対する支配が強度であるといえ，Aを暗
　く交通量の少ない道路上に放置しているので他人がAを
　発見し救命する可能性も低く，作為による殺人との同価
　値性も認められる（③）。
　　　よって，乙には，不作為による殺人罪の実行行為があ   70
　るといえる。

(4)　又，重症のAを，交通の少ない道路に放置すれば，死
　の結果が生じることは社会通念上相当といえ因果関係も
　ある。

(5)　以上より，乙には，Aに対する殺人罪（199条）が成   75
　立する。

　　　　　　　　　　　　　　　　　　　　　　　　　　以上

←△日本語がおかしい

←△構成要件的同価値性は，①②
と独立した要件ではないとする
のが多数説

←○以下，丁寧なあてはめである

←△どこかで改行してほしい。読
み手に対する配慮に欠ける

←△因果関係の認定は不作為では
なく，作為を基準にする（答案
例参照）

←○結論OK

答案作成上の注意点

　まず，Ａをはねた甲の行為について検討すべきなのは，自動車運転過失致死罪ではないことに注意してほしい。2013（平成25）年の刑法改正により自動車運転過失致死罪（旧刑法211条2項）は，自動車の運転により人を死傷させる行為等の処罰に関する法律に規定されている。そこで，Ａをはねた行為については，同法5条本文の過失運転致死罪を検討していくことになる。

　次に，第三者乙の行為が介在しているため，因果関係が認められるかが問題となる。相当因果関係説，危険の現実化説，いずれの立場でもかまわないが，本問の事情を使ってあてはめを充実させてほしい。

　なお，保護責任者遺棄致死罪については端的に検討すべきと考えられるが，本問では，引受け行為がないため，保護責任者遺棄致死罪の成立を否定するほうが一般的な認定といえる（大谷（各）80頁，最判昭和34年7月24日刑集13巻8号1163頁）。

　乙については，不真正不作為犯が問題となる。実行行為性の論点は，要件が定立される理由から丁寧に論証したほうが好印象である。あてはめでは，乙がＡを自動車に乗せた引受け行為が排他的支配を導く重要要素であるから，これを意識して答案を作成してほしい。

答案構成

第1　甲の罪責
1　Ａをはね，数時間後に死亡させた行為
(1)　この点，甲の行為は，「自動車の運転上必要な注意を怠り」といえる
(2)　としても，第三者乙の行為が介在
　　そこで，因果関係あるか
ア　危険の現実化説
イ　本問では，まず，条件関係あり
　　たしかに，介在事情は異常
　　しかし，甲の行為自体危険，はねられたことが死因
　　したがって，因果関係あり
(3)　以上より，過失運転致死罪（自動車の運転により人を死傷させる行為等の処罰に関する法律5条本文）が成立
2　次に，その場にＡを放置して自動車で逃走しているが，甲はＡの生命を支配できる地位にはなく，保護義務は生じない
　　したがって，甲は，「病者を保護する責任のある者」（刑法218条）にあたらない
　　よって，保護責任者遺棄致死罪は成立しない

3　以上より，甲は，過失運転致死罪の罪責を負う
第2　乙の罪責
　　Ａを放置して死亡させた行為
1　まず，不真正不作為犯の実行行為性
(1)　①法的作為義務の存在，②作為可能性・容易性が要件
(2)　本問では，乙はＡを自動車に乗せる先行行為によって他者による救護を不可能にしているので，①法的作為義務あり
　　また，乙は，容易に自動車でＡを病院に運ぶことができたから，②作為可能性・容易性もあり
　　とすれば構成要件的同価値性あり
　　したがって，乙の放置行為に，殺人罪の実行行為性あり
2　そして，乙がＡを病院へ運べば十中八九救命可能であり，因果関係あり
3　また，故意も認められる
4　以上より，乙には殺人罪（199条）が成立し，その罪責を負う
以上

【参考文献】
試験対策講座・刑法総論6章2節②，7章2節③，刑法各論1章6節④(2)。判例シリーズ1事件。
条文シリーズ1編7章■3節②・■5節②，218条②1。

　　甲，乙および丙は，事故死を装ってXを殺害しようと考え，丙がXを人けのない港に呼びだし，3名でXに薬剤をかがせて昏睡させ，昏睡したXを海中に投棄して殺害することを話し合って決めた。そこで，丙は，Xに電話を掛け，港に来るよう告げたところ，Xはこれを了承した。その後，丙は，このまま計画に関与し続けることが怖くなったので，甲に対し，電話で「待ち合わせ場所には行きません。」と言ったところ，甲は，「何を言っているんだ。すぐこい。」と答えた。しかし，丙が待ち合わせ場所である港に現れなかったので，甲および乙は，もう丙は来ないものと思い，待ち合わせ場所に現れたXに薬剤をかがせ昏睡させた。乙は，動かなくなったXを見て，かわいそうになり，甲にX殺害を思いとどまるよう懇請した。これを聞いて激怒した甲は，乙を殴ったところ，乙は転倒し，頭を打って気絶した。その後，甲は，Xをでき死させようと岸壁から海中に投棄した。なお，後日判明したところによれば，Xは，乙が懇請した時には，薬剤の作用によりすでに死亡していた。

　　甲，乙および丙の罪責を論ぜよ（ただし，特別法違反の点は除く）。

【論　点】

1　早すぎた構成要件の実現
2　共同正犯からの離脱

答案構成用紙

答案例

第1　甲の罪責について

1　Xに薬剤をかがせた行為（以下「第1行為」という）に殺人罪（199条）が成立しないか。

(1)　まず，甲は事故死を装って，Xを海中に投棄する行為（以下「第2行為」という）によってXを殺害することを計画しているところ，薬剤をかがせる行為をもって，殺人罪の実行の着手（43条本文）があるといえるかが問題となる。 ➡問題提起

ア　この点について，実行行為とは，構成要件的結果発生の現実的危険性を有する行為をいうため，このような危険性を惹起した時点において実行行為性が認められ，実行の着手があるといえると解する。 ➡判断基準

そして，犯人の主観もこのような危険性に影響することから，犯人の主観，犯行計画をも考慮するべきである。 ➡考慮要素

イ　これを本問についてみると，事故死を装うためには，第2行為を外傷を与えずに行う必要がある。しかし，人を海中に投棄する場合，通常強い抵抗にあうので，外傷を与えずにXの抵抗を不可能にする第1行為は第2行為を確実かつ容易に行うため必要不可欠のものといえる。また，犯行場所は人気のない港であり，甲はXを昏睡させれば，Xの抵抗を受けることも，第三者に発見されることもなくXを投棄することが可能となるから，第2行為を遂行するうえで障害となる特段の事情もない。さらに，両行為は時間的場所的に近接している。 ➡第1行為が第2行為を確実容易に行うために不可欠であること ➡両行為の間に障害がないこと ➡時間的場所的近接性

このような事情からすれば，第1行為を開始した時点で，死亡結果発生の現実的危険性を惹起したと認められる。

ウ　したがって，第1行為時点で，実行行為性が認められ，殺人罪の実行の着手があるといえる。 ➡三段論法の帰結

(2)　次に，Xの死亡結果が生じており，これと第1行為との間には因果関係が認められる。 ➡結果，因果関係

(3)　もっとも，甲は，第2行為によりXを死亡させるつもりで第1行為により死亡させており，X死亡にいたる因果経過に錯誤がある。そこで，このような場合でも，甲に殺人罪の故意が認められるか。因果関係の錯誤が問題となる。 ➡問題提起

ア　因果関係は構成要件要素であるものの，認識した事実と生じた事実とは構成要件要素という抽象的なレベルで符合していれば足りる（法定的符合説）。 ➡規範の前提となる記述

そのため，行為者が認識した因果経過と現実の因果経過が食い違っていても，予見した因果経過と現実の因果経過が構成要件の範囲内で符合していれば， ➡規範定立

　　　　両者の食い違いは構成要件的評価にとって重要では 45
　　　　ないといえ，故意が認められると解する。

　　　イ　これを本問についてみると，甲が予見した因果経
　　　　過と現実の因果経過はいずれも殺人罪という同一の
　　　　構成要件内で符合している。そのため，甲の因果経
　　　　過の認識が食い違っていることをもって故意が否定 50
　　　　されることはない。

　　　ウ　したがって，殺人罪の故意が認められる。

　(4)　よって，上記行為に殺人罪が成立する。なお，甲乙
　　　丙間で同行為による殺人の共謀があり，後述のように，
　　　三者に殺人罪の共同正犯（60条，199条）が成立する。 55

　2　次に，乙を殴って気絶させた行為は，生理的機能に障
　　　害を加えており，同行為に傷害罪（204条）が成立する。

　3　よって，上記各行為に殺人罪と傷害罪が成立し，甲は
　　　これらの罪責を負う。そして，両者は手段・結果の関係
　　　にない別個の行為であるから（54条1項後段参照），両 60
　　　者は併合罪（45条前段）となる。

第2　乙の罪責について

　1　乙は，甲にX殺害を思いとどまるよう懇請しているが，
　　　この時点で，すでに行われた第1行為からX死亡の結果
　　　が発生している。そのため，乙に共同正犯からの離脱の 65
　　　余地はなく，第1行為のXの死という結果が帰責される。

　2　よって，甲とともに実行した第1行為に殺人罪の共同
　　　正犯（60条，199条）が成立し，乙はその罪責を負う。

第3　丙の罪責について

　1　甲と乙は，丙との上記共謀に基づき上記行為を行って 70
　　　おり，丙も殺人罪の共同正犯の罪責を負うとも思える。

　2　もっとも，丙は，上記一連の行為以前に，甲に対して
　　　「行きません。」と言っている。そこで，丙に共同正犯
　　　からの離脱が認められ，同罪が成立しないのではないか。

　(1)　この点について，共同正犯の一部実行全部責任の根 75
　　　拠は，相互利用補充関係のもと，犯罪を実行した点に
　　　ある。そこで，このような相互利用補充関係が解消さ
　　　れた場合，共同正犯からの離脱が認められると解する。

　(2)　本問では，丙は，Xを港に呼びだすという行為によ
　　　り，甲らの犯行に対し物理的因果性を及ぼしていると 80
　　　ころ，丙は，Xが港に向かうことを阻止する等の物理
　　　的因果性を除去する行為をしておらず，相互利用補充
　　　関係が解消されたとはいえない。

　(3)　そのため，丙の共同正犯からの離脱は認められない。

　3　よって，上記共謀に基づき行われた第1行為に殺人罪 85
　　　の共同正犯が成立し，丙はその罪責を負う。

　　　　　　　　　　　　　　　　　　　　　　　　以上

➡️あてはめ

➡️三段論法の帰結
➡️結論
➡️共同正犯となること

➡️端的な認定

➡️罪数処理

➡️共犯からの離脱が認められない
　こと

➡️形式的に問いに答える

➡️問題提起

➡️規範定立

➡️あてはめ

➡️三段論法の帰結
➡️結論

第1　甲の罪責
　1　Xに薬剤をかがせた行為について
　　(1)　Xは，実際には薬剤の作用により死亡したものの，甲らは，Xに薬剤をかがせて昏睡させたうえで，海中に投棄することで殺害する計画であった。このような場合にも，先行する行為が後行する行為に密接な行為であり，先行行為の時点で既に結果にいたる客観的な危険性が認められるため，その時点において殺人罪（刑法199条）の実行の着手を認めることができる。

　　　　Xを海中に投棄するためには，Xの抵抗を防ぐために昏睡させることが必要であるといえ，先行行為は，後行行為を確実かつ容易に行うために必要不可欠なものである。Xを昏睡させてしまえば，人けのない港においてこれを妨害するものは存しないといえ，先行行為に成功すれば，それ以降の計画を達成するうえで障害となるような特段の事情は存在しなかった。甲らは，Xを港において昏睡させて，そのまま海中に投棄しており，先行行為と後行行為は時間的場所的に近接している。

　　　　以上のような事情からすれば，先行行為が後行行為に密接な行為であり，先行行為の時点で既に結果にいたる客観的な危険性が認められるといえる。
　　(2)　薬剤の作用によって死亡することは，人を昏睡状態に陥らせる強力な作用を有する薬剤においては当然内在する危険であるといえ，薬剤をかがせる行為とXの死との間には因果関係が認められる。
　　(3)　甲らにおいて，薬剤をかがせるという前記のような危険性を有する行為に及ぶことの認識に欠けるところはない。

　　　　しかし，甲らは，海中に投棄することで死にいたらしめる認識・予見をしていたにもかかわらず，実際にはこのような因果経過をたどらなかった。もっとも，故意責任の本質が反対動機の形成可能性にあることからすれば，甲らの計画上の認識内容と実際に発生した経過とが，構成要件的評価において同一であることで足りる。溺死することは，昏睡させたXを海中に投棄することに内在する危険であるといえ，計画上の行為と死の結果との間に因果関係が認められる。薬剤の作用によって死亡することも，前述のように甲らの行為との間に因果関係が認められる。そのため，両者は構成要件的評価において同一であるといえる。

　　　　したがって，甲らに殺人罪の故意（38条1項）が認められる。
　　(4)　以上より，殺人罪が成立する。

5　←○実行行為の意義を意識できている

10　←○判例を意識したあてはめができている

←○問題文を適切に分析・指摘できている

←△もう少し丁寧に

←△正確には「38条1項本文」である

そして，当該犯罪につき，後述のように乙・丙と共　45
　　同正犯（60条）の関係に立つ。
　２　乙を殴った行為について
　　　当該行為により，乙に気絶するという生理的機能の障
　　害を生じさせたため，傷害罪（204条）が成立する。
　３　殺人罪と傷害罪とは，併合罪（45条前段）として処理　50
　　する。
第２　乙の罪責
　　　Xに薬剤をかがせた行為について，甲と共同して行って
　　おり，殺人罪の共同正犯が成立する。

　　　乙は，甲に対し，殺害を思いとどまるよう懇請したもの　55
　　の，この時点においてはすでにXの死の結果が発生してい
　　るため，共犯関係からの離脱や中止犯（43条ただし書）の
　　成立が認められる余地はない。

⬅○甲の罪責との関係で，事実関係を論理一貫して整理できている

第３　丙の罪責
　　　丙は，当初より甲・乙と共同してXを殺害する計画を立　60
　　てていたものの，実際には港に現れず，Xに薬剤をかがせ
　　る行為に及んでいない。このような場合，当初成立した共
　　犯関係からの離脱が認められれば，甲・乙の行為による結
　　果について，共同正犯の成立による責任は否定される。共
　　同正犯の一部実行全部責任の原則の根拠は，結果に対する　65
　　正犯としての因果性にある。そのため，そのような因果性
　　が除去されたと認められる場合には，共犯関係からの離脱
　　が認められる。

⬅○共犯の処罰根拠から論証できている

　　　丙は，X殺害の計画の決定に関与しており，さらにXに
　　犯行現場である港に来るよう告げるという重要な役割を果　70
　　たしている。そのため，正犯としての因果性が認められ，
　　共謀共同正犯関係が肯定できる。そうであるにもかかわら
　　ず，甲に対し，単に電話で「待ち合わせ場所には行きませ
　　ん。」と言ったにすぎず，何ら結果防止措置もとっていな
　　い。そのため，丙による因果性の除去は認められない。　75

⬅○問題文に現れた事実を適切に評価できている

　　　したがって，Xに薬剤をかがせた行為について，共謀共
　　同正犯が成立し，その罪責を負う。
　　　　　　　　　　　　　　　　　　　　　　　　　以上

本問の題材は，旧司法試験平成19年度第1問であり，次の2つが問われている。1つは，早すぎた構成要件の実現である。これは，判例（最決平成16年3月22日〔判例シリーズ21事件〕）を参考にして，第1行為の実行行為性について論述する必要がある。具体的には，判例のあげた3要素（必要不可欠性，障害の有無，時間的場所的の接着性）をあてはめに際して用いることになる。さらに，早すぎた構成要件の実現では，第2行為で結果発生する計画のもと第1行為によって結果発生してしまうことから，因果関係の錯誤も問題となることを忘れないようにしてほしい。

もう1つは，共犯関係からの離脱である。これは，検討場面を正確に理解しておく必要がある。すでに結果が発生している場合には検討の余地がないため，注意して答案を作成してほしい。

答案構成

第1　甲の罪責
1　Xに薬剤をかがせた行為（第1行為）につき殺人罪の成否を検討
（1）Xを海中に投棄する行為（第2行為）によって殺害することを計画，第1行為をもって実行の着手（43条本文）があるといえるか
　ア　実行行為とは構成要件的結果発生の現実的危険性を有する行為，このような危険性を惹起した時点で実行の着手　犯人の主観，犯行計画も考慮
　イ　抵抗を不可能にする第1行為は第2行為に必要不可欠，第2行為を遂行するうえで障害となる特段の事情なし，両行為は時間的場所的に接着
　　　第1行為を開始した時点で死亡結果発生の現実的危険性を惹起
　ウ　第1行為時点で実行の着手あり
（2）Xの死亡結果発生，これと第1行為との間に因果関係が認められる
（3）もっとも，因果関係の錯誤が問題
　ア　行為者が認識した因果経過と現実の因果経過が食い違っていても，予見した因果経過と現実の因果経過が構成要件の範囲内で符合していれば，故意が認められると解する
　イ　甲が予見した因果経過と現実の因果経過はいずれも殺人罪という同一の構成要件内で符合
　ウ　殺人罪の故意が認められる

（4）よって殺人罪成立
2　乙を殴って気絶させた行為につき傷害罪（204条）が成立
3　よって，上記各行為に殺人罪と傷害罪が成立，両者は併合罪（45条前段）
第2　乙の罪責
1　甲にX殺害を思いとどまるよう懇請しているが，この時，すでに行われた第1行為からX死亡の結果が発生
　　共同正犯からの離脱の余地はない
2　よって，甲とともに実行した第1行為に殺人罪の共同正犯（60条，199条）が成立
第3　丙の罪責
1　甲と乙は丙との上記共謀に基づき上記行為，丙も殺人罪の共同正犯の罪責を負うとも
2　もっとも，丙は，上記一連の行為以前に，甲に対して「行きません。」と言っているところ，共同正犯からの離脱，同罪が成立しないのではないか
（1）共同正犯の処罰根拠は相互利用補充関係のもとに犯罪を実現した点，相互利用補充関係が解消された場合，共同正犯からの離脱が認められると解する
（2）丙は物理的因果性を除去する行為をしていないので，物理的因果性が解消されたとはいえない
（3）共同正犯からの離脱は認められない
3　よって，第1行為に殺人罪の共同正犯
以上

【参考文献】
試験対策講座・刑法総論8章2節③【4】(4)，21章4節。判例シリーズ21事件。条文シリーズ38条②1(6)，11章7節。

第3問 B　過失犯

　　甲は，車の運転の練習をするため，深夜，交通量の多い幹線道路に軽トラックで出掛けた。甲の夫である乙は，心配になってついていこうと，こっそりと荷台に潜んでいた。甲は，走行中，老人丙が道路脇の歩道を通行しているのを確認したが，道路に出てくることはあるまいと思い，そのまま走行した。しかし，丙が，足元をふらつかせて道路に出てきたため，甲は丙をひいてしまい，骨折等の重傷を負わせてしまった。そして，その直後，丙は，その後続を走っていた無灯火の車にはね飛ばされ死亡するにいたった。また，乙は，衝突の際の衝撃で荷台から道路に投げ出され，頭を打ちつけて死亡した。

　　甲の罪責を論ぜよ。

【論　点】

1　予見可能性の程度
2　信頼の原則
3　因果関係

答案構成用紙

答案例

第1 　まず，甲は車で丙をひいて骨折等の重傷を負わせ，丙
　　は後続を走っていた車にはね飛ばされ死亡している。
　　　そこで，甲の上記行為につき，過失運転致死罪（自動車
　　の運転により人を死傷させる行為等の処罰に関する法律5
　　条本文）の成否を検討する。　　　　　　　　　　　　　　5
　1　この点，甲の行為は，歩行者に対する注意を怠った点
　　で，自動車の運転を行う際に要求される注意義務に違反
　　するとして「自動車の運転上必要な注意を怠り」といえ
　　そうである。
　　　もっとも，甲は，老人丙が道路に出てくることはある　　10
　　まいと思い，そのまま走行していた。そこで，いわゆる
　　信頼の原則が適用される結果，結果回避義務が否定され，
　　「自動車の運転上必要な注意を怠り」といえないのでは
　　ないか。信頼の原則の適否の判断基準が問題となる。
　　(1)　この点について，信頼の原則は，その事務に関与す　15
　　　る者が規則を守り適切な行動をとるであろうというこ
　　　とを信頼するのが相当といえる場合に適用されるもの
　　　である。
　　　　そこで，信頼の原則が適用されるためには，①行為
　　　者は他の関与者が適切な行動をとるであろうと実際に　20
　　　信頼していたこと，②信頼するのが客観的に相当とい
　　　える事情があることが必要であると解する。
　　(2)　これを本問についてみると，たしかに，①甲は老人
　　　丙が道路に出てこないであろうと実際に信頼している。
　　　　しかし，身体機能が衰えている老人であれば，足元　25
　　　がふらついて道路に出てくることも十分にありうるか
　　　ら，②信頼するのが客観的に相当といえる事情はない。
　　　　したがって，甲の行為に信頼の原則は適用されず，
　　　結果回避義務は否定されない。
　　(3)　よって，甲の行為は，「自動車の運転上必要な注意　30
　　　を怠り」といえる。
　2　そうだとしても，丙の死亡結果は，直接的には後続を
　　走っていた車にはね飛ばされたことにより生じている。
　　　そこで，甲は「よって人を死」亡させたといえるか。
　　刑法上の因果関係の判断基準が問題となる。　　　　　　35
　　(1)　因果関係は，行為者の実行行為に結果を帰属するこ
　　　とができるかという問題であるから，条件関係を前提
　　　に，行為の危険が結果に現実化した場合に因果関係が
　　　認められると解する。
　　(2)　これを本問についてみると，まず，甲の行為と丙の　40
　　　死亡との間には条件関係が存する。
　　　　また，後続車は無灯火だったとはいえ，無灯火走行
　　　は異常性の高い事情ではない。一方で，交通量の多い
　　　幹線道路で歩行者をはねれば，歩行者がそのまま取り

➡問題点の抽出
➡事案の問題提起

➡論点の問題提起

➡規範定立（論点の問題提起に対応させる）
⇨講義案163頁。なお，「自動車の増加，環境整備交通道徳の普及等の社会的状況の形成」については省略した
➡あてはめ
➡規範①に対応させる
➡老人という事実に適切な評価を加える
➡規範②に対応させる

➡三段論法の帰結

➡問題点の抽出

➡事案の問題提起
➡論点の問題提起
➡危険の現実化説

➡あてはめ
➡条件関係

残されて後続車にはね飛ばされることは通常ありうる。
とすれば、上記行為はそのような介在事情を経由して
丙を死にいたらしめる危険性を有していたといえる。
以上からすると、丙の死亡はこのような危険が現実化
したものといえる。

したがって、上記行為と丙の死亡結果との間に、因
果関係が認められ、甲は「よって人を死」亡させたと
いえる。　⟶事案の問題提起に対応させる

3　よって、過失運転致死罪が成立する。

第2　次に、甲が、丙との衝突の際の衝撃で乙を荷台から道
路に投げ出し、乙を死亡させた行為につき、過失運転致死
罪の成否を検討する。

1　まず、甲の行為が「自動車の運転上必要な注意を怠
り」といえるかを検討する。　⟶事案の問題提起

(1)　乙はこっそりと荷台に潜んでいるから、甲は乙が荷
台に乗っていることを知らないといえる。　⟶問題点の抽出

そこで、甲には乙の死亡結果についての予見可能性
があるといえるのか、予見可能性の程度が問題となる。　⟶事案の問題提起　⟶論点の問題提起

ア　この点について、予見可能性は結果回避義務を生
じさせるものであるから、一般人を結果回避へと動
機づける程度の具体的予見可能性が必要である。　⟶歯止め　⟹講義案153頁参照

もっとも、予見は将来の事柄に関する問題である
から、ある程度抽象化して考えざるをえない。

そこで、およそ当該行為によって人の死亡を生ず
ることがありうるという程度の抽象化された予見可
能性があれば足りると解する。　⟶規範定立。なお、最決平成元年3月14日（判例シリーズ17事件）

イ　これを本問についてみると、歩行者に対する注意
を怠って車を運転すれば、およそ人の死亡を生ずる
ことがありうるという程度の予見可能性があるとい
える。したがって、甲には乙の死亡結果についての
予見可能性があるといえる。　⟶あてはめ　⟶規範に対応させる　⟶三段論法の帰結（事案の問題提起（61行目）に対応させる）

(2)　そうすると、甲の行為は、前述のように、自動車を
運転する際に要求される注意義務に違反しているから、
「自動車の運転上必要な注意を怠り」といえる。

2　そして、甲の行為と乙の死亡との間には条件関係が存
するうえ、甲の行為自体、中にいる人が道路へと投げ出
され、頭を打ちつけて死亡するほどの危険性を有してい
るといえる。

したがって、甲の行為の危険が現実化したといえ、因
果関係が認められる。

3　よって、過失運転致死罪が成立する。　⟶結論

第3　以上より、甲は、乙および丙に対する過失運転致死罪
の罪責を負う。両罪は、社会観念上1個の行為によるから、
観念的競合（刑法54条1項前段）となる。　　　　　　　以上　⟶問いに答える　⟶罪数処理

1 丙に対する罪責について

　甲は丙をひいて，骨折等の重傷を負わせており，その後丙は死亡している。そこで，甲に過失運転致死罪（自動車の運転により人を死傷させる行為等の処罰に関する法律5条本文）が成立しないか。　　　　　　　　　　　　5

(1)ア(ア)　まず，甲は「自動車の運転」をしている。

　(イ)　次に，甲は「注意を怠」った，すなわち過失ありといえるか。

　　思うに，現代では，危険を有するが，社会的に有用な行為が増加しており，これら全てを違法なものとしてしまうのは現実的でない。　　　　　　　　10

　　そこで，過失は構成要件段階で客観的な行為として検討すべきであり，具体的には，結果予見可能性を前提にした結果回避義務違反をいうと解する。

　　本問についてみると，道路を走行中に歩道を歩いている老人が足元をふらつかせて道路に出てきて，　　15ひいてしまうことは予見可能であるといえる。

　(ウ)　もっとも，甲は道路に出てくることはあるまいと思い，そのまま走行しているが，かかる場合に信頼の原則により結果回避義務が否定されないか。　　　　　　　20

　　この点，信頼の原則とは，相手方がある行為に出るだろうと信頼することが社会通念からして相当と認められる場合には，たとえ相手方の不適切な行動と自己の行為とが相まって結果を発生させたとしても結果につき責任は負わないという原則であり，行　　25為者の信頼を保護するのが妥当であることから認められる。

　　本問についてみると，たとえ，通常は歩行者が道路に出てくることはないことが期待されるにしても，丙は老人であり，道路脇の歩道を通行している歩行　　30者が道路に出てこないだろうという期待のみでは自動車の運転者の責任を否定するほど，社会通念上相当な信頼とはいえない。

　　よって，結果回避義務は否定されず，甲はスピードを落として徐行する，注意深く目視する等の結果　　35回避義務が認められる。

　(エ)　以上より，過失があり実行行為性が認められる。

イ　もっとも，丙は後続を走っていた車にはね飛ばされて死亡するに至っているため，死の結果との間にも因果関係があるといえるか，判断基準が問題となる。　　40

　　思うに，因果関係は構成要件該当性の問題であり，構成要件は社会通念を類型化したものである。そこで，当該行為から当該結果が生じることが社会通念上相当か否かで判断すべきである。

右側注釈：

←○行為の抜きだしOK

←○文言にこだわる姿勢OK

←○体系を意識して論証している

←○規範に対応している

←○信頼の原則の体系的位置づけは諸説ある（川端（総）217頁参照）

←△信頼の原則の適否を判断する基準（規範）が必要

←△基準（規範）がないので，あてはめが不明確

←○問題の所在OK

←△条件関係を前提に，と一言入れるとよい

そして，その基礎事情としては，構成要件が違法有 45
　責類型であることにも鑑み，一般人が予見しえた事情
　のみならず，行為者が予見していた事情も含んで考慮
　すべきである。
　　　本問についてみると，深夜，交通量の多い道路を走 50
　っていれば，後続から車が走ってくることは一般人に
　予見しえる。そして，かかる基礎事情の下では，甲が
　道路上で丙をひき，骨折等の重傷を負わせて動けない
　状態にしたところ，後続の車にはね飛ばされて丙が死
　亡することは社会通念上相当といえる。
　　　よって，死の結果についても因果関係がある。 55
　ウ　以上より，過失運転致死罪の構成要件に該当する。
⑵　そして，甲には主観的注意義務違反も認められる。
⑶　よって，甲には過失運転致死罪が成立する。

乙に対する罪責について
　　乙は，甲によるトラックの衝突の際の衝撃で荷台から道 60
　路に投げ出されて死亡しているため，甲に過失運転致死罪
　が成立しないか。
⑴ア　この点，乙はこっそりと荷台に潜んでおり，甲は乙
　　が荷台にいることを知らない。そこで，このような場
　　合でも過失の内容である予見可能性があるといえるか。65
　　予見可能性の判断基準が問題になる。
　イ　思うに，過失犯における予見可能性とは故意犯にお
　　ける故意と同様の主観的要素であるから，その範囲に
　　ついては，構成要件的故意と同様に考えられる。
　　　そして，故意責任の本質は規範に直面したにもかか 70
　　わらずあえて行為に出たことに対する道義的非難にあ
　　り，規範は構成要件の形で与えられている。
　　　そこで，同一構成要件内の事実を認識していれば，
　　規範に直面したといえ故意が認められると解する。
　　　したがって，過失犯においても，同一構成要件内の 75
　　認識があれば予見可能性が認められると解する。
　ウ　本問でも，甲は丙という「人」に対する認識がある
　　ため乙という「人」に対する予見可能性も認められる。
　エ　そして，結果回避義務違反もあるため，過失ありと
　　いえ構成要件に該当する。 80
⑵　さらに，主観的注意義務違反もあるため，甲には過失
　　運転致死罪が成立する。

3　以上より，甲には，乙・丙に対する過失運転致死罪が成
　立し，1個の行為によるものなので観念的競合（54条1項
　前段）となる。 85
　　　　　　　　　　　　　　　　　　　　　　　以上

◯あてはめOK。規範に対応し
ている

◯結論OK

◯行為の抜きだしOK

◯問題の所在OK

◯以下，十分な論証である。現
場で錯誤論を応用したのであろ
う。ただ，予見可能性を正面か
ら検討する答案例の論証も参考
にしてほしい

△問題にすべきは結果に対する
予見可能性，すなわち人の死に
対する予見可能性である

◯結論OK

◯罪数処理OK

答案作成上の注意点

　丙に対する罪責は，過失運転致死罪（自動車の運転により人を死傷させる行為等の処罰に関する法律5条本文）の成否が問題となる。過失犯の構造を大展開するよりも，事例を処理するという姿勢で，その処理に必要な限度で学説をあげるほうがよい。さらに，信頼の原則の適用についても論じる必要がある。「出てくることはあるまい」との問題文から，この論点に気づいてほしい。

　乙に対する罪責についても，過失運転致死罪が問題となる。ここでは，甲は乙が荷台に乗っていることを知らないので，このような場合にも予見可能性があるといえるのか，予見可能性の程度が問題となる。ここは，判例があるところなので，しっかりと論じる必要がある。優秀答案において，予見可能性の程度について，故意犯における具体的事実の錯誤の問題とパラレルに考えることができるとしているが，過失犯は故意犯と体系を異にするので，この点は，慎重に考えるべきであろう。予見可能性を正面から問題としたほうがよいと思われる。答案例を参考にしてほしい。

答案構成

第1　丙を死亡させた行為
1　この点，甲の行為は「自動車の運転上必要な注意を怠り」といえそう
　　もっとも，甲は，老人丙が道路に出てくることはあるまいと思っていた
　　そこで，信頼の原則の適否が問題
(1)　この点について，①他の関与者が適切な行動をとるだろうと実際に信頼し，②信頼が客観的に相当といえることが必要
(2)　本問では，たしかに，①甲は老人丙が道路に出てこないだろうと実際に信頼
　　しかし，身体機能が衰えている老人であれば，道路に出てくることもありうる
　　とすると，②信頼が客観的に相当といえず，同原則は適用されない
(3)　よって，甲の行為は，「自動車の運転上必要な行為を怠り」といえる
2　としても，丙の死亡は，後続車にはね飛ばされたことによる
　　そこで，因果関係はあるか
(1)　危険の現実化説
(2)　本問では，まず，条件関係あり
　　また，無灯火走行はそれほど異常でない，交通量の多い幹線道路ではありうる
　　したがって，因果関係あり

3　よって，丙に対する過失運転致死罪が成立
第2　乙を死亡させた行為
1　まず，甲の行為が，「自動車の運転上必要な行為を怠り」といえるのか
(1)　甲は乙が荷台に乗っていることを知らないので，乙の死亡結果についての予見可能性があるか
　ア　この点について，およそ人の死亡を生ずることがありうるという程度の抽象化された予見可能性があれば足りる
　イ　本問では，交通量の多い幹線道路において車を走行すれば，およそ人の死亡が生ずることがありうるという程度の予見可能性がある
　　したがって，甲には乙の死亡結果についての予見可能性がある
(2)　そうすると，「自動車の運転上必要な注意を怠り」といえる
2　そして，因果関係あり
3　よって，乙に対する過失運転致死罪が成立
第3　以上より，乙・丙に対する過失運転致死罪の罪責を負い，観念的競合（54条1項前段）
以上

【参考文献】
試験対策講座・刑法総論7章2節③，9章2節②・③【3】。判例シリーズ17事件，18事件。条文シリーズ1編7章■5節②。

第4問 A 正当防衛

　A（46歳）は，2021（令和3）年7月18日午後5時30分ころ，自転車にまたがったまま，歩道上に設置されたごみ集積所にごみを捨てていた。すると，帰宅途中に徒歩で通り掛ったX（40歳）が，その姿を不審と感じて声をかけるなどしたことから，両者は言い争いとなった。

　言い争いは10分程度続き，両者はかなり興奮した状態になった。こうしたなか，Xは，Aの「ばかやろう。」との発言に腹を立て，いきなりAの左頬を平手で1回殴打した。そして，Aからの反撃をおそれ，即座に走って立ち去った。

　Aは腹を立て，「待て。」などと言いながら，自転車でXを追い掛け始めた。Aは上記殴打現場から約25メートル先を左折して約60メートル進んだ歩道上でXに追いつくと，自転車に乗ったまま，自転車に普段から取り付けていたビニール傘を後方からXの背中の上部をめがけて強く振り下ろした。このAの攻撃によってXは前方にバランスを崩し，路上に倒れた。すると，Aは自転車から降りて倒れたXの側まで近づき，Xの腹部を2回蹴り上げた。

　Aが，今度はビニール傘でXの頭部を殴打しようとしたところ，Xは，一連のAの攻撃に痛みを覚えながらもなんとか起き上がった。そして，護身用に携帯していた特殊警棒（長さ約56センチメートルの金属製のもの）を衣服から取り出して，自己の身体を防衛する目的でAの顔面や防御しようとした左手を数回殴打する暴行を加えた。

　Aは，Xの上記暴行によって，加療約3週間を要する顔面挫創，左手小指中節骨骨折の傷害を負った。

　Xの罪責を論ぜよ。

【論　点】
自招侵害

答案構成用紙

答案例

第1　Aの左頬を殴打した行為
　　上記行為は，身体への不法な有形力行使といえるから，暴行罪（208条）が成立する。
第2　特殊警棒を用いてAを殴打した行為
　1　Xは，Aに対し上記行為によって加療約3週間を要す 　　5　　→構成要件
　　る「傷害」を負わせていることから，Xの行為は，傷害
　　罪（204条）の構成要件に該当する。
　2　もっとも，Xは，Aから傘を振り下ろす等の暴行を加　　　　→事案の問題提起
　　えられたことに対する反撃として上記行為を行っている
　　ため，Xには正当防衛（36条1項）が成立し，違法性が　　10
　　阻却されないか。
　　(1)　まず，Xは，自転車上のAから傘で攻撃を加えられ，　　→「急迫不正の侵害」
　　　また腹部を2回蹴り上げられたうえ，さらに傘で頭部
　　　を殴打されようとしていることから，Aによる法益侵
　　　害行為が現に存在しており，「急迫不正の侵害」は存　　15
　　　在する。
　　(2)　次に，Xは，上記のAによる侵害行為を認識しつつ，　　→「自己……の権利を防衛するた
　　　それに対応し，自己の身体を防衛する意思で上記行為　　　　　め」
　　　をしていることからすると，Xの行為は，「自己……
　　　の権利を防衛するため」の行為である。　　　　　　　　20
　　(3)　では，「やむを得ずにした行為」といえるか。　　　　→「やむを得ずにした行為」
　　　　この点，「やむを得ずにした行為」とは，急迫不正
　　　の侵害に対する反撃行為が，自己または他人の権利を
　　　防衛する手段として必要最小限度のものであることを
　　　いう。　　　　　　　　　　　　　　　　　　　　　　25
　　　　本問では，Aは，自転車の上からビニール傘で後方
　　　からXの背中の上部をめがけて強く振り下ろす等をし
　　　たうえ，更に倒れているXの頭部を殴打しようとして
　　　おり，Xが反撃しなければ重大な傷害を負いかねない
　　　強度の暴行が加えられようとしていたと評価できる。　　30
　　　　一方，Xによる反撃は，特殊警棒という高度の攻撃
　　　性を有する武器を用いてはいるものの，それは，路上
　　　に倒れ，かつ痛みのため起き上がるのもやっとな状態
　　　で行われている。そのため，武器を用いて執ように攻
　　　撃してくるAに対抗するために採られた緊急手段とし　　35
　　　て不相当とはいえず，防衛手段として必要最小限度で
　　　あるといえる。
　　　　したがって，「やむを得ずにした行為」といえる。
　　(4)　以上から，Xの行為に正当防衛が成立しそうである。
　3　しかし，Aによる侵害行為は，XがAの頬を平手打ち　　40　　→事案の問題提起
　　したことに起因するため，正当防衛の成立は否定されな
　　いか。
　　　　この点，急迫不正の侵害を招致した者が反撃行為を行
　　　う場合，行為の経過を全体的に観察すると，侵害を招致

する行為（先行行為）の時点で不法な相互闘争行為が開始されたといえるので，正当防衛の成立は制限すべきである。

　すなわち，①挑発者の先行行為が，不正の行為であり，②相手方の侵害行為が，挑発者の先行行為に触発された直後における近接した場所での一連の事態と評価できる場合には，挑発者が不正の行為によりみずから侵害を招いたものといえることから，③侵害行為が挑発者による先行行為の程度を大きく超えるなど特段の事情のないかぎり，挑発者の行為につき，正当防衛は成立しない。

➡規範定立

(1)　①についてみると，Xは，いきなりAの左頬を平手で1回殴打していることから，Xの先行行為は，暴行罪（208条）に該当する不正の行為である。

➡あてはめ

(2)　②についてみると，Aは，Xの上記暴行行為に腹を立ててXを追跡し，侵害行為に及んでおり，その侵害行為が，XがAを殴打した現場から約85メートルしか離れていないきわめて近い場所で行われていることからすれば，Aの侵害行為は，Xの先行行為に触発された，その直後の近接した場所での一連の事態であるといえる。

(3)　③についてみると，Xの先行行為の態様はAの左頬を平手で1回殴打したという傷害を負う危険性が低い軽微なものであったのに対して，Aの攻撃の態様は，自転車の上から，ビニール傘を後方からXの背中の上部めがけて強く振り下ろしたうえ，路上に倒れたXの腹部を2回蹴り上げ，更にビニール傘でXの頭部を殴打しようとするものであり，場合によってはXが重傷を負いかねない非常に危険なものである。

　したがって，Aの侵害行為は挑発者Xによる先行行為の程度を大きく超えているといえる。

4　よって，正当防衛の成立は否定されず，当該行為の違法性が阻却されることから，Xには傷害罪は成立しない。

➡結論

以上

優秀答案

1 構成要件該当性

　Xは特殊警棒を用いてAを殴打し，加療3週間を要する傷を負わせている。暴行を加えて「傷害」（104条）を負わせたといえ，Xの行為は傷害罪（104条）の構成要件に該当する。　　　　　　　　　　　　　　　　　　　　5

←×204条である

2 違法性阻却（36条）

⑴　Xの傷害行為はAの殴打行為（第二行為）に対する防御として行われており，「急迫不正の侵害」「に対して」「自己又は他人の権利を防衛するため」（36条1項）行われている。また，確かに，Xの防衛行為は特殊警棒　　10という攻撃性の高い武器を用い，Aの頭部という枢要部を狙っているものであり，その態様は重傷を負わせ得るものである。しかし，Xは痛みに耐えながら及んだ行為であり，その威力は弱いことが推認される。防衛態様として最小限度の行為であり，「やむをえずした行為」とい　　15える。しかし，第二行為はXの顔面殴打行為（第一行為）に触発されてなされている。かかる場合にも違法性が阻却されるかが問題となる。

←△Aはビニール傘でXの頭部を殴打しようとしていたという事情に言及できるとなおよかった。また，条文の文言は「やむを得ずした行為」が正確である
←〇問題提起OK

⑵　正当行為（36条）が違法性を阻却する根拠は，法は不正に譲歩しないという法確証の利益にある。したがって，　　20法確証の利益の見地から保護に値しない場合には，社会的相当性を欠き違法性は阻却されない。

←×「正当行為」ではなく，「正当防衛」が正しい

　かかる判断においては，先行行為が不正か否か，先行行為と侵害行為の一体性の有無，侵害行為が先行行為の程度大きく超えるか否かを考慮する。　　　　　　　25

←〇規範OK

⑶　本件について検討する。先行行為はAから何ら侵害がないにもかかわらずなされており，暴行罪（208条）にあたる不正な行為である。

　また，時間的には侵害行為は先行行為の直後に行われ，場所的には両行為は85メートルという近接した範囲で行　　30われている。したがって，両行為は時間的場所的に接着している。加えて，両行為は言い争い行為を契機にした相手方への怒りに基づくものである。両行為とも喧嘩闘争状態の延長でなされているといえる。すると，両行為は言い争いから生じた一連の行為といえる。したがって，　35両行為は一連一体の行為と言える。

←〇十分なあてはめができている

　さらに，先行行為は平手打ちというAに軽傷を負わせるにとどまる程度の行為である。一方，侵害行為は自転車の上から傘を強く振り下ろしたうえ，倒れたXの腹部を蹴り上げ，頭部殴打にまで及びうるものであり，Xに　40重傷を与えうるものである。すると，侵害行為は先行行為の侵害の程度を大きく超えるものである。

←△1つ上の段落を受けているため，接続詞は「しかし」とするのが正確である

　よって，Xの行為は法確証の利益の見地から，保護に値しないとは言えない。社会的に相当な行為であり，違

法性は阻却される。 45
3 結論
以上により，傷害罪は成立しない。

以上

答案作成上の注意点 ▐▐▐

　本問は，自招侵害に関する最決平成20年5月20日（百選Ⅰ26事件）を題材としている。

　論述のポイントとしては，①判例を意識した規範となっていること，②なぜ，自招侵害の場合に「反撃行為にでることが正当とされる状況における行為といえない」こととなるのかその理論的根拠を示すことである。答案例を参考にしてほしい。

　自招侵害の場合に正当防衛のいかなる要件を欠くかという点について，判例は，急迫性の問題とはしていない点に注意したい。

　なお，上記判例では，自転車に乗ったまま，背後から首付近にラリアットを強く加えたという第三者の攻撃が，第三者の左頬を手拳で1回殴打したという被告人の先行行為を，程度として大きく超えていないと評価されている。本問をこれと比べると，第三者Aの攻撃の態様は，ビニール傘を使用している点，Xが路上に倒された後にXの腹部を2回蹴り上げている点，ビニール傘でXの頭部を殴打しようとした点で，平成20年決定の事案よりも強度といいうるのに対し，Xの先行行為は平成20年決定の事案と同様である。そこで，第三者の攻撃は先行行為を程度として大きく超えると評価することも可能であろう。

答案構成 ▐▐▐

第1　左頬の殴打に暴行罪（208条）が成立
第2　特殊警棒での殴打
　1　Aに「傷害」を負わせており傷害罪（204条）の構成要件に該当
　2　もっとも，正当防衛（36条1項）が成立し，違法性阻却されないか
　⑴　「急迫不正の侵害」
　⑵　「自己……の権利を防衛するため」
　⑶　「やむを得ずにした行為」
　　　この点「やむを得ずにした行為」とは，急迫不正の侵害に対する反撃行為が，必要最小限度のもの
　　　本問では，反撃しなければ重大な傷害を負いかねない
　　　一方，反撃は，不相当とはいえず，最小限度
　　　したがって，「やむを得ずにした行為」といえる
　⑷　以上から，正当防衛の要件を充足する
　3　しかし，Aによる侵害行為は，Xの行為に起因し正当防衛の成立が否定されないか
　　　急迫不正の侵害を招致した者が反撃行為を行う場合，行為の経過を全体的に観察すると，先行行為時点で不法な相互闘争行為

が開始
　　　正当防衛の成立は制限すべき
　　　すなわち，①挑発者の先行行為が，不正の行為，②相手方の侵害行為が，挑発者の先行行為に触発された直後における近接した場所での一連一体の事態と評価できる場合，③侵害行為が挑発者による先行行為の程度を大きく超えるなどの特段の事情のないかぎり，正当防衛成立せず
　⑴　①Xは，Aの左頬を平手で1回殴打
　⑵　②AはXの上記暴行に起因して侵害行為
　　　侵害行為は，XがAを殴打した現場から約85メートルの近接した場所で行われた
　⑶　③Xの先行行為の態様は，軽微
　　　Aの攻撃の態様はXが重傷を負いかねない非常に危険なもの
　　　したがって，Aの侵害行為はXによる先行行為の程度を大きく超えている
　4　よって，正当防衛が成立し，違法性阻却
　　　Xの行為に傷害罪は成立しない
　　　　　　　　　　　　　　　　　　　以上

【参考文献】
試験対策講座・刑法総論11章2節①(3)。条文シリーズ36条②3。

第5問 A　正当防衛と共同正犯の諸問題

　　甲および乙は，路上を歩いていた際，日ごろから仲の悪いAと出会い，口論となったところ，立腹したAは甲および乙に対し殴りかかった。甲はこの機会を利用してAに怪我を負わせてやろうと考えたが，その旨を秘し，乙に対し，「一緒に反撃しよう。」と言ったところ，乙は甲の真意を知らずに甲と共に反撃することを了承した。そして，甲は，Aの頭部を右拳で殴りつけ，乙は，そばに落ちていた木の棒を拾い上げ，Aの頭部を殴りつけた結果，Aは路上に倒れ込んだ。この時，現場をたまたま通り掛った丙は，すでにAが路上に倒れていることを認識しながら，仲間の乙に加勢するため，みずから別の木の棒を拾い上げ，乙と共にAの頭部を多数回殴打したところ，Aは脳損傷により死亡した。なお，Aの死亡の結果がだれの行為によって生じたかは，明らかではない。

　　甲，乙および丙の罪責を論ぜよ（ただし，特別法違反の点は除く）。

【論　点】
1　正当防衛
2　防衛の意思と積極的加害意思
3　承継的共同正犯

答案構成用紙

答案例

第1　乙の罪責について
1　Aの頭部を木の棒で殴りつけた行為に傷害致死罪（205
　条）が成立しないか。
　(1)　上記行為は傷害罪（204条）の実行行為に該当し，A　　　　　→実行行為，結果
　　の死亡という結果も生じている。そして，丙の参加後の　　5　→暴行の一体性
　　暴行については，Aによる侵害の継続性は認められない
　　が，両暴行は時間的場所的に接着し，暴行態様も同一で
　　あることから，丙の参加前の暴行と一体として捉えるべ
　　きである。
　　　また，乙は甲と反撃行為を共謀し，丙が現れてからは，10
　　殴打行為について丙と共謀している。そして，後述する　　　　→順次共謀であること
　　ように甲丙間にも順次共謀が認められるので，三者の間
　　で共謀が成立し，乙は甲と丙の各行為についても帰責さ　　　　→乙との関係で因果関係を肯定
　　れる。そうすると，乙に帰責される各行為とA死亡との　　　　できること
　　間に因果関係があるといえる。　　　　　　　　　　　　　15
　　　さらに，基本犯の実行行為と重い結果との間に因果関　　　　→加重結果につき過失が不要で
　　係がある以上，重い結果について過失は不要と解するか　　　　あること
　　ら，上記行為は傷害致死罪の構成要件に該当する。　　　　　　→傷害致死罪の構成要件該当性
　(2)　もっとも，乙の行為はAに対する反撃行為であるから，　　　→問題提起
　　正当防衛（36条1項）が成立し違法性が阻却されないか。20
　　　まず，Aが乙に殴りかかっており法益侵害の危険が切　　　　→「急迫不正の侵害」
　　迫しているから，「急迫不正の侵害」はある。
　　　次に，「ため」という文言から防衛の意思が必要と解　　　　→防衛の意思が要件となること
　　され，その内容としては，急迫不正の侵害を認識しつつ，　　　と，その内容
　　これを避けようとする単純な心理状態で足りるところ，　25
　　乙はこのような心理状態を有するので，防衛の意思が認　　　　→あてはめ
　　められ「防衛するため」といえる。
　　　しかし，素手のAに対し木の棒で反撃している点は，　　　　→「やむを得ずにした」
　　質的にみて過剰であるし，Aが倒れ込んで侵害が終了し
　　た後に引き続き攻撃した点は量的過剰であるから，上記　30
　　行為は「やむを得ずにした」とはいえない。
　　　したがって，正当防衛は成立しない。　　　　　　　　　　　→結論
　(3)　よって，乙の上記行為には後述する甲丙の各行為との　　　　→傷害致死罪が成立すること
　　間で傷害罪の共同正犯（60条，204条）が成立し，全体
　　としてみて傷害致死罪が成立する。　　　　　　　　　　　35
2　以上より，乙は傷害致死罪の罪責を負うが，乙は過剰防　　　　→形式的に問いに答える
　衛による刑の減免を受けうる（36条2項）。
第2　甲の罪責について
1　Aを殴りつけた行為に傷害致死罪が成立しないか。
　(1)　まず，上記行為は，Aに対する反撃という甲乙の共謀　40　→傷害致死罪の構成要件該当性
　　に基づいている。そして，乙丙間の暴行についても，甲
　　と乙，乙と丙の間で順次共謀があったといえ，上記行為
　　は傷害致死罪の構成要件に該当する。
　(2)　では，正当防衛が成立し違法性が阻却されないか。　　　　　→問題提起

まず，Aが甲に殴りかかっているから，「急迫不正の　45　➡「急迫不正の侵害」
　　侵害」が認められる。

　　　しかし，甲にはAに怪我をさせようとする積極的加害　　　　➡防衛の意思
　　意思があり，防衛の意思は認められず，「防衛するた
　　め」とはいえないから，正当防衛は成立しない。

　(3)　よって，甲の上記行為には，乙丙の各行為との間で傷　50　➡傷害致死罪が成立すること
　　害罪の共同正犯が成立し，全体としてみて傷害致死罪が
　　成立する。なお，防衛の意思を欠く甲に過剰防衛は成立
　　しない。

　　　また，過剰防衛の刑の任意的減免の根拠は責任減少に　　　　➡共犯者間における過剰防衛成
　　あると解されるところ，責任は個別に検討するべきであ　55　　立の影響
　　るから，乙の過剰防衛の効果も甲に影響しない。

　2　以上より，甲は傷害致死罪の罪責を負う。　　　　　　　　　　➡形式的に問いに答える

第3　丙の罪責について

　1　Aの頭部を木の棒で殴りつけた行為に，傷害致死罪の共
　　同正犯（60条，205条）が成立するか。　　　　　　　　60

　(1)　まず，上記行為は傷害罪の実行行為といえるが，丙が　　　　➡問題提起
　　参加する以前の甲乙の行為についても，丙に帰責できる
　　か。承継的共同正犯の成否が問題となる。

　　　　共同正犯の一部実行全部責任の根拠は，相互に他人の　　　➡一部実行全部責任の根拠
　　　行為を利用・補充し合って犯罪を実現した点にある。　65

　　　　そこで，承継的共同正犯の場合も，後者が，先行者　　　　➡規範定立
　　　の行為および結果を，自己の犯罪遂行手段として利用す
　　　る意思のもと，先行者の犯罪に加担し，現にそのような
　　　手段として利用した場合には，相互利用補充関係が認め
　　　られ共同正犯が成立すると解する。　　　　　　　　　　70

　　　　本問では，丙は甲および乙の暴行やその結果を利用し　　　　➡あてはめ
　　たわけではないから，承継的共同正犯によって，丙に致
　　死の結果を帰責することはできない。

　(2)　そうだとしても，同時傷害の特例（207条）により，　　　　➡問題提起
　　丙に致死の結果を帰責できないか。　　　　　　　　　　75

　　　　まず，意思の連絡がない場合でさえ207条の適用があ　　　　➡共犯関係がある場合の207条
　　　ることとの均衡から，共犯関係がある場合であっても，　　　　適用の有無
　　　同時傷害の特例は認められると解する。

　　　　もっとも，「傷害した場合」とある以上，罪刑法定主　　　　➡傷害致死への適用の有無
　　　義の見地から，傷害致死には適用できないと解する。　80　➡判例（最決平成28年3月24日
　〔百選Ⅱ6事件〕）は適用肯定
　　　　したがって，傷害罪についてのみ207条の適用が認め
　　られる。

　(3)　よって，上記行為に傷害致死罪の共同正犯は成立せず，　　　➡結論
　　傷害罪の共同正犯が成立するにとどまる。

　　　　なお，甲と同様の理由から乙の過剰防衛の効果は影響　85
　　しない。

　2　以上より，丙は傷害罪の共同正犯の罪責を負う。　　　　　　　➡形式的に問いに答える

　　　　　　　　　　　　　　　　　　　　　　　　　　　以上

第1　乙の罪責

　1　乙がAを殴打した行為により，Aは脳挫傷という生理
　　的機能の障害を負い，その結果死亡している。そのため，
　　傷害致死罪（刑法205条）の構成要件該当性が認められ
　　る。Aの死亡の結果がだれの行為によって生じたかは明
　　らかではないものの，乙と甲の間には「一緒に反撃しよ
　　う。」という現場共謀が成立し，さらに，丙が加勢した
　　時点でさらに丙との間でも順次共謀が成立したといえる。
　　そのため，三者は共同正犯（60条）関係に立ち，全過程
　　に関与していた乙は当然その全部の責任を負う。

　2　乙はAが殴りかかってきたことに対して，反撃するた
　　めに殴打行為に及んでいるため，正当防衛（36条1項）
　　が成立し，違法性が阻却されないか検討する。

　(1)　Aが殴りかかってきたことにより，甲及び乙の身体
　　　に対する「急迫不正の侵害」が認められる。

　　　さらに，防衛の意思が要求されるところ，これは単
　　　に急迫不正の侵害を認識しつつこれを避けようとする
　　　ことで足りる。乙は，殴りかかってきたAから単に身
　　　を守るために殴打行為に出ているにすぎないと考えら
　　　れるため，防衛の意思が認められる。

　　　「やむを得ずにした行為」とは，防衛行為としての
　　　必要性・相当性を有するものをいう。Aが路上に倒れ
　　　込んだ時点にもかかわらず，なお複数人で殴打行為を
　　　続けることは明らかに相当性を欠くものといえる。

　　　そのため，正当防衛は成立しない。

　(2)　Aが倒れ込んだとしても，気絶したなどの事情もな
　　　い以上，なお乙らに対する殴打行為に及ぶ危険性はい
　　　まだ存在していたといえ，同一場所において引き続い
　　　て行われた乙らの一連の殴打行為は一体のものと考え
　　　られる。

　　　そのため，単に「防衛の程度を超えた行為」として，
　　　過剰防衛（36条2項）が成立する。

　3　以上より，傷害致死罪の共同正犯が成立し，その刑は
　　任意的に減免される。

第2　甲の罪責

　1　甲がAを殴打した行為について，乙と同様に傷害致死
　　罪の構成要件該当性が認められる。

　2　甲も反撃するために殴打行為に及んでいる。

　　　もっとも，甲は「この機会を利用してAに怪我を負わ
　　せてやろう」と考えている。このように積極的な加害の
　　意思を有している場合には，もはや単に侵害を避けよう
　　とする意思とはいえず，防衛の意思は否定される。

　　　そのため，正当防衛は成立しない。

　3　共同正犯関係にある乙について過剰防衛が成立してい

5

10

15

20

25

30

35

40

←○乙が責任を負うことについて
　コンパクトに論証できている

←△条文の文言を引用してほしい

←○行為の一体性についても言及
　できている

←△もう少し丁寧な論述をしてほ
　しい

るものの，この事情は甲の罪責には影響しない。過剰防 45
衛の根拠は緊急状況下における責任の減少にあるところ，
共犯において責任の連帯は認められないためである。
4　以上より，傷害致死罪の共同正犯が成立する。
第3　丙の罪責
1　丙は既に乙が路上に倒れている時点において段打行為 50
に加わっており，Aの死亡の結果がだれの行為によって
生じたかが明らかでないため，なお傷害致死の結果を丙
に帰責することができるか問題になる。
(1)　共犯の処罰根拠は結果に対する因果性を及ぼすとこ
ろにあるところ，行為の途中から関与した者について 55
は，原則として関与以前の先行行為による結果につい
て因果性を及ぼすことはできないため，共犯の成立は
否定される。例外的に，先行行為による効果・状態が
なお持続している場合においてそれを自己の犯罪遂行
の手段として積極的に利用する場合には，承継的共犯 60
の成立が認められる。

←○処罰根拠から論証できている

丙は，甲・乙の段打行為による効果・状態を利用し
て段打行為に及んだものではなく，先行行為によって
生じたおそれのある傷害及び死亡の結果はその時点で
確定的に生じるものであり，後から関与した者が因果 65
性を及ぼす余地はない。
そのため，承継的共犯は成立しない。
(2)　甲・乙と丙とは，同一場所において近接した時間に
おいてAに対して段打行為に及んでいるため，同一機
会において暴行を加えているといえるため，同時傷害 70
の特例（207条）の適用が認められないか。

←○忘れずに検討できている

なんら意思連絡が認められない場合にも適用される
こととの均衡から，本問のように関与以前の承継的共
犯が否定され，関与以後から共犯関係が成立する場合
にも，適用が認められる。 75
もっとも，同条は被告人に不利益な規定であること
から，単に「傷害した場合」以上に適用範囲を拡大す
ることは認められない。そのため，傷害致死について
適用は認められない。
したがって，傷害の限りで同条の適用が認められ， 80
その責任を負う。

←○判例と異なる見解をとる際に，しっかりと理由を述べられている

2　そして，傷害致死罪と構成要件的に重なり合う軽い傷
害罪の限度で共同正犯の成立が認められる。
また，甲と同様に責任の連帯性は認められないため，
過剰防衛は成立しない。 85
3　以上より，傷害罪（204条）の共同正犯が成立する。
以上

答案作成上の注意点

　本問は，旧司法試験平成21年度第1問を題材とし，正当防衛や共同正犯など，刑法総論の重要なテーマが問われている。甲・乙・丙三者間の共犯関係も論理的に一貫して論述しなければならない。特に，第1行為のみに関与した甲と第2行為のみに関与した丙との共犯関係には注意が必要である。また，丙の罪責について，第2行為から関与した者との共犯関係の検討にあたって，承継的共同正犯の成否を検討（最決平成24年11月6日〔百選Ⅰ81事件〕参照）し，承継的共同正犯の成立が否定された場合には，同時傷害の特例（207条）の適用の有無を検討するという流れをパターンとしてストックしておいてほしい。さらに，207条に関連する論点も本問を使って復習しておこう。

答案構成

第1　乙の罪責
　1　Aの頭部を木の棒で殴りつけた行為につき，傷害致死罪（205条）
　(1)　上記行為は傷害罪の実行行為に該当，Aの死亡という結果も発生，丙参加前の暴行と参加後の暴行は，一体
　　　　三者間で共謀が成立し，乙はAに対するすべての行為に関与しているため，A死亡との間に因果関係
　　　　傷害致死罪の構成要件に該当
　(2)　もっとも，正当防衛（36条1項）が成立し違法性が阻却されないか
　　　　「急迫不正の侵害」あり
　　　　「ため」との文言から防衛の意思が必要と解され，その内容としては，急迫不正の侵害を認識しつつ，これを避けようとする単純な心理状態で足りるところ，乙にこれが認められる
　　　　しかし，量的過剰，「やむを得ずにした」行為とはいえない
　(3)　よって，乙の上記行為には後述する甲丙の各行為との間で傷害罪の共同正犯（60条，204条）が成立，全体としてみて傷害致死罪が成立
　2　以上より，乙は傷害致死罪の罪責を負うが，過剰防衛による刑の減免（36条2項）
第2　甲の罪責
　1　Aを殴りつけた行為につき傷害致死罪
　(1)　上記行為は甲乙の共謀に基づく
　　　　乙丙間の暴行についても，甲から乙，乙から丙の間で順次共謀，上記行為は傷

害致死罪の構成要件に該当
　(2)　正当防衛の成否
　　　　「防衛するため」といえないから，正当防衛は成立しない
　(3)　よって，甲の上記行為には乙丙各行為との間で傷害罪の共同正犯が成立，全体としてみて傷害致死罪が成立。乙の過剰防衛の効果も甲に影響しない
　2　以上より，甲は傷害致死罪の罪責を負う
第3　丙の罪責
　1　Aの頭部を木の棒で殴りつけた行為につき傷害致死罪の共同正犯
　(1)　承継的共同正犯の成否が問題
　　　　共同正犯の処罰根拠
　　　　承継的共同正犯の場合も，後行者が，先行者の行為および結果を，自己の犯罪遂行手段として利用する意思のもと，先行者の犯罪に加担し，現にそのような手段として利用した場合には，相互利用補充関係が認められ共同正犯が成立
　　　　丙は甲および乙の暴行やその結果を利用したわけではないから，承継的共同正犯によって帰責できない
　(2)　同時傷害の特例（207条）
　　　　共犯関係がある場合でも同時傷害の特例は認められると解する。もっとも，「傷害した場合」とある以上，傷害致死には適用できないと解する
　(3)　傷害罪の共同正犯が成立する
　2　以上より，丙は傷害罪の共同正犯の罪責を負う　　　　　　　　　　　　　　　　以上

【参考文献】
試験対策講座・刑法総論11章2節①，19章2節④，刑法各論1章3節⑤。判例シリーズ33事件，36事件。条文シリーズ36条②2(2)・4，60条②2(4)・(9)，207条。

第6問 B 原因において自由な行為

　　甲は，友人の乙から，「Aによるひどいいじめを受けている」と相談をされた。甲は，乙を
かわいそうに思い，「もうAを殺すしかないのではないか」と提案した。乙はこれによりA殺
害を決意し，景気づけのため大量の酒を飲み，Aの自宅へ向かった。ところが，乙はAの自宅
内にいたBをAと誤認して包丁でこれに切りつけ，Bを死亡させた。行為当時乙は飲酒による
酩酊状態にあったものの，心神耗弱状態にとどまっていた。
　　甲および乙の罪責を論ぜよ。

【論　点】
1　原因において自由な行為
2　客体の錯誤
3　教唆犯内の錯誤

答案構成用紙

第1　乙の罪責について

　　乙がBを包丁で切りつけ，死亡させた行為につき，殺人罪（199条）の成否を検討する。

1　まず，上記の行為は，自然の死期以前に人の生命を断絶する行為であるから，「人を殺した」といえる。

➡実行行為・結果
⇨大谷（各）12頁

　　したがって，上記の行為は，殺人罪の客観的構成要件に該当する。

➡客観的構成要件

2　そうだとしても，乙は，Aの自宅内にいたBをAと誤認して，上記の行為を行っている。

➡問題点の抽出

　　そこで，乙に殺人罪の故意（38条1項本文）が認められるか，いわゆる客体の錯誤が問題となる。

➡事案の問題提起
➡論点の問題提起

(1)　この点について，故意責任の本質は，規範に直面しつつあえて犯罪事実を実現する点に求められる。

➡本質

　　そして，規範は構成要件ごとに与えられているから，行為者はその限度で規範に直面している。

　　そこで，客体の錯誤があっても，構成要件において符合しているかぎり，故意を阻却しないと解する（法定的符合説）。

➡規範（論点の問題提起に対応させる）

(2)　これを本問についてみると，乙はおよそ「人」を殺そうとして「人」を殺しているから，殺人罪という構成要件において符合しており，故意を阻却しない。

➡あてはめ（規範に対応させる）

　　したがって，乙に殺人罪の故意が認められる。

➡三段論法の帰結

3　よって，乙の行為には殺人罪が成立する。

➡犯罪の成立（答案作成上の注意点参照）

4　ところが，乙は，行為当時，心神耗弱状態であった。

➡問題点の抽出

　　それゆえ，乙の行為は，その刑が減軽されるのが原則である（39条2項，行為・責任能力同時存在の原則）。

➡原則

　　しかし，乙は，あらかじめAを殺害する意思で，景気づけのため酒を飲んだうえ，現にBを殺害している。

➡問題点の抽出

　　それにもかかわらず，たまたま行為当時飲酒酩酊のため心神耗弱状態にあったからといって刑の必要的減軽を認めるのは，一般人の法感情に反する。

➡不都合性

　　そこで，いわゆる原因において自由な行為の理論により完全な責任を問うことができないのかが問題になる。

➡論点の問題提起

(1)　この点について，責任能力が必要とされる根拠は，犯罪結果が責任能力のある状態での意思決定に基づいて実現しているときに，はじめて非難が可能という点にある。

➡根拠
⇨大谷（総）326頁以下

　　そうだとすれば，自由な意思決定に基づく原因行為があり，意思決定の実現として結果行為が行われた以上は，結果行為は責任能力がある状態での意思決定の実現過程にほかならない。

➡根拠からの帰結

　　そこで，原因行為から結果行為にまで意思が連続していると認められる場合には，原因において自由な行為の理論により完全な責任を問うことができると解す

➡規範定立（論点の問題提起に対応させる）

る。 45

　(2)　なお，上記の立場からは，結果行為時に心神耗弱状
　　態に陥っていたとしても，原因において自由な行為の
　　理論を適用すべきであると解する。

➡心神耗弱の場合
⇨大谷(総)331頁

　(3)　本問では，乙は，飲酒行為から切りつけ行為にまで
　　人を殺害する意思が連続していると認められる。 50
　　　したがって，乙に対して原因において自由な行為の
　　理論により完全な責任を問うことができる。

➡あてはめ（規範に対応させる）

5　以上より，乙は，殺人罪（199条）の罪責を負う。

➡問いに答える

第2　甲の罪責について

1　甲が，乙に対してAを殺害するよう提案した行為につ 55
　　き，殺人罪の共同正犯（60条，199条）は成立しない。
　　　なぜなら，甲は乙の相談に応じただけでAの死を欲し
　　ておらず，正犯意思を欠くからである。

2　では，教唆犯（61条1項，199条）はどうか。

　(1)　まず，上記行為は，乙に殺人罪を実行する決意を生 60
　　じさせる行為であるから，教唆行為にあたる。

➡教唆行為

　(2)　ところが，甲は乙に対しAの殺害を提案したにもか
　　かわらず，乙はBを殺害している。

➡問題点の抽出

　　　そこで，甲に教唆犯の故意が認められるのか，教唆
　　犯内の錯誤の取扱いが問題となる。 65

➡事案の問題提起
➡論点の問題提起

　ア　この点について，前述の法定的符合説からは，構
　　成要件において符合しているかぎり，故意を阻却し
　　ないと解される。

➡16行目とリンク

　　　そこで，教唆犯内の錯誤が同一構成要件の範囲内
　　に属するかぎり，教唆犯の故意は阻却されないと解 70
　　する。

➡規範定立（論点の問題提起に対
応させる）

　イ　これを本問についてみると，甲はおよそ「人」を
　　殺させようとして「人」を殺させているから，殺人
　　罪という同一構成要件の範囲内に属するといえ，教
　　唆犯の故意は阻却されない。 75

➡あてはめ（規範に対応させる）

　　　したがって，甲には殺人罪の教唆犯の故意が認め
　　られる。

➡三段論法の帰結（事案の問題提
起に対応させる）

3　そして，甲の教唆行為の結果，被教唆者乙が殺人罪の
　　実行を決意し，それを実行している。

➡これを忘れると共犯独立性説に
なってしまう

4　以上より，甲の行為には殺人罪の教唆犯（61条1項， 80
　　199条）が成立し，甲はその罪責を負う。

➡形式的に問いに答える

　　　　　　　　　　　　　　　　　　　　　　　　以上

1　乙の罪責

(1)　乙は，A殺害の目的でAの自宅内に立ち入っているので管理者の意思に反した立入りといえ住居侵入罪（130条）が成立する。

> ⟵○問題文の事情から考えて，この点に触れてもよいであろう。なお，「130条前段」が正確

(2)　次に，乙はBを包丁で切りつけ死亡させているので，殺人罪（199条）の客観的構成要件を充たしている。

> ⟵○前提（客観面）OK

　　しかし，乙はBではなくAを殺そうと思っていたのだから，主観と生じた結果に食い違いが生じている。そこで，本問では殺人罪の構成要件的故意が阻却されないか，客体の錯誤の処理が問題となる。

> ⟵○問題の所在OK。なお，38条1項本文の摘示がほしい

　　思うに，故意責任の本質は，規範に直面して反対動機形成可能であるにも拘わらずあえて反規範的犯罪行為を実現したことへの法的非難である。

> ⟵○以下，十分な論証

　　とすれば，規範は構成要件の形で与えられる以上，構成要件的事実を認識していれば反対動機形成可能である。

　　よって，錯誤が生じても構成要件の範囲内で符合していれば故意責任を問いうると考える（法定的符合説，判例に同じ）。

　　本問で，Aを殺す意図を有していた乙には「およそ人を殺す」意思があり，「人を殺している」のだから殺人罪の構成要件たる「人」の範囲内で符合している。

> ⟵○あてはめOK

　　よって，乙には殺人罪の構成要件的故意が認められる。

(3)ア　以上から，乙に殺人罪（199条）が成立する。

> ⟵○「成立」OK

　　そして，殺害行為時乙は心神耗弱状態だったので，刑の減軽（39条2項）を受けるのが原則である。

> ⟵○原則OK

　　しかし，乙は殺害行為決意後，景気付けのため酒を飲み，自らをことさら酩酊状態に陥れ，殺害行為に出ているのに，減軽されると解することは一般人の法感情に反し妥当でない。

> ⟵○不都合性OK

　　そこで，原因において自由な行為の理論により，39条2項の適用を排除し，完全な責任を問えないか。

> ⟵○問題提起OK

イ　この点，行為と責任の同時存在の原則を厳格に貫き同原則にいう行為とは実行行為を指し，実行行為時に完全な責任能力が具備される必要があるとの立場がある。そして，完全責任能力下における原因行為（飲酒行為等）によって，以後責任無能力状態の自己を道具として利用し，因果の流れとして犯罪実現に向かって確実に進むと評価しうる場合には，原因行為自体を実行行為と解し，完全な責任を問いうるとする。

> ⟵○他説OK。なお，他説紹介は必須ではない

　　しかし，上記見解によると実行の着手を原因行為時に認めるので，実行着手後眠ってしまい行為に出なかった場合にも未遂犯が成立しかねず妥当でない。

> ⟵○的確な反対説批判である

　　また，本問のような心神耗弱状態においては規範意識は鈍るものの，まだ残っている以上，自己を道具と

> ⟵○実益のある反対説批判である

して利用したと評価することは困難となり，完全な責 45
任を問いえない点でも妥当でない。

　思うに，責任非難は，反規範的行為をなすことに対
する意思決定にも加えられるべきであるから，行為と
責任の同時存在の原則にいう行為とは意思決定をも含
めた広義の行為と解する。とすれば，意思決定時に完 50
全な責任能力がある場合には，その意思決定が無能力
又は限定責任能力状態の自己によって実現されたと評
価できれば完全な責任を問いうると考える。但し，処
罰範囲が拡大しないよう，①完全責任能力状態下での
意思決定と実行行為との間に時間的場所的接着性があ 55
り，一個の意思に貫かれたといえること，②原因行為
と実行行為に相当な関係があることが必要と考える。

　こう解すれば心神耗弱状態の場合も完全な責任を問
うことができる。

ウ　これを本問にみるに，乙はA殺害の意思決定を完全 60
責任能力下でなしており，時間的場所的接着性をもっ
てB殺害の実行行為がなされているので，上記意思に
貫かれた行為といえる。また景気付けのため酒を飲み，
気を大きくした行為と殺害行為を行ったこととの間に
相当な関係が認められる。 65

エ　以上から，乙には39条2項の適用は排除され，完全
な責任を問いうる。よって，乙は殺人罪（199条）の
罪責を負う。

2　甲の罪責

(1)　甲は，A殺害を乙に決定させているので殺人罪の教唆 70
犯（61条1項，199条）の罪責を負うか。A殺害を意図
したのに正犯たる乙がBを殺害しているので教唆犯の故
意を欠くか，共犯の錯誤が問題になる。

(2)　この点，前述のように法定的符合説に立つ自説からは，
構成要件の範囲内で，認識と客観的事実が符合していれ 75
ば故意責任を問いうると考える。

　よって，本問でも「人」を殺すことを認識して教唆し，
「人」の死の結果が生じている以上，殺人罪の教唆犯の
故意は認められる。

(3)　以上から，甲に殺人罪の教唆犯（61条1項，199条） 80
が成立する。

以上

⇦○以下，十分な論証である。
　大谷説であろう

⇦△「但し」で改行してほしい。読
　み手に対する配慮に欠ける

⇦○丁寧なあてはめである

⇦○結論OK

⇦△一言でよいので，共同正犯に
　も触れるべきである

⇦○論証OK

⇦○あてはめOK

⇦○結論OK

　本問の主要な論点は原因において自由な行為である。旧司法試験では出題実績があり，今後の予備試験や司法試験でも出題可能性がある重要論点なので，基本的な理解を確認しておいてほしい。

　客観的構成要件の充足については行為を条文の文言に淡々とあてはめる。それから構成要件的故意（38条1項本文）の認定に移ることとなる。注意してほしいのは，いきなり客体の錯誤に関する抽象論を大展開しないことである。まずは，①問題文の事実を摘示し，そこから客体の錯誤という論点を抽出すること，そして②体系的には構成要件的故意の問題であることを明示してから規範を定立してほしい。事実を摘示せずに抽象論を展開しても，評価を得られないことには要注意である。

　原因において自由な行為に関する論点につき本問で注意しておくべきなのは，乙が心神耗弱であるということである。心神喪失者（39条1項）は責任能力を欠くので犯罪不成立となるのに対し，心神耗弱者（39条2項）では犯罪自体は成立することを確認しておいてほしい。原因において自由な行為を論じる際は，他説の紹介・批判よりも自説の掲げる規範を具体的事実に正確にあてはめていくことを重視すべきである。

　共犯である甲に関しては，共同正犯を否定し，教唆行為の客観面を事実を引用して認定したうえで，主観面につき錯誤論を簡潔に展開すれば十分である。

第1　乙の罪責
　　Bを包丁で切りつけた行為につき殺人罪（199条）の成否を検討
1　これは殺人罪の客観的構成要件に該当
2　だが，乙はAの自宅内のBをAと誤認
　　乙に殺人罪の故意（38条1項本文）が認められるか，客体の錯誤が問題
　(1)　法定的符合説
　(2)　およそ「人」を殺そうとした乙には殺人罪の故意あり
3　よって，殺人罪が成立
4　ところが，行為当時の乙は心神耗弱
　　39条2項により刑を減軽されるのが原則
　　そこで，原因において自由な行為の理論
　(1)　責任能力が必要とされる根拠
　　　そして，自由な意思決定に基づく原因行為があり，意思決定の実現行為としての結果行為が行われた以上は，結果行為は責任能力状態での意思決定の実現過程にほかならない
　　　そこで，原因行為から結果行為まで意思の連続が認められれば，完全な責任を問うことができる
　(2)　なお，心神耗弱状態でも，原因において自由な行為の理論を適用すべき

　(3)　本問では，乙は，飲酒行為から切りつけ行為まで人を殺害する意思が連続しており，完全な責任を問うことができる
5　以上より，乙は殺人罪（199条）の罪責を負う
第2　甲の罪責
1　乙にAを殺害するよう提案した行為
　　共同正犯は成立しない
2(1)　上記行為は教唆行為
　(2)　ところが，乙にAの殺害を提案したにもかかわらず，乙はBを殺害
　　　そこで，甲に教唆犯の故意が認められるか，教唆犯内の錯誤が問題
　ア　法定的符合説からは，教唆犯内の錯誤が同一構成要件の範囲内にあるかぎり，教唆犯の故意は阻却されない
　イ　本問では，およそ「人」を殺させようとして「人」を殺させている以上，同一構成要件の範囲内
　　　したがって，教唆犯の故意あり
3　被教唆者である乙が殺人罪を決意，実行
4　以上より，殺人罪の教唆犯（61条1項，199条）が成立し，甲はその罪責を負う
　　　　　　　　　　　　　　　　　　　以上

【参考文献】
試験対策講座・刑法総論8章2節③【2】，14章2節①・②・③・④，21章2節②。条文シリーズ38条②1(6)，39条③，1編11章■5節②。

第7問 A　中止犯

　　AとBはささいなことから口論となり，興奮したAはBを手拳で殴り倒した。転倒したBは頭を打ち気絶した。Aは，脈をみたところBが生きていることがわかったが，いっそのこと殺してしまおうと思いBの首を絞めた。ところが，廊下から巡回中の警備員の足音が聞こえたため，犯行発覚をおそれて首を絞めるのをやめた。Aは警備員が通り過ぎた後，そのまま逃走したが，Bが死んでしまったら罪が重くなると考え，携帯電話で救急車を呼び，ビルの入り口まで積極的に誘導した。ところが，救急隊員が駆けつけるよりも前に，再び巡回してきた警備員がひん死の状態のBを発見し適切な措置を施したために，Bは一命を取り留めた。

　　Aの罪責を論ぜよ。

【論　点】
1　中止犯の法的性格
2　「自己の意思により」（任意性）
3　「中止した」──真摯性の要件
4　「中止した」──中止行為と結果の不発生との間の因果関係

答案構成用紙

答案例

第1　まず，AがBを手拳で殴り倒し気絶させた行為は，人 ⟶行為
の生理的機能に障害を加えたといえるから，「傷害」にあ
たる。
　　　したがって，Aには傷害罪（204条）が成立しうる。
第2　次に，Aが，殺してしまおうと思いBの首を絞めた行 5
為につき，殺人未遂罪（203条，199条）の成否を検討する。
　1　まず，Aの行為は他人の生命侵害の危険のある殺人罪 ⟶実行行為性・結果の不発生
の実行の着手にあたるが，Bは一命を取り留めている。
　　　したがって，Aの行為には殺人未遂罪が成立する。 ⟶犯罪の成立
　2　ところが，Aは廊下から巡回中の警備員の足音が聞こ 10 ⟶問題点の抽出
えたため，犯行発覚をおそれて首を絞めるのをやめてい
る。
　　　そこで，中止犯（43条ただし書）の成否を検討する。
　　　まず，このようなAの中止行為が「自己の意思」によ ⟶事案の問題提起
るといえるか，その判断基準が問題となる。 15 ⟶論点の問題提起

　　(1)　この点について，中止犯の必要的減免の根拠は，中 ⟶根拠
止行為に示される行為者の人格態度が責任を減少させ ⇨団藤（総）362頁
ることにあると解される（責任減少説）。
　　　　そうであれば，「自己の意思」とは，中止行為に向か ⟶根拠からの帰結
っての行為者の積極的な人格態度を意味すると解する。 20
　　　　そこで，「自己の意思」によるといえるかは，犯罪 ⟶規範定立（論点の問題提起に対
の完成を妨げる外部的事情によって中止行為にでたと 　応させる）
いえるか否かを基準とすべきと解する（主観説）。

　　(2)　これを本問についてみると，AがBの首を絞めるの ⟶あてはめ
をやめたのは，廊下から巡回中の警備員の足音が聞こ 25
え，犯行発覚をおそれたからである。
　　　　これは，殺人罪の完成を妨げる外部的事情がAのや ⟶規範に対応させる
めるという動機に影響を与えたといえる。
　　　　したがって，Aの中止行為は，「自己の意思により」 ⟶三段論法の帰結（事案の問題提
といえない。 30 　起に対応させる）
　　(3)　よって，Aの上記行為に中止犯は成立しない。
　3　そうだとしても，Aは，Bが死んでしまったら罪が重 ⟶問題点の抽出
くなると考え，携帯電話で救急車を呼び，ビルの入り口
まで積極的に誘導している。
　　　そこで，Aの上記行為につき中止犯の成否を検討する。35
　　(1)　まず，「自己の意思」によるといえるかが問題となる。 ⟶事案の問題提起
　　ア　Aの行為は，警備員が通りすぎた後に行われてい ⟶あてはめ
るから，殺人罪の完成を妨げる客観的な外部的事情
はないといえる。
　　　　また，Aは，警備員が戻ってきたなどという外部 40
的事情に影響されたわけでもなく，Bが死んでしま
ったら罪が重くなると考え，上記行為を行っている。
　　　　そうだとすれば，外部的事情がAのやめるという ⟶21行目の規範に対応させる
動機に影響を与えたとはいえない。

イ　したがって，Aの行為は，「自己の意思」による 45
といえる。
(2)　次に，「犯罪を中止した」といえるかが問題となる。

ア　この点について，前述のように，中止犯の必要的
減免の根拠は責任減少にあるから，「犯罪を中止し
た」とは，結果発生防止に向けた真摯な努力をした 50
ことを意味すると解する。

本問では，Aは，携帯電話で救急車を呼び，ビル
の入り口まで積極的に誘導している。

これは，救急隊員の助力を得ているものの，結果
の発生を防止すべき有効な作為といえ，結果発生防 55
止のための真摯な努力をしたといえる。

イ　ところが，Bが一命を取り留めたのは，救急隊員
ではなく，警備員が適切な措置を施したため，すな
わち他の原因で結果が防止されたためである。

そこで，この場合も中止行為といえるか，中止行 60
為と結果の不発生の間に因果関係が必要か，明文が
なく問題となる。

(ア)　この点について，前述の責任減少説からは，前
述した結果発生防止のための真摯な努力があった
以上，刑の必要的減免を認めるべきである。 65

そこで，中止行為と結果の不発生の間に因果関
係は不要であると解する。

(イ)　そうすると，この場合も中止行為といえる。
ウ　したがって，Aは「犯罪を中止した」といえる。
(3)　よって，Aの上記行為につき中止犯が成立する。 70
第3　以上より，Aは，殺人未遂罪の中止犯（203条，199条，
43条ただし書）の罪責を負う。

なお，先の傷害罪は，殺人未遂罪と同一機会になされた
同一客体に対する行為であるから，重い後者に吸収される。
以上 75

➡三段論法の帰結（事案の問題提
起に対応させる）

➡規範定立

➡あてはめ

➡問題点の抽出

➡事案の問題提起
➡論点の問題提起
⇨大判昭和４年９月17日（刑集８
巻446頁）は必要とする。大谷
（総）389頁参照
➡根拠から
16行目とのリンク

➡論点の結論

➡三段論法の帰結（事案の問題提
起に対応させる）

➡問いに答える

➡罪数処理

1　まず，AはBを手拳で殴り倒して気絶させていることから，人の生理機能を害したといえ，「傷害した」といえるから，傷害罪（204条）が成立する。　　　　　　　　　　⬅○前提OK

2(1)　次に，AはBを殺してしまおうと思ってBの首を絞めていることから，人の生命に対する現実的な危険があり，5　　⬅○実行行為性OK
殺人罪（199条）の実行行為に該当する。

　　　しかし，Bは一命をとりとめていることから，Aには　　⬅○結果の不発生OK
殺人未遂罪（203条，199条）が成立する。　　　　　　　　⬅○犯罪の成立OK（答案作成上の注意点参照）

(2)　では，AはBの首を絞めるのを途中でやめていることから，中止犯が成立し，刑が減免されないか（43条ただ10　⬅○問題点の抽出OK
し書）。

　ア　「自己の意思により」といえるかが問題となる。　　　⬅○問題の所在OK

　　(ア)　思うに，中止犯の必要的減免の根拠は，責任は犯　　⬅○以下，十分な論証である
　　　　罪実行を決意したことに対する非難可能性であると
　　　　ころ，その決意を撤回し，犯罪実現を阻止した場合15
　　　　には非難可能性が減少することに基づく。

　　　　もっとも，刑法上の非難は道徳的非難とは異なる
　　　　から，「自己の意思により」とは，悔悟・同情まで　　⬅○折衷説OK。なお，条文の文言と問題文の事実以外は「　」
　　　　は必要でなく，「やろうと思えばやれたが，あえて　　をつけないほうがよい
　　　　やらなかった場合」をいうと解する。　　　　　20

　　(イ)　本問では，Aは巡回の警備員の足音が聞こえたた　　⬅○あてはめOK
　　　　めにBの首を絞めるのをやめており，「やろうと思
　　　　えばやれた」とはいえない。

　イ　よって，AがBの首を絞めるのをやめたことによっ
　　ては中止犯は成立しない。　　　　　　　　　　　25

(3)　しかし，その後Aは救急車を呼んでいることから，こ　　⬅○問題点の抽出OK
れにより中止犯が成立しないか。

　ア　この点，警備員は既に通り過ぎてしまっており，B　　⬅○あてはめOK
　　は既にひん死の状態であったのであるから，そのまま
　　放置しておけば死亡したといえる。　　　　　　　30

　　　よって「やろうと思えばやれた」場合といえ，にも
　　かかわらずAは救急車を呼んでいることから，「自己
　　の意思により」中止したといえる。

　イ　では，「中止した」といえるか。　　　　　　　　　⬅○問題の所在OK

　　(ア)　思うに，中止犯の必要的減免の根拠を責任減少に35　⬅○以下，論証OK
　　　　求める限り，責任が減少したといえるためには，実
　　　　行着手後にあっては結果不発生に向けた真摯な努力
　　　　が必要であると考える。

　　(イ)　本問では，Aは救急車を呼び，自らビルの入口ま　　⬅○あてはめOK
　　　　で積極的に誘導していることから，Bの生命を守る40
　　　　という結果不発生に向けられた真摯な努力が，認め
　　　　られる。

　　　　よって，「中止した」といえる。

　ウ　もっとも，Bの死の結果の不発生は，警備員が適切　　⬅○問題点の抽出OK

な措置を施したことによる。　　　　　　　　　　45

　　そこで，中止犯が成立する為には中止行為と結果不
　発生の間に因果関係があることが必要かが問題となる。

　㋐　思うに，中止犯の必要的減免の根拠を責任減少に
　　　求める限り，結果不発生に向けられた真摯な努力が
　　　あれば非難可能性が減少する。　　　　　　　　　50

　　　　よって，中止行為と結果不発生との間には因果関
　　　係は不要と解する。

　㋑　本問では，Aに真摯な努力が認められるので，因
　　　果関係が認められなくても中止犯が成立する。

　エ　よって，Aには中止犯が成立する。　　　　　　55
3　以上により，Aには傷害罪（204条）と殺人未遂罪（203
　条，199条）が成立し，両者は一連の行為によりなされて
　いるので，前者は後者に吸収される。そして，Aには中止
　犯が成立するので，刑が減免される（43条ただし書）。

　　　　　　　　　　　　　　　　　　　　　　　以上　60

←○問題の所在OK

←○論証OK

←○あてはめOK

答案作成上の注意点

まず，AがBを手拳で殴り倒し気絶させた行為について，傷害罪（204条）の成立を検討する必要がある。

次に，Aが殺してしまおうと思いBの首を絞めた行為について，殺人未遂罪（203条，199条）の成立を認定する。ここで，中止犯の論述に入る前に殺人未遂罪が成立することを明確にすることが大切である。中止犯は刑の必要的減免の話であるから，体系的には犯罪成立後の問題であることを，わかりやすく答案に表してほしい。

中止犯（43条ただし書）を検討する際は，"任意性があったか""中止行為があったか"などと問題提起するよりも，条文の文言をうまく引用したほうが，条文を意識しているという姿勢を示すことができる。条文の要件を１つひとつ認定するなかで，各要件についての論証をしっかりと覚えて書けるようにしておきたい。「自己の意思」については，中止犯の法的性格を書くことも大切であるが，法的性格からただちに規範が導けるわけではないので，規範を導くための積極的な理由づけが必要である。「中止した」については，作為の内容について真摯な努力を要求する判例の立場で書く受験生が多いと思われるが，理由づけを中止犯の法的性格に絡めて展開することが望まれる。

答案構成

第1　Aに傷害罪（204条）が成立しうる

第2　次に，Bの首を絞めた行為

1　まず，殺人未遂罪（203条，199条）が成立

2　ところが，Aは犯行発覚をおそれて首を絞めるのをやめている

そこで，中止犯（43条ただし書）の成否を検討

「自己の意思」によるといえるか

(1)　この点について，責任減少説

そこで，主観説

(2)　本問では，Bの首を絞めるのをやめたのは，廊下から巡回中の警備員の足音が聞こえ，犯行発覚をおそれたから

これは，殺人罪の完成を妨げる外部的事情がAの動機に影響を与えた

したがって，「自己の意思」（43条ただし書）によるとはいえない

(3)　よって，中止犯は成立しない

3　としても，携帯電話で救急車を呼び，ビルの入り口まで積極的に誘導

(1)　「自己の意思」によるといえるか

まず，警備員が通り過ぎた後に行われており，殺人罪の完成を妨げる客観的な外部的事情はない

とすれば，外部的事情がAの動機に影響を与えたとはいえない

したがって，「自己の意思」によるといえる

(2)　次に，「中止した」といえるか

ア　中止行為には結果発生防止のための真摯な努力を要する

本問では，Aは，携帯電話で救急車を呼び，ビルの入り口まで積極的に誘導

これは，結果発生防止のための真摯な努力

イ　ところが，Bが一命を取り留めたのは，警備員の措置のため

そこで，この場合も中止行為といえるか，中止行為と結果の不発生の間に因果関係が必要か

(ア)　この点につき，責任減少説からは，結果発生防止のための真摯な努力がある以上，刑の減免を認めるべき

そこで，中止行為と結果の不発生の間に因果関係は不要

(イ)　中止行為といえる

ウ　したがって，犯罪を「中止した」

(3)　よって，Aには中止犯が成立する

第3　以上より，殺人未遂罪の中止犯（203条，199条，43条ただし書）の罪責を負う　以上

【参考文献】
試験対策講座・刑法総論17章２節1・2。条文シリーズ43条■２節。

Aは，夫甲の浮気に腹を立て，甲を懲らしめようと考えた。そこで，甲に恨みを抱いていた家政婦Bに致死量に満たない毒薬を渡し，食べ物に混ぜて甲に食べさせて殺害するように唆した。Aと甲は共働きであったので，甲の夕食はBが昼頃作って置いておき，それを夕方帰宅した甲が食べることになっていた。そこで，Bは昼頃作った食べ物に毒薬を混ぜて置いておいた。Aは致死量に満たない毒薬であるので甲が死ぬことは絶対にないと思っており，Bは致死量であると思っていた。ところが，最近AとBの様子がおかしいと思っていた甲は，帰宅して夕食をとろうとして，食べ物に毒が入っていることに気づき，結局食べなかった。なお，Aと甲は2人きりで住んでいたものとする。

　AおよびBの罪責を論ぜよ。

【論　点】
1　不能犯と未遂犯の区別
2　実行の着手時期
3　未遂の教唆

答案構成用紙

答案例

第1　Bの罪責について

　Bが甲の食べ物に毒物を混ぜて置いておいた行為につき，殺人未遂罪（203条，199条）の成否を検討する。

1　まず，甲の食べ物には，Bの行為によって致死量に満たない毒薬が混ぜられているにすぎない。5 →問題点の抽出

　そこで，Bの行為が殺人罪の実行行為といえるのか，未遂犯と不能犯の区別の基準が問題となる。 →事案の問題提起

→論点の問題提起

(1)　そもそも，実行行為性は，社会通念を基礎とした違法有責行為類型たる構成要件該当性の問題である。また，行為は主観と客観の統合体である。10

　そこで，実行行為性は，行為者が認識していた事情および一般人が認識しえた事情を基礎として，行為の時点に立って，一般人の観点から構成要件的結果発生の現実的危険があったといえるかにより判断すると解する。15 →規範定立

(2)　これを本問についてみると，たしかに，一般人は，本件食べ物に毒物が混ぜられていることを認識しえない。しかし，行為者Bは，本件食べ物に毒薬が混ぜられていることを認識しているから，毒物の混ぜられた食べ物を基礎とすることになる。20 →あてはめ（規範に対応させる）

　そして，毒物が致死量に満たないことについて，一般人は認識しえず，Bも認識していないため，致死量に満たないという事情は基礎とできない。

　そこで，上記の事情を基礎に，一般人を基準とすると，Bの行為によって甲の生命侵害の危険性があるといえる。25

　よって，Bの行為は，殺人罪の実行行為といいうる。 →三段論法の帰結（事案の問題提起に対応させる）

2　次に，Bは甲の食べ物に毒薬を混ぜたが，甲は夕食をとろうとして，食べ物に毒が入っていることに気づき，結局食べていない。30 →問題点の抽出

　そこで，Bの行為は殺人罪の「実行に着手」（43条本文）したといえるのか，実行の着手時期が問題となる。 →事案の問題提起

→論点の問題提起

(1)　この点について，未遂犯の処罰根拠は，構成要件の実現あるいは結果発生の現実的危険の惹起に求められる。35 →根拠

　そうだとすれば，実行の着手も，その現実的危険を惹起せしめることをいうと解すべきである。

　そこで，実行の着手時期は，構成要件的結果の発生にいたる現実的危険性を含む行為の開始時点と解する。40 →規範定立（論点の問題提起に対応させる）

(2)　これを本問についてみると，甲の夕食はBが作って置いておき，それを夕方帰宅した甲が食べることになっていたうえ，Aと甲は2人きりで住んでいる。 →あてはめ

→事実

　そうだとすれば，Bが甲の食事を置いておけば，通 →評価

常，甲は食べることになるといえる。　　　　　　　　45

　　　したがって，Bの行為をもって，他人の生命を侵害
　する現実的危険性を含む行為の開始があったといえる。

　　　よって，Bの行為は，殺人罪の「実行に着手」した
　といえる。

3　なお，甲の死亡結果は生じていないので，Bには殺人　50
　既遂罪は成立しない。

4　以上より，Bの行為には殺人未遂罪（203条，199条）
　が成立し，Bはその罪責を負う。

第2　Aの罪責について

　　　AがBに致死量に満たない毒薬を渡し，食べ物に混ぜ甲　55
　に食べさせて殺害するように唆した行為につき，殺人未遂
　罪の教唆犯（61条1項，203条，199条）の成否を検討する。

1　まず，Aの上記行為は，Bに殺人罪を実行する決意を
　生じさせるに適した行為であるから，教唆行為にあたる。

2　そうだとしても，Aは，致死量に満たない毒薬である　60
　ので甲が死ぬことは絶対にないと思っている。

　　　これは，教唆者が被教唆者の実行行為をはじめから未
　遂に終わらせる意思で教唆した場合であるから，未遂の
　教唆といえる。

　　　そこで，このようなAに教唆犯の故意があるといえる　65
　のか，教唆犯の故意の内容が問題となる。

　(1)　この点について，教唆犯の処罰根拠は，正犯の行為
　　を通じて間接的に法益侵害・危険を惹起する点にある
　　と解する。

　　　そうだとすれば，未遂の教唆においても，正犯が実　70
　　行にでれば，法益侵害の危険を惹起するから，間接的
　　に法益侵害の危険を惹起することになる。

　　　したがって，教唆犯の故意は，自己の教唆行為によ
　　って被教唆者が特定の犯罪を行うことを決意し，その
　　実行にでることを認識することで足りると解する。　　75

　(2)　これを本問についてみると，Aは，致死量に満たな
　　い毒物とはいうものの，Bにそれを渡し，食べ物に混
　　ぜて，甲に食べさせ殺害するように唆している。

　　　そうだとすれば，Aは，自己の教唆行為によってB
　　が殺人罪を犯すことを決意し，その実行にでることを　80
　　認識しているといえる。

　　　したがって，Aには教唆犯の故意があるといえる。

3　そして，Aの教唆行為の結果，被教唆者Bは殺人罪の
　実行を決意し，それを実行している。

4　以上より，Aの行為には殺人未遂罪の教唆犯（61条1　85
　項，203条，199条）が成立し，Aはその罪責を負う。

　　　　　　　　　　　　　　　　　　　　　　　　以上

➡規範に対応させる

➡三段論法の帰結（事案の問題提
　起に対応させる）

➡結果の不発生

➡結論・問いに答える

➡客観面の認定

➡問題点の抽出

➡認定（定義を織り込む）

➡事案の問題提起
➡論点の問題提起

➡処罰根拠

➡処罰根拠からの帰結

➡規範定立（論点の問題提起に対
　応させる）

➡あてはめ

➡規範に対応させる

➡三段論法の帰結（事案の問題提
　起に対応させる）
➡被教唆者の犯罪の実行（共犯従
　属性説）
➡結論・問いに答える

1　Bの罪責について

(1)　BはAの食べることになっている夕食に毒薬を混ぜて
　　いる。これは，殺人罪（199条）の実行行為にあたるか，
　　毒薬は致死量に満たないものであるため，不能犯となる
　　のではないか，不能犯と未遂犯の区別が問題となる。　　5

← ○問題の所在OK

(2)　この点，行為時に存在した全ての客観的事情を事後的
　　に判断して，結果発生の危険性があるかないかを判断基
　　準とする見解がある。

← ○他説OK（他説は必須ではない）

　　　しかし，これによると，未遂となる原因は，必ず何か
　　あったのであるから，未遂犯が成立する余地がなくなり，　10
　　未遂を認めた現行法からすると，不当である。

← ○他説批判OK

(3)　思うに，実行行為とは構成要件的結果発生の現実的危
　　険性を有する行為をいう。そして，構成要件とは，社会
　　通念に基づいて，犯罪を類型化したものである。

← ○以下，論証OK

　　　したがって，危険性の有無は，一般人の認識しえた事　15
　　情を基礎に一般人が危険と感じるか否かを基準に判断す
　　べきである。

　　　一方，行為は，主観と客観の統合体であるから，基礎
　　事情としては，行為者の認識していた事情を取り込むべ
　　きであり，さらに刑法は行為規範であるから，行為時を　20
　　基準に判断すべきである。

　　　したがって，①行為時に，②一般人が認識しえた事情
　　および行為者が認識していた事情を基礎に，③一般人が
　　危険性を感じるか否かを基準に，不能犯と未遂犯の区別
　　をすべきと解する。　　25

← ○規範（具体的危険説）OK

(4)　本問についてみると，①行為時に，②一般人は通常，
　　毒薬は致死量に足りないと認識できないため，これを基
　　礎事情とすることはできず，Bが普段食べている夕食に
　　毒薬を混ぜることは③一般人からみれば，甲の死の結果
　　の発生する現実的危険性ありといえる。　　30

← ○規範に対応させてあてはめをしている

　　　したがって，Bの行為は，殺人罪（199条）の実行行
　　為性が認められる。

(5)　しかし，甲はこれに気づいたので，結果は発生してい　
　　ないため，Bには殺人未遂罪が成立する（203条，199条）。

← ○結果の不発生OK

← △実行の着手時期の論点にも触れてほしい

2　Aの罪責について　　35

(1)　Aは，Bに対し，毒薬を渡し，食べ物に混ぜて甲に食
　　べさせるように唆しているので，殺人罪（199条）の教
　　唆犯（61条）が成立しないか。本問でAは，未遂に終わ
　　らせようとしているので，いわゆる未遂の教唆が，教唆
　　犯の成立要件（㋐教唆行為㋑教唆の故意）と関連して問　　40
　　題となる。

← ○問題の所在OK。なお，「61条
1項」が正確

(2)　では，Aに教唆行為があったといえるか。Aは致死量
　　に満たない毒薬しか渡していないことから問題となる。
　　　この点については，肯定できるものと解する。

なぜなら，教唆犯の処罰根拠は，正犯の実行行為を通 45
　じて，間接的に法益侵害に加功した点にあるが，本問に
　おいて，Bの行為に実行行為性，すなわち法益侵害の危
　険性が認められる以上，Aもこれに加功したといえるか
　らである。
(3)　次に，Aに教唆の故意があったといえるか。本問でA 50　←○問題の所在OK
　は，甲が絶対死ぬことはないと思っていることから問題
　となる。
　　この点，教唆の故意として，構成要件的結果発生の認
　識まで必要とする見解がある。
　　しかし，この見解によると，本問において，甲が死ん 55
　でしまった場合，Aに過失が認められない限り，不可罰
　となってしまい，法益保護の見地から妥当でない。
　　したがって，教唆の故意としては，被教唆者が実行に　　←△他説批判から「したがって」
　着手する認識までで足りると解すべきである。条文上も　　　として結論を導くのは疑問。む
　「実行させた」としており，かかる見解に合致するもの 60　　しろ自説の根拠をしっかりと書
　である。　　くべき
　　本問においては，AはBが実行に着手する点までの認
　識を有しているので，教唆の故意も認められる。
　　以上より，Aには殺人罪（199条）の教唆（61条）が　　←△「61条1項」が正確
　あったものと解される。 65
(4)　もっとも，本問において，結果は発生しておらず，B
　は殺人未遂にとどまっているため，従属性から，Aは殺
　人罪（199条）の教唆（61条）の罪責を負うことはない。
(5)　そして，殺人罪の教唆の故意の中に殺人未遂罪の故意　　←△特に論じる必要はない
　は，両者は結果発生の点に違いがあるにすぎず，当然に 70
　含まれていると解されることから，Aには，殺人未遂罪
　（203条，199条）の教唆犯（61条）が成立するものと解
　する。

　　　　　　　　　　　　　　　　　　　　　　以上

　Bの罪責について。本問では，昼頃作った食事に毒薬を混ぜて置いておいた行為について，①不能犯と未遂犯の区別基準として，結果発生の危険性が問題になると同時に，②実行の着手時期の基準として，結果発生の危険性が問題になる。これら2つの危険性は，厳密には，次元の異なる問題である。すなわち，①は行為それ自体に結果発生の危険があるかという問題であるのに対し，②は行為のどの時点で結果発生の危険が生じたかという問題である。答案では危険性の判断基準をそれぞれ示して，問題文の事実を丁寧にあてはめることができれば十分である。

　Aの罪責について。甲が死ぬことは絶対にないと思ってBに致死量に満たない毒薬を渡して食事に混ぜ殺害するよう唆した行為について，未遂の教唆の可罰性が問題となる。ここで大切なことは，教唆犯の故意の内容の問題であるとしっかりと明示することである。"未遂の教唆は可罰的か"というような抽象的な問題提起をしないようにしたい。

答案構成

第1　Bの罪責
　　甲の食べ物に毒物を混ぜて置いておいた行為
1　まず，致死量に満たない毒を混ぜても，殺人罪の実行行為といえるのか
　(1)　この点につき，具体的危険説
　(2)　本問では，たしかに，一般人は，毒物が混ぜられていることを認識しえない
　　　しかし，Bは，毒物が混ぜられていることを認識しているから，毒物の混ぜられた食べ物を基礎とする
　　　そして，致死量に満たないことは，基礎とできない
　　　そこで，それを基礎に，一般人を基準とすると，甲の生命侵害の危険性があり，殺人罪の実行行為といいうる
2　次に，Bは甲の食べ物に毒物を混ぜたが，甲は食べていない
　　　そこで，Bの行為は殺人罪の「実行に着手」（43条本文）したといえるか，実行の着手時期が問題
　(1)　この点について，未遂犯の処罰根拠から，構成要件的結果の発生にいたる現実的危険性を含む行為の開始時点
　(2)　本問では，甲の夕食はBが作り夕方帰宅した甲が食べることになっていたうえ，Aと甲は2人きりで住んでいる

　　　とすれば，Bが甲の食べ物を置いておけば，通常，甲が食べようとする
　　　したがって，生命侵害の現実的危険性を含む行為の開始あり
　　　よって，同罪の「実行に着手」した
3　なお，甲の死亡結果は生じていない
4　以上より，殺人未遂罪（203条，199条）が成立し，Bはその罪責を負う
第2　Aの罪責
　　Bを唆した行為
1　まず，Aの行為は，教唆行為
2　としても，Aは，甲が死ぬことは絶対にないと思っている
　　　そこで，未遂の教唆でも教唆犯の故意があるか，教唆犯の故意の内容が問題
　(1)　この点について，教唆犯の処罰根拠から，被教唆者が特定の罪を犯すことを決意しその実行にでることを認識すること
　(2)　本問では，Bに毒物を渡し，食べ物に混ぜて甲を殺害するよう唆している
　　　したがって，教唆犯の故意あり
3　そして，Aの教唆行為の結果，Bは殺人罪の実行を決意し，実行
4　以上より，Aには殺人未遂罪の教唆犯（61条1項，203条，199条）が成立し，その罪責を負う
　　　　　　　　　　　　　　　　　　以上

【参考文献】
試験対策講座・刑法総論17章1節②・③，3節②，20章1節③。条文シリーズ43条■1節①3(1)・■3節①2，61条②2。

甲は日頃から不仲であったAを殺害しようと決意し，Aを痛めつけるように乙を強く説得して，ナイフを持たせて一緒にタクシーでA宅へ向かった。甲は，Aが乙に襲いかかってくるであろうと思い，乙の行為によりAが死ねば好都合だと考え，タクシー内で乙に対して「やられたらナイフを使え」と指示するなどし，A宅付近に到着後，乙をA宅の玄関付近に行かせ，少し離れた場所で待機していた。乙は，Aに対しみずから進んで暴行をするつもりはなかったが，応対に出てきたAがいきなり金属バットで殴りかかってきたため，Aの攻撃を防ぐため，とっさにナイフを取り出し，Aに傷害を負わせてもやむをえないと思いつつ，Aの行為を阻止しようとナイフを突き出したところ，たまたまナイフが急所に刺さったため，Aは死亡した。

　甲および乙の罪責を論ぜよ。

【論　点】
1　共謀共同正犯
2　共同正犯内の錯誤
3　共同正犯と正当防衛

答案構成用紙

答案例

第1　乙の罪責について

1　乙は，Aに傷害を負わせてもやむをえないと思いつつ，ナイフを突き出し，これが急所に刺さったため，Aを死亡させている。

したがって，乙の行為は，「身体を傷害」し，「よって 5 人を死亡させた」といえるから，傷害致死罪（205条）の構成要件に該当する。

➡構成要件

2　そうだとしても，乙は，Aがいきなり金属バットで殴りかかってきたため，上記の行為をしている。

➡問題点の抽出

そこで，乙の行為には正当防衛（36条1項）が成立し，10 違法性が阻却されないかが問題となる。

➡事案の問題提起

(1)　まず，Aは乙にいきなり金属バットで殴りかかってきているから，「急迫不正の侵害」があるといえる。

➡「急迫不正の侵害」

(2)　次に，乙の行為は，Aの攻撃を防ぎ，自己の身体を守るためであるから，「自己……の権利」を防衛する 15 ためといえる。

➡「自己……の権利を」

(3)　さらに，乙はAの攻撃を防ぐために反撃行為を行っているところ，これは，急迫不正の侵害が加えられるということを認識しつつそれに対応する心理状態に基づくものといえるから，防衛の意思を有しているとい 20 え，「防衛するため」といえる。

➡「防衛するため」

(4)　そして，金属バットで殴りかかってくる行為に対して，ナイフを突き出す行為は，防衛手段として必要最小限度といえ，「やむを得ずにした」といえる。

➡「やむを得ずにした」

(5)　したがって，乙の行為には正当防衛が成立し，違法 25 性が阻却される。

➡三段論法の帰結（事案の問題提起に対応させる）

3　以上より，乙の行為には傷害致死罪（205条）が成立せず，乙はその罪責を負わない。

➡結論・問いに答える

第2　甲の罪責について

1　甲はAを殺害しようと決意し，乙に対して「やられた 30 らナイフを使え」と指示し，乙がAを死亡させている。

これは，共同意思のもとに一体となって互いに他人の行為を利用し，各自の意思を実行に移すことを内容とする謀議をなし，よって犯罪を実行した事実と認められるから，共謀共同正犯が成立すると解する（判例に同旨）。35

➡前提論点なので，判例の立場で簡単に認定した

⇨最大判昭和33年5月28日（判例シリーズ29事件）

2　そうだとしても，甲には殺人の故意があるのに対して，乙には，前述のように，傷害の故意しかない。

そこで，甲には殺人罪の共同正犯（60条，199条）が成立するのか，行為を共同すれば足りるのか，それとも特定の犯罪を共同する必要があるのかが問題となる。40

➡事案の問題提起

➡論点の問題提起

(1)　この点について，共犯の処罰根拠は，正犯の行為を通じて構成要件を実現し，法益侵害・危険を惹起させることにあると解される。

➡根拠

そこで，特定の犯罪を共同する必要があると解する

➡論点の結論（論点の問題提起に対応させる）

（犯罪共同説）。　　　　　　　　　　　　　　　　　　45

（2）　もっとも，共同正犯となるためには，実行行為を共　　　■歯止め
　　同して実現すれば足りる。

　　　そこで，構成要件的に重なり合う限度で共同正犯を　　　■規範
　　認めるべきであると解する（部分的犯罪共同説）。

（3）　そうすると，殺人罪と傷害罪とは，人の身体に傷害　　50　■あてはめ（規範に対応させる）
　　を加える点で構成要件的に重なり合うから，傷害致死　　　⇨大谷（総）402頁（答案作成上の注
　　罪の範囲で共同正犯が成立しうる。　　　　　　　　　　　　意点も参照）

　　　したがって，甲には殺人罪の単独正犯が成立し，傷　　　■三段論法の帰結（事案の問題提
　　害致死罪の範囲で共同正犯となりうる。　　　　　　　　　　起に対応させる）

3　そうだとしても，甲の行為には正当防衛（36条1項）　55　■事案の問題提起
　が成立し，違法性が阻却されないかが問題となる。

（1）　まず，甲は，Aが乙に襲いかかってくるであろうと　　　■問題点の抽出
　　思い，乙の行為によりAが死ねば好都合と考えている。

　　　そこで，このような積極的な加害意思がある場合，　　　■論点の問題提起（答案作成上の
　　「急迫」性が否定されるかが問題となる。　　　　　　　60　　注意点参照）

　　ア　そもそも，36条1項が急迫性を要件とした趣旨は，
　　　法秩序の侵害の予防・回復を国家が行う暇がない場
　　　合に補充的に私人に緊急行為を許す点にある。

　　　　そして，予期される侵害の機会を利用して積極的
　　　に相手に対して，加害行為をする意思で侵害にのぞ　　65
　　　んだときは，緊急行為として許す必要性に欠ける。

　　　　そこで，防衛者が侵害を予期し積極的な加害意思　　　■論点の結論（論点の問題提起に
　　　がある場合には，「急迫」性は否定されると解する。　　　　対応させる）
　　イ　そうすると，甲につき「急迫」性は否定される。　　　⇨最決昭和52年7月21日（判例シ
　　　　　　　　　　　　　　　　　　　　　　　　　　　　　　リーズ7事件）

（2）　したがって，甲の行為には正当防衛が成立しえず，　　70　■三段論法の帰結
　　違法性は阻却されない。　　　　　　　　　　　　　　　　　■55行目に対する答え

4　そうだとしても，前述のように，共同正犯者の一方で　　　■問題点の抽出
　ある乙には正当防衛が成立している。

　　　そこで，共同正犯者の一方に正当防衛が認められ，他　　　■論点の問題提起
　方に認められない場合がありうるのかが問題となる。　　　75

（1）　この点について，違法性の実質は，社会倫理規範に　　　■違法性の実質
　　違反する法益侵害およびその危険をいうと解される。

　　　そうだとすれば，違法は，個々の行為者の主観・客　　　■実質からの帰結
　　観を総合的に判断されるべきであるから，違法の相対　　　⇨大谷（総）407頁
　　性は当然に認められる。　　　　　　　　　　　　　　80

　　　そこで，共同正犯者の一方に正当防衛が認められ，　　　■論点の結論（論点の問題提起に
　　他方に認められない場合がありうると解する（判例も，　　　対応させる）
　　過剰防衛の事例につき同様に解している）。　　　　　　　⇨最決平成4年6月5日（判例シ
　　　　　　　　　　　　　　　　　　　　　　　　　　　　　リーズ36事件）

（2）　したがって，なお甲の行為には正当防衛が成立せず，　　　■三段論法の帰結
　　違法性は阻却されない。　　　　　　　　　　　　　　85

5　以上より，甲の行為には殺人罪が成立し，傷害致死罪　　　■結論・問いに答える
　の限度で乙と共同正犯となる。　　　　　　　　　　　　　⇨大谷（総）413頁参照

　　　　　　　　　　　　　　　　　　　　　以上

第1　乙の罪責

1　乙がAに向かってナイフを突き出した行為に，傷害致
死罪（205条）が成立しないか。

(1)　上記行為は人の生理的機能に障害を与える行為とし
て「傷害」にあたる行為であり，よってAは「死亡」　5
している。このとき，乙はAに傷害を負わせてもやむ
を得ないと思っていた以上，殺人の故意はなく，傷害
の故意があったにとどまる。そして，結果的加重犯は
基本犯に重い結果を生じさせる危険性を有することか
ら，加重結果につき過失なくとも，行為との間に因果　10
関係があれば，成立しうると解される。

したがって，上記行為は，傷害致死罪の構成要件に
該当する。

(2)　しかし，上記行為は，Aがいきなり金属バットで殴
りかかってきたことに起因するため，正当防衛（36条　15
1項）が成立しないか。

ア　Aがいきなり金属バットという強固な物で殴りか
かってきた以上，乙の生命に対する切迫した危険が
存したといえる。しかし，Aが乙らに襲いかかって
くることを予期していたことから，「急迫」不正の　20
侵害といえるか。

(ア)　この点について，法は予期された侵害を避ける
べき義務を課すものではないが，緊急行為として
の性質上，予期された侵害を積極的に利用し，加
害する意思を有していた場合には，「急迫」性が　25
否定されると解する。

(イ)　本問で，乙はAに対しみずから進んで暴行をす
るつもりはなかったことから，予期された侵害を
積極的に利用し，加害する意思を有していたとは
いえない。　30

(ウ)　したがって，「急迫」不正の侵害があったとい
える。

イ　また，「ため」という文言から，急迫不正の侵害
を認識しつつ，これを避けようとする単純な心理状
態，すなわち防衛の意思が要求されるところ，Aの　35
攻撃を防ごうという意思があるため認められる。

ウ　「やむを得ずにした行為」といえるためには，防
衛手段が必要かつ相当と言えなければならないが，
本問状況にかんがみると，上記行為に出ることが必
要であった。そして，いきなりAが金属バットで殴　40
ってきた以上，逃げる手段に出ることを期待できず，
たまたま死亡結果という重大な結果が生じたとして
も，急所を狙った行為ではなく，相当と言える。し
たがって，「やむを得ずにした行為」にあたる。

⬅○内心に言及し，殺人罪ではな
く傷害致死罪であることを認定
できている

⬅○凶器の性質を評価したうえで，
不正の侵害が存することを認定
できている。もっとも，「不正
の侵害」という文言の話である
ことを明示できるとよりよい

⬅○答案例とは異なるが，急迫性
が否定される場合を正しく理解
できている。判例の立場はこち
らだと考えられている

⬅○防衛の意思の必要性とその内
容をコンパクトに示している

⬅○「やむを得ずにした行為」の
解釈をし，規範を立てている

⬅△逃げることができたかどうか
は相当性の判断には関係がない。
あくまで，防衛手段として相当
だったかを検討する必要がある

（3）　よって，上記行為に正当防衛が成立し，傷害致死罪　45
　　が成立しない。
2　以上より，乙は何ら罪責を負わない。
第2　甲の罪責
1　甲は，Aを殺害しようと決意し，乙に対しAを痛めつ
　けるよう説得するなどしていることから，殺人罪の共同　50
　正犯（199条，60条）としての罪責を負わないか。

（1）ア　一部実行全部責任の根拠は，相互利用補充関係に
　　あるところ，①共謀と②共謀に基づく実行行為があ
　　れば，相互利用補充関係が認められるので，かかる
　　場合に共謀共同正犯が成立すると解する。　　　　　　55
　　　　本問では，甲は日頃不仲のAを殺害する強い動機
　　を有し，乙とともに現場におり，乙に対する強い影
　　響力を有していたと言え，正犯意思がある。そのよ
　　うな甲と乙は意思を通じ合っており，①共謀があっ
　　た。そして，②共謀に基づき乙は実行に出ている。　60
　　　　したがって，甲は共謀共同正犯としての罪責を負
　　いうる。
　イ　もっとも，甲に殺人の故意があるのに対し，乙に
　　は傷害の故意しかないことから，いかなる範囲で共
　　同正犯となるかが問題となる。　　　　　　　　　　　65
　　　　この点について，60条が「犯罪」としている以上，
　　犯罪すなわち，構成要件を共同していることを要す
　　ると解する。そして，構成要件該当性は実質的に考
　　えるべきなので，共同行為者の構成要件に実質的な
　　重なり合いがあれば，その軽い範囲で共同正犯にな　70
　　ると解する。
　　　　本問で，甲と乙は殺意の有無に違いがあるにすぎ
　　ず，傷害罪の限度で構成要件間に重なり合いが認め
　　られる。したがって，軽い傷害致死罪の限度で共同
　　正犯が成立し，甲には殺人罪の単独犯が成立しうる。75
（2）　もっとも，甲についても正当防衛が成立しないか。
　　ア　「急迫」性においては積極的加害意思という主観
　　　を考慮するところ，主観は共同行為者ごとに判断す
　　　べき事柄である。そこで，「急迫」性の有無は，行
　　　為者ごとに判断すべきと解する。　　　　　　　　　80
　　　　　甲は，乙の行為によりAが死ねば好都合と考えて
　　　いるのだから，甲には予期された侵害を利用し，積
　　　極的に加害する意思があったといえる。
　　イ　したがって，甲にとっては，「急迫」不正の侵害
　　　が認められず，正当防衛が成立しない。　　　　　　85
（3）　以上より，殺人罪が成立し，傷害致死罪の限度で共
　　同正犯となる。
2　甲は，上記罪責を負う。　　　　　　　　　　　　以上

←△「60条，199条」の順で書くの
　が正確
←○丁寧に論証できている。要件
　①のなかで正犯意思も検討する
　立場である

←○部分的犯罪共同説を適切に書
　けている

←○自分の立場を明示している。
　分量との関係もあるが，理由づ
　けがあるとよりよい

答案作成上の注意点 ▐▐▐

　まず，乙の罪責については，正当防衛が成立するという結論に異論はないであろう。構成要件該当性を端的に認定してから，正当防衛の各要件に端的にあてはめてほしい。

　次に，甲の罪責については，共謀共同正犯の成立を肯定するのが通説および判例（最大判昭和33年5月28日〔判例シリーズ29事件〕）であるから，これについては特に争う必要はない。

　その後，乙が殺意を有しないことと関連して，いわゆる共同正犯内の錯誤について論じる。部分的犯罪共同説は，従来，結果的加重犯の共同正犯を肯定することを前提に，両者は傷害致死罪の範囲で共同正犯となり，殺意を有する者については別途，殺人罪の単独正犯を問題とする。もっとも，近時は，甲について殺人罪の共同正犯，乙について傷害致死罪の共同正犯が成立するという見解もある（大谷〔総〕413頁以下）。自説から簡潔に処理することが望まれる。

　最後に，共同正犯と正当防衛の問題を検討することとなる。前提として，甲には積極的加害意思があるので正当防衛の要件をみたさないということを認定してほしい。次に，共同正犯と正当防衛は，理論的には，共同正犯は正犯か共犯か，共犯であるとして正犯との従属性についていかに処理するか等，非常に難しい問題と関わるが，あまり深入りせず，答案例のように簡潔に処理できると理想的である。

　なお，積極的加害意思については，最決平成29年4月26日（百選Ⅰ23事件）も参照してもらいたい。

答案構成 ▐▐▐

第1　乙の罪責
　1　乙の行為は，傷害致死罪（205条）の構成要件に該当
　2　正当防衛（36条1項）が成立しないか
　　(1)　Aはいきなり殴りかかってきているから，「急迫不正の侵害」あり
　　(2)　「自己の権利……」を防衛するため
　　(3)　さらに，防衛の意思があり，「防衛するため」といえる
　　(4)　そして，バットに対してナイフを突き出す行為は，「やむを得ずにした」
　　(5)　したがって，正当防衛が成立
　3　以上より，乙には傷害致死罪（205条）が成立せず，その罪責を負わない
第2　甲の罪責
　1　乙に対して「やられたらナイフを使え」と指示し，乙がAを死亡させている
　　　これは，共謀共同正犯
　2　としても，甲に殺人の故意があるのに対し，乙には傷害の故意しかない
　　　そこで，甲に殺人罪の共同正犯（60条，199条）が成立するか

　　(1)　この点について，共犯の処罰根拠は，正犯の行為を通じて構成要件を実現し，法益侵害・危険の結果を惹起させることそこで，犯罪共同説
　　(2)　もっとも，部分的犯罪共同説
　　(3)　甲に殺人罪の単独正犯が成立し，傷害致死罪の範囲で共同正犯となりうる
　3　正当防衛が成立しないか
　　(1)　積極的な加害意思がある場合は，「急迫」性が否定される
　　(2)　したがって，正当防衛は成立しない
　4　としても，乙には正当防衛が成立
　　　そこで，共犯者の一方に正当防衛が成立し，他方に成立しない場合があるのか
　　(1)　この点について，違法の相対性
　　　　そこで，一方に正当防衛が成立し，他方に成立しない場合はある
　　(2)　よって，甲に正当防衛は成立せず
　5　以上より，甲には殺人罪が成立し，傷害致死罪の範囲で乙と共同正犯となる

以上

【参考文献】
試験対策講座・刑法総論19章2節⑧，21章2節②【1】。判例シリーズ7事件，29事件，36事件，37事件。条文シリーズ60条②2(5)・(9)，1編11章■5節②。

第10問 A　承継的共同正犯

CHECK

暴力団員甲はAから金員を喝取しようと，Aに近づいて「金を出せ。」と脅した。これにより畏怖したAが，銀行から金員をおろしてくると言ったので，甲は，ちょうどそこを通り掛った組の子分である乙に，分け前をやるからAと一緒に銀行まで行くように言った。そこで，乙はAと銀行に向かったが，途中でAに逃げられてしまった。そのことが原因で甲から半殺しの目にあわされ，Aを恨んでいた乙は，ある日街中で偶然Aを見掛け，殺してしまおうと，持っていた拳銃をAに向けて発射したが，弾はAの腕をかすめただけで命中しなかった。そこで更に2発目を撃とうとしたとき，乙は突然，今日は先代の命日であったことを思い出し，結局2発目は撃たずにその場を去った。

乙の罪責を論ぜよ。

【論　点】
1　承継的共同正犯
2　中止犯

答案構成用紙

答案例

第1 まず，乙が，畏怖したAと一緒に銀行に向かったが，途中でAに逃げられてしまった行為につき，恐喝未遂罪の共同正犯（60条，250条，249条1項）の成否を検討する。

1 本間では，甲は，Aから金員を喝取しようと，「金を出せ。」と脅しているから，相手方の反抗を抑圧するにいたらない程度の害悪の告知があったといえ，「恐喝」したといえる。

⇒実行の着手（甲）

ところが，乙は，甲の犯罪遂行の途中から，その事情を知りながら関与したにすぎない。

⇒問題点の抽出

そこで，乙に恐喝未遂罪の共同正犯が成立するのか，いわゆる承継的共同正犯の成否が問題になる。

⇒事案の問題提起

⇒論点の問題提起

(1) この点について，60条が「すべて正犯とする」と規定して，一部実行全部責任を認めている根拠は，共同実行の意思のもとに相互に他の共同者の行為を利用し補充し合って犯罪を実現することにある。

⇒根拠

そして，先行者と後行者が相互に利用し補充し合って一定の犯罪を実現することは可能である。

⇒根拠からの帰結

もっとも，後行者の行為と無関係な先行者の行為および結果については，相互利用・補充関係を認めることはできない。

⇒歯止め

そこで，後行者が先行者の行為および結果を自己の犯罪遂行の手段として利用したとみられる場合にのみ，承継的共同正犯が成立すると解する。

⇒規範（論点の問題提起に対応させる）。大阪高判昭和62年7月10日（判例シリーズ33事件）

(2) これを本間についてみると，乙は，甲から分け前をやるからAと一緒に銀行まで行くように言われて，Aと銀行に向かっている。

⇒あてはめ

これは，乙が甲の脅した行為およびAの畏怖状態を自己の犯罪遂行の手段として利用したとみられる。

⇒規範に対応させる

したがって，乙には承継的共同正犯が成立する。

2 よって，乙には恐喝未遂罪の共同正犯が成立する。

⇒三段論法の帰結（事案の問題提起に対応させる）

第2 次に，乙が，殺してしまおうと拳銃をAに発射した行為につき，殺人未遂罪（203条，199条）の成否を検討する。

1 まず，上記行為は，他人の生命を侵害する現実の危険を生じさせているから，殺人罪の実行の着手がある。

⇒実行の着手

もっとも，上記行為により，弾はAの腕をかすめただけでAに命中していない。

⇒結果の不発生

したがって，乙の行為には殺人未遂罪が成立する。

⇒犯罪の成立（答案作成上の注意点参照）

2 そうだとしても，乙は，更に2発目を撃とうとしたが，結局2発目は撃たずにその場を去っている。

⇒問題点の抽出

そこで，中止犯（43条ただし書）の成否を検討する。

(1) まず，乙は，今日は先代の命日であったことを思い出し，2発目を撃っていない。

これは，やろうと思えばやれたが，やらなかったといえるから，「自己の意思により」にあたる。

⇒前提論点なので，簡単にフランクの公式にあてはめた

（2）　次に，乙は「犯罪を中止した」といえるか。　45 ➡事案の問題提起

　　　ア　そもそも，中止犯の刑の必要的減免の根拠は，自
　　　　発的な中止行為に現れた行為者の真摯な人格態度に
　　　　より責任が減少することにある。

　　　　　そこで，「犯罪を中止した」とは，不作為による ➡規範
　　　　場合には，中止される実行行為が続行可能なもので 50
　　　　あるにもかかわらず，これを中止したことをいうと
　　　　解する。

　　　イ　これを本問についてみると，乙が撃った1発目は，➡あてはめ
　　　　Aの腕をかすめたにすぎず，Aを死にいたらしめる
　　　　程度のものではない。また，乙は2発目を撃つこと 55
　　　　が可能であるにもかかわらず，2発目を撃たずその
　　　　場を去っている。そうだとすれば，乙は，「犯罪を ➡三段論法の帰結
　　　　中止した」といえる。

　　（3）　したがって，乙の行為に中止犯が成立する。　➡40行目に対する答え

第3　以上より，乙は，恐喝未遂罪の共同正犯（60条，250 60 ➡問いに答える
　　条，249条1項），殺人未遂罪（203条，199条）の罪責を負
　　うが，後者は中止犯として刑が必要的に減軽または免除さ
　　れる。

　　　両罪は，手段・結果の関係にない別個の行為によるから ➡罪数処理
　　（54条1項後段参照），併合罪（45条前段）となる。
　　　　　　　　　　　　　　　　　　　　　　　　　　以上　65

1　Aと銀行に向かった行為

　　上記行為に恐喝未遂罪の共同正犯（60条，250条，249
条）が成立しないか。

(1)　甲はAから金員という「財物を交付させ」るために，
　Aを脅すという脅迫を行っており，「恐喝」したといえ
　る。もっとも，金員の交付は受けられなかったため，甲
　の行為には恐喝未遂罪が成立する。そして，乙は分け前
　をもらうという約束のもと，Aが銀行へ向かうのに同行
　しており，正犯意思のもと甲と意思を通じ恐喝完遂に向
　け行動しているといえる。このことから，甲は共同正犯
　として処罰されるとも思える。

(2)　もっとも，乙は甲の脅迫に何ら関わっておらず，みず
　からAを恐喝してもいない。このように，実行行為後に
　犯行に加わった者が，実行行為について共犯として処罰
　されうるか。いわゆる承継的共犯の成否が問題となる。

(3)　共犯の処罰根拠は，共犯者が行為者の実行行為を介し
　間接的に犯罪結果またはその危険の発生に因果性を及ぼ
　した点にある。そうだとすれば，実行行為後に犯行に加
　わった者が実行行為に因果性を及ぼすことは不可能であ
　るから，共犯の処罰根拠が妥当しない。そこで，承継的
　共犯は認められないと解する。

(4)　よって，上記行為には，何ら犯罪が成立しない。

2　拳銃をAに発射した行為

　　上記行為に殺人未遂罪（203条，199条）が成立しないか。

(1)　上記行為はAの生命を奪う現実的危険性を有するから，
　殺人の実行行為にあたる。もっとも，Aの死亡結果は発
　生していない。そして，乙はAを殺してしまおうと上記
　行為を行っているから，故意もある。

　　　よって，上記行為に殺人未遂罪が成立する。

(2)　もっとも，乙は拳銃の2発目を撃つ予定だったところ
　を，撃たずにその場を去っていることから，中止犯（43
　条ただし書）が成立しないか。

　ア　まず，乙は「自己の意思により」犯罪を中断したと
　　いえるか。

　　(ア)　同条ただし書が刑の必要的減免を認める根拠は，
　　　中止行為に行為者の真摯な人格態度が表れるため，
　　　非難可能性が減少する点にある。そこで，「自己の
　　　意思により」とは，行為者が犯罪を通常続行できる
　　　にもかかわらずあえて中断を決意したことをいうと
　　　解する。

　　(イ)　本問では，乙は先代の命日であることを思い出し
　　　犯罪を中断しているが，これは行為者の犯罪続行を
　　　通常困難にする事情とはいえない。したがって，乙
　　　は犯罪を通常続行できるにもかかわらずあえて中断

5

10

15

20

25

30

35

40

← △正確には「249条1項」

← ○乙が甲と共同正犯関係に立ち
　うることを端的に論述できてい
　る

← ×乙と甲を書き間違えている

← ○問題点の抽出OK

← ○処罰根拠からの規範定立

← ○問題点の抽出OK

を決意したといえ，「自己の意思により」犯罪を中断したといえる。

イ　では，「中止した」といえるか。

　㋐　すでに行われている実行行為により，結果発生への因果が進行し始めている場合，43条ただし書の上記根拠から，実行行為者は結果発生防止に向けとりうる最善の措置をとらなければ「中止した」とはいえないと解する。他方，中止時点で未だ結果発生への因果が進行していない場合には，犯罪を中断するという不作為をもって「中止した」といえると解する。

　㋑　本問では，Aが撃った1発目はAの腕をかすめただけであり，これのみではAが死亡するに至ることは考えられないから，結果発生への因果が進行しているとはいえない。したがって，Aが2発目を撃たずにその場を立ち去るという不作為をもって，「中止した」といえる。

ウ　よって，中止犯が成立する。

3　以上より，乙は殺人未遂罪の罪責を負い，その刑は必要的に減免される。

以上

45

50

55

60

65

⇦○規範に対応させて適切にあてはめができている

　承継的共同正犯については，旧司法試験でも度々出題されており，最近では最決平成24年11月6日（百選I81事件）や最決平成29年12月11日（百選I82事件）が注目されるなど，重要論点となっている。そこで，本問は横浜地判昭和56年7月17日（判例シリーズ33事件・関連判例）を題材にして，承継的共同正犯に加えて中止犯の理解を確認してもらう趣旨で出題した。

　まず，恐喝未遂罪の成否と関連して，承継的共同正犯の成否を検討する。いずれの説を採ってもかまわないが，重要論点である以上，説得的に論じておく必要がある。

　次に，殺人未遂罪の罪責と関連して，中止犯の成否を検討する。乙に殺人未遂罪が成立することを認定したうえで，「自己の意思により」「中止した」といえるか，それぞれ論じていくことになる。「自己の意思により」については，おそらくいずれの説を採っても，本問でこれが肯定されることに異論はないだろう。そのため，この点について大展開はせず，自説を前提に軽くあてはめる程度で十分だろう。いかなる場合に「中止した」といえるかについては，いかなる基準により判断するかを明示して，具体的事情に照らして判断していくこととなる。ここでは，本問の事情を適切に抽出し評価を加えることが重要である。

第1　畏怖したAと一緒に銀行に向かったが，途中で逃げられてしまった行為
　1　まず，甲は恐喝罪の実行に着手
　　　ところが，乙は，その事情を知りながら関与したにすぎない
　　　そこで，恐喝未遂罪の承継的共同正犯が成立するか
　（1）この点について，後行者が先行者の行為・結果を自己の犯罪遂行の手段として利用したとみられる場合にのみ，承継的共同正犯が成立
　（2）本問では，乙が甲の脅した行為およびAの畏怖状態を自己の犯罪遂行の手段として利用した
　　　したがって，乙には承継的共同正犯が成立
　2　よって，恐喝未遂罪の共同正犯が成立
第2　拳銃をAに発射した行為
　1　まず，殺人未遂罪が成立
　2　としても，乙は，結局2発目は撃たずにその場を去っており，中止犯（43条ただし書）の成否を検討

　（1）まず，「自己の意思により」
　（2）次に，「中止した」といえるか
　　ア　そもそも，中止犯の刑の必要的減免の根拠は，自発的な中止行為に現れた行為者の真摯な人格態度により責任が減少すること
　　　　そこで，「犯罪を中止した」とは，不作為の場合，続行可能なものを中止したことをいう
　　イ　本問では，乙が撃った1発目は，Aを死にいたらしめる程度のものではない
　　　　また，乙は2発目を撃つことが可能でありながら撃たずその場を去った
　　　　とすれば，乙は，「犯罪を中止した」といえる。
　（3）したがって，中止犯は成立する
第3　以上より，乙は，恐喝未遂罪の共同正犯（60条，250条，249条1項），殺人未遂罪（203条，199条）の罪責を負い後者は必要的減免
　　両罪は，併合罪（45条前段）
　　　　　　　　　　　　　　　　　　　　以上

【参考文献】
試験対策講座・刑法総論17章2節②【2】・【3】，19章2節④。判例シリーズ33事件。条文シリーズ43条■2節①2，60条②(4)。

第11問 A　共犯関係からの離脱

　　暴力団組員甲は，同じ組の仲間である乙から「知り合いのAを殺したい。俺1人でやるが，心細いので，協力してくれ。」と依頼された。甲は，最初は断っていたが，乙の執ような説得に根負けし，「手伝うだけならいい。」と述べ，これを承諾した。甲は，犯罪行為時の物音が外に漏れないように，乙が犯罪場所として計画した乙の自宅地下室の出入り口である戸の周囲を目張りしたうえで，同地下室で待機していた。乙は，いざAを自宅の地下室に招きいれる段階になると，地下室が汚れるのが嫌になり，その計画を変更し，訪ねてきたAを野外に連れ出して殺害した。後日，乙は，「知り合いのBを殺したい。今度は俺1人では無理そうだから，一緒にやってほしい。」と甲に申し向けた。甲は，Bに恨みをもっていたので，乗り気になり，これを承諾した。甲および乙は，Bを巧みに誘い出し，乙の自家用車にBを乗せ，山林にたどりついた。乙は，甲にBを羽交い絞めにさせたうえで，Bを金属バットで殴打し始めた。甲は，そのせい惨な様子に驚き，にわかに恐怖心をもよおし，「それ以上はやめろ。」と乙に申し向け，Bに向かって「大丈夫か。」などと問いかけた。乙は，その態度に腹を立て，甲と口論となり，格闘の末，甲を殴打して失神させた。その後，乙は，甲を放置したまま，Bを更に殴打し，ぐったりしたのを見届けて，現場を立ち去った。Bは，一連の暴行が原因で死亡したが，死因となった傷害が，甲の失神の前後いずれの暴行によるものかは不明である。
　　甲および乙の罪責を論ぜよ。

【論　点】
1　幇助の因果関係
2　共犯関係からの離脱（着手後の離脱）

答案構成用紙

答案例

第1　乙の罪責について
　1　まず，乙はAを「殺」害しているから，乙の行為には
　　殺人罪（199条）が成立する。
　2　次に，乙はBを殺意をもって金属バットで殴打し，死
　　亡させているから，乙の行為には殺人罪が成立する。　　　　5
　　　なお，後述のように，甲とは共同正犯（60条）となる。

➡忘れずに

　3　さらに，乙が甲を殴打して失神させた行為は，人の生
　　理的機能に障害を加えたといえるから，「傷害」にあたる。
　　　したがって，乙の行為に傷害罪（204条）が成立する。

　4　以上より，乙は，Aに対する殺人罪（199条），Bに対　　10

➡問いに答える

　　する殺人罪の共同正犯（60条，199条），および甲に対す
　　る傷害罪（204条）の罪責を負い，これらは併合罪（45

➡罪数処理

　　条前段）となる。
第2　甲の罪責について
　1　まず，甲が，乙からの依頼を承諾し，乙の自宅地下室　　15
　　の出入り口である戸の周囲を目張りした行為につき，殺
　　人罪の幇助犯（62条1項，199条）の成否を検討する。
　（1）　まず，甲は，乙のA殺害を手伝うつもりで目張り行
　　　為をしているから，乙を幇助する意思で幇助行為を行
　　　ったといえる。　　　　　　　　　　　　　　　　　　20
　（2）　ところが，乙は，実際には，計画していた上記地下

➡問題点の抽出

　　　室ではなく，野外においてAを殺害している。

➡事案の問題提起

　　　　そこで，甲の幇助行為により乙が犯罪を実行したと

➡論点の問題提起

　　　いえるか，幇助の因果関係の要否・内容が問題となる。

　　　ア　この点について，共犯の処罰根拠は，正犯の実行　　25

➡共犯の処罰根拠
⇨川端（総）529頁，大谷（総）398頁

　　　　行為を通じて間接的に法益侵害・危険を惹起する点
　　　　に求められると解される（因果的共犯論）。
　　　　　そうであれば，幇助と正犯の実行行為あるいは法

➡処罰根拠からの帰結（因果関係
の要否）

　　　　益侵害・危険の惹起との間に因果関係が必要と解す
　　　　る。　　　　　　　　　　　　　　　　　　　　　30
　　　イ　そして，現行法が「幇助した」（62条1項）と規

⇨川端（総）599頁，大谷（総）447頁

　　　　定しているにすぎない点にかんがみ，幇助行為は正
　　　　犯を援助しその実行行為を容易にすれば足りる。
　　　　　そこで，幇助の因果関係の内容は，実行行為を物

➡規範（論点の問題提起に対応さ
せる）

　　　　理的・心理的に容易にすることで足りると解する。　　35
　　　ウ　これを本問についてみると，たしかに，乙は，計

➡あてはめ

　　　　画していた自宅地下室でAを殺害したわけではない。
　　　　　そうであれば，甲が目張り行為をしたとしても，
　　　　乙の殺害行為を物理的に容易にしたとはいえない。

➡規範に対応させる

　　　　　しかし，乙の殺害行為は，乙が甲に対し「心細い　　40
　　　　ので，協力してくれ。」と依頼し，執ような説得をし，
　　　　甲の承諾を得られたからこそなされたものである。
　　　　　こうした状況においては，乙は甲の承諾を精神的
　　　　な支えとしてAを殺害したといえるから，甲の承諾

は，なお乙の殺害行為を心理的に容易にしたといえ　45
る。

　　　したがって，甲の幇助行為により乙が犯罪を実行
　　したといえる。
　(3)　よって，甲の行為には殺人罪の幇助犯が成立する。
2　　次に，甲は，乙とB殺害を共謀しているので，殺人罪　50
　の共同正犯（60条，199条）が成立しそうである。

　　　ところが，甲は，乙に「それ以上はやめろ。」と申し
　　向けるなどしたが，その後乙の殴打により失神している。

　　　そして，Bは死亡しているが，死因となった傷害が甲
　　の失神の前後いずれの暴行によるものかは不明である。　55

　　　そうすると，甲に共同正犯関係からの離脱（着手後の
　　離脱）が認められれば，殺人未遂罪の共同正犯（60条，
　　203条，199条）が成立するにとどまることとなる。

　　　そこで，着手後の離脱の要件が問題となる。

　(1)　この点について，共犯の処罰根拠は前述のとおりで　60
　　あるから，自己の行為と因果関係のない結果について
　　まで責任を負う必要はない。

　　　そこで，着手後の離脱が認められるためには，結果
　　発生防止のための積極的行為による因果性の解消が必
　　要であると解する。　　　　　　　　　　　　　　　65

　　　具体的には，①共犯者がなお実行行為を継続するお
　　それの有無，②そのおそれがある場合には防止行為の
　　有無によって決すべきである。

　(2)　これを本問についてみると，まず，甲が乙に対して
　　「それ以上はやめろ。」と申し向けた後の乙の殴打は，　70
　　甲との間のB殺害という共謀内容と同一の動機，目的
　　のもとになされたといえるから，乙には，この段階で
　　も，甲との共謀，その実行行為によりもたらされた心
　　理的，物理的な効果は残存しているといえる。

　　　そうであれば，①乙がなお実行行為を継続するお　75
　　それがあるといえる。

　　　次に，甲は乙と口論のうえ格闘しているものの，凶
　　器である金属バットを取りあげるなどの措置を講じて
　　いないから，物理的な効果が消滅したとはいえない。

　　　そうであれば，②防止行為があったとはいえない。　80
　　　したがって，甲に着手後の離脱は認められない。

　(3)　よって，甲の行為には殺人罪の共同正犯が成立する。
3　　以上より，甲は，Aに対する殺人罪の幇助犯（62条1
　項，199条），Bに対する殺人罪の共同正犯（60条，199
　条）の罪責を負い，両罪は併合罪（45条前段）となる。　85
　　　　　　　　　　　　　　　　　　　　　　以上

	➡規範に対応させる
	➡三段論法の帰結（事案の問題提起に対応させる）
	➡結論
	➡問題点の抽出
	➡問題の所在
	➡論点の問題提起
	➡共犯の処罰根拠
	➡処罰根拠からの帰結
	➡規範定立（論点の問題提起と対応させる）
	➡具体的基準（最決平成元年6月26日〔判例シリーズ40事件〕）⇨条解刑法248頁
	➡あてはめ
	➡具体的基準①に対応させる
	➡具体的基準②に対応させる
	➡三段論法の帰結
	➡結論
	➡問いに答える
	➡罪数処理

1　乙の罪責
　(1)　乙が殺意をもってAを殺害した行為について，乙に殺人罪（199条）が成立する。
　(2)　乙が甲を殴打して，失神せしめた行為は，乙の生理能力を減退せしめているので，「傷害」にあたり，乙に，甲に対する傷害罪（204条）が成立する。
　(3)　乙が，殺意をもってBに対し，甲とともに殴打し，あるいは甲の失神後に殴打し，Bを死亡させた行為について，乙に殺人罪（199条）が成立し，後述する甲とは共同正犯（60条）となる。
　(4)　以上から，乙には，Aに対する殺人罪（199条），甲に対する傷害罪（204条），Bに対する殺人罪の共同正犯（60条，199条）が成立し，それぞれ併合罪（45条前段）となる。
2　甲の罪責
　(1)　甲が，乙がAを殺害するにあたって，手伝うことを承諾した行為につき，殺人罪の幇助犯（62条1項，199条）の成否を検討する。
　ア　まず，前述の如く，正犯たる乙はAを殺害している。
　イ　次に，甲は乙に手伝うことを承諾しているものの，甲の目張りは結局，乙の殺害行為を助けたとはいえないので，因果関係を欠き，「幇助」とならないのではないか，幇助の因果性が問題となる。
　　(ア)　思うに，共犯の処罰根拠は，共犯が正犯を通じて法益侵害の結果を惹起した点にある（因果的共犯論）。
　　　そして，幇助は，正犯者の実行を補助し，犯罪の実行を容易にすることを通じて間接的に犯罪結果を惹起する犯罪類型である。
　　　そこで，幇助犯における因果性の程度は，実行行為を通じて結果を容易にしていたといえれば足り，具体的には，正犯者の実行行為を①物理的あるいは，②心理的に容易にし，結果を惹起させたといえれば足りる。
　　(イ)　これを本件に見ると，乙はAを野外で殺害しているのであるから，甲の目張りは乙の実行行為を容易にしたものとはいえず，①物理的因果性は存しない。
　　　もっとも，甲は，乙の依頼に対し，結局これを承諾する旨を申し向けている点で，一人で実行することが心細かった乙の精神的な負担を除去し，乙の実行行為を②心理的に容易にしているといえる。
　　(ウ)　したがって，甲の幇助には，因果性が認められる。
　ウ　よって，Aに対する殺人罪の幇助犯が成立する。
　(2)　甲が，乙をしてBを殴打させ，あるいは甲の失神後に乙がBを殴打したことにより，Bを死亡させた行為につ

○以下，乙の罪責について簡単に論述している点OK。問題がないところはあっさりと論じてよい

△細かいが，甲が殴打したわけではない

○結論OK

△手伝うことを承諾した行為が問題となるのではない。承諾に基づく目張り行為を問題とすべき

○問題点の抽出OK

○問題提起OK

○以下，共犯の処罰根拠からの論証OK

○規範OK

○以下，規範①②に対応させてあてはめをしている

○三段論法の帰結OK
○結論OK
○丁寧な行為の抜きだしである

き，Bに対する殺人罪（199条）の成否を検討する。　　45

ア　まず，甲は乙の「Bを殺したい。……一緒にやって
　　ほしい」との申し向けを承諾し，乙がBを金属バット
　　で殴打している点で，乙の行為は共同の実行行為とい
　　える。

イ　そうだとしても，Bの死因となった傷害はかかる行　　50
　　為によるものか，乙の失神後の行為によるものか明ら
　　かでない。
　　　そこで，甲が乙に「それ以上はやめろ」と申し向け
　　たこと等により，甲が共犯関係を離脱したといえれば，
　　以後の行為により生じた罪責を負わないと考えられる　55
　　ので，共犯からの離脱の有無が問題となる。

　(ア)　思うに，共犯の処罰根拠は，共犯相互が互いに利
　　　用し合い，相互補充し合うことで，結果に対する因
　　　果的な影響力を有する点にある。
　　　　そこで，犯罪結果への影響力を除去し，因果性を　60
　　　切断したといえれば，離脱が認められると考える。
　　　　具体的には，㋐離脱の意思を表明し，㋑他の共犯
　　　者がこれを了承することを要し，実行行為が開始さ
　　　れている場合には，すでに因果的影響が存在するの
　　　で，これを除去するに足りる㋒積極的な結果発生防　65
　　　止措置をとることが必要と考える。

　(イ)　これを本件に見ると，まず，甲は乙に対し，「そ
　　　れ以上はやめろ。」と申し向けることにより，㋐離
　　　脱の意思を表明したといえる。
　　　　また，乙は甲の態度に腹を立て，失神せしめる程　70
　　　に甲を殴打した点で，もはや甲を除外せしめる意思
　　　があるといえ，甲の離脱を㋑了承したものといえる。
　　　　そして，㋒積極的な結果発生防止措置について見
　　　ると，乙は甲と口論し，格闘することにより失神す
　　　るに至っており，甲にとってなしうる限りのことを　75
　　　したものともいえそうである。しかし，かかる要件
　　　が必要とされるのは，すでに発生している結果に対
　　　する因果的影響を除去せしめる必要があるためであ
　　　り，甲は乙をして，以後の結果にいたる行為を防止
　　　するだけの措置をとらせる必要がある。それにもか　80
　　　かわらず，この措置をとるに至っておらず，以後失
　　　神し，乙の行為を防止する措置をとっていない。

　(ウ)　したがって，甲に離脱は認められない。

ウ　よって，Bに対する殺人罪が成立する。

(3)　以上から，甲には，乙のAに対する殺人罪の幇助犯　85
　　（62条1項，199条）とBに対する殺人罪の共同正犯（60条，
　　199条）が成立し，両者は併合罪（45条前段）となる。

　　　　　　　　　　　　　　　　　　　　　　　以上

⬅○共同実行の事実の認定であろう

⬅○問題点の抽出OK

⬅○問題の所在，問題提起OK

⬅○共犯の処罰根拠からの論証OK

⬅○結論OK

⬅○要件定立OK。通説的見解による要件である（大谷など）

⬅○以下，丁寧なあてはめである。自分の掲げた要件㋐㋑㋒に対応させている

⬅○三段論法の帰結OK

⬅○結論OK

答案作成上の注意点

　乙の罪責について。特に問題となる点はない。ただ，乙の甲に対する傷害の検討を忘れないように注意を要する。

　甲の罪責について。まず，Aに対する罪責について。乙は計画していた地下室ではなく野外でAを殺害しているので，甲の目張り行為と乙の実行行為（あるいは結果）との間に因果関係があるかどうかが問題となる。次に，Bに対する罪責について。ここでは，共同正犯関係からの離脱（着手後の離脱）が問題となる。甲は乙に「それ以上はやめろ。」と申し向け，口論をし格闘までしているし，Bの死因が甲および乙の暴行（第1暴行）によるか，甲失神後の乙のみによる暴行（第2暴行）によるか不明であり，離脱が認められれば，甲には殺人未遂罪（ひいては中止未遂）が成立するにすぎないからである。離脱の要件について，通説的見解は，①離脱の意思の表明，②残余の共謀者の了承，③積極的な結果防止行為をあげている。判例（最決平成元年6月26日〔判例シリーズ40事件〕）は，(1)共犯者においてなお制裁を加えるおそれが消滅しているかどうか，(2)(1)のおそれが消滅していないときには，被告人においてこれを防止する措置を講じたかどうか，という2点をあげている。通説的見解の3要件を採用するにせよ，判例の2要件を採用するにせよ，重要なのはそれらの要件を具体的事案で使いこなすことである。

答案構成

第1　乙の罪責

　　乙は，Aに対する殺人罪（199条），Bに対する殺人罪の共同正犯（60条，199条），甲に対する傷害罪（204条）の罪責を負い，3者は併合罪（45条前段）

第2　甲の罪責

1　まず，甲が承諾のうえ乙の自宅地下室の出入り口の戸の周囲を目張りした行為

(1)　まず，甲は，幇助意思で幇助行為

(2)　ところが，乙は，実際には，計画していた地下室ではなく，野外でA殺害
　　　そこで，幇助の因果関係が問題

　ア　この点について，因果的共犯論から，因果関係は必要

　イ　そして，「幇助した」との規定
　　　そこで，実行行為を物理的・心理的に容易にすれば足りる

　ウ　本問では，乙の殺害行為は，乙が甲に「心細いので，協力してくれ。」と依頼し，承諾を得たことで，心理的に容易になった
　　　したがって，甲の幇助行為により乙が犯罪を実行したといえる

(3)　よって，殺人罪の幇助犯が成立

2　次に，甲は，乙に「それ以上はやめろ。」と申し向けたが，その後失神している
　　そして，Bの死因となった傷害が甲の失神の前後いずれの暴行によるのかは不明
　　そこで，着手後の離脱の要件が問題

(1)　この点について，因果的共犯論からは，因果関係のない結果まで責任を負う必要なし
　　　そこで，結果発生防止のための積極的行為が必要
　　　具体的には，①共犯者がなお実行行為を継続するおそれの有無，②そのおそれがある場合には防止行為の有無

(2)　本問では，まず，乙には，甲との共謀，その実行行為による心理的，物理的な効果は残存し，①のおそれあり
　　　次に，実際に物理的な効果が消滅したとはいえないから，②防止行為なし

(3)　よって，殺人罪の共同正犯が成立

3　以上より，甲は，Aに対する殺人罪の幇助犯（62条1項，199条），Bに対する殺人罪の共同正犯（60条，199条）の罪責を負い，両罪は併合罪（45条前段）

以上

【参考文献】

試験対策講座・刑法総論20章2節3，21章4節2。判例シリーズ35事件，40事件。条文シリーズ62条2　2，1編11章■7節。

甲は，自動車を乗り逃げしてしまおうと考え，自動車販売店で，従業員に「ちょっと試乗してみたい。」と言ったところ，従業員は，1人で試乗してくるよう勧め，試乗ルートの指示をしてからガソリンの残量をわずかにしておいたナンバープレート付きの試乗車のキーを渡した。甲は，指示どおりのルートを走りだしたものの，すぐにルートから外れ，強制性交等をする目的で好みの女性がいないか探し始めた。甲はA駅付近で顔見知りの乙女を見つけたので，「ドライブがてら家まで送りましょう。」と言って，乙女を自動車に乗せた。走っているうちに，乙女は自宅へ帰る道と違うことに気づき，身の危険を感じたので「降ろして。」と頼んだが，甲はそれを無視してそのまま走り続けた。途中，ガソリンの警告灯が点灯したので，甲は給油しようとガソリンスタンドに寄り，ガソリンをいれてもらおうとした。乙女は，甲が給油を頼んでいるすきを見て逃げ出そうとしたが，ハイヒールを履いていたためつまずいてしまい，後退してきたタンクローリーにはねられて死亡した。甲は，それを見て気が動転してしまい，給油が完了しているにもかかわらず代金を支払わずにそのまま自動車で逃走し，その後，山林にこの自動車を乗り捨てた。

　　甲の罪責を論ぜよ。

【論　点】
1　詐欺罪と窃盗罪との区別
2　監禁罪の保護法益

答案構成用紙

答案例

第1　まず，甲が，自動車の試乗を装って乗り逃げする行為につき，窃盗罪（235条）または詐欺罪（246条1項）の成否を検討する。

1(1)　この点，両罪の区別は，占有が被害者の意思により移転しているか否かによるべきであると解される。 5

　　(2)　これを本問についてみると，1人で試乗した場合には，たとえガソリンの残量がわずかであっても，ガソリンを補給することにより長距離走行が可能であるし，また，ナンバープレートが付けられていても，自動車は移動性が高く，多数の車両に紛れればその発見が容 10
易でない。

　　　そうだとすれば，1人で試乗をさせれば販売店の試乗車に対する事実上の支配が失われ，その時点で占有が自動車販売店の意思により移転しているといえる。

2　そこで，詐欺罪の成否を検討すると，まず，甲は「ち 15
ょっと試乗してみたい。」と述べることにより，返却する意思があるように偽っている。そのため，財産上の処分行為に向けられた「欺」く行為がある。

　　次に，従業員は自動車を試乗したいという客が乗り逃げをすると思ってはおらず，錯誤に陥っているといえる。 20
さらに，従業員は甲に試乗車のキーを渡して実際に乗車させているため，錯誤に基づく処分行為（「交付」）があり，これにより「財物」である自動車の占有が甲に移転している。

3　よって，甲の行為には詐欺罪が成立する。 25

第2　次に，甲が，強制性交等をする目的で「ドライブがてら家まで送りましょう。」と言って，乙女を自動車に乗せた行為につき，わいせつ目的誘拐罪（225条後段）の成否を検討する。

1　まず，上記行為は，欺罔・誘惑を手段として，他人を 30
その生活環境から不法に離脱させ，自己の実力的支配内に移す行為であるから，「誘拐」にあたる。

2　そして，甲には強制性交等をする目的があるから，「わいせつ……の目的」があるといえる。

3　よって，甲の行為にわいせつ目的誘拐罪が成立する。 35

第3　さらに，甲が乙女を自動車に乗せて走りだし，死亡させた行為につき，監禁致死罪（221条，220条後段）の成否を検討する。

1　まず，上記行為は，乙女が一定の区画された場所から脱出することを不能または著しく困難にするから，「監 40
禁」（220条後段）にあたりそうである。

　　ところが，被害者たる乙女は，この時点では身体活動の自由を侵害されていることについて意識していない。

　　そこで，「監禁」といえるためには，被害者に侵害の

▶規範定立
⇨東京地八王子支判平成3年8月28日（判タ768号249頁）
▶あてはめ。自動車という事実に「移動性が高い」という評価を加える

▶「事実上の支配」というタームを使う
▶規範に対応させる
▶各構成要件の認定（これを忘れずに）

▶条文の文言を「　」を付けて使うと効果的

▶結論
▶これが書ければ加点となろう

▶行為
⇨前田（各）84頁

▶目的

▶結論

▶行為
⇨大谷（各）87頁

▶問題点の抽出。「この時点では」がポイント
▶論点の問題提起

意識が必要か，同罪の保護法益と関係して問題となる。　45

> (1)　この点について，身体活動の自由はその主体が行動
> したいときに行動することを意味するから，同罪の保
> 護法益は潜在的または可能的自由で足りると解する。
> 　　そして，潜在的または可能的自由は，被害者の意識
> がなくても侵害される。　50
> 　　そこで，被害者に侵害の意識は不要であると解する。

　　(2)　そうすると，甲が乙女を自動車に乗せて走りだした
　　　時点で，「監禁」にあたる。
2　次に，乙女が死亡したのは直接的にはタンクローリー
にはねられたことによるものの，乙女が監禁状態から逃　55
げ出そうとしたことに起因する。
　　したがって，「よって人を死」亡させたといえる（221
条）。
3　よって，甲の行為には監禁致死罪が成立する。
第4　また，甲がガソリンスタンドで代金を支払わずにその　60
まま逃走した行為につき，詐欺罪（246条2項），窃盗罪（235
条）または占有離脱物横領罪（254条）の成否を検討する。
1　まず，自動車で逃走する時点においても，財産上の処
分行為に向けられた「欺」く行為があるとはいえない。
　　よって，甲の行為には詐欺罪は成立しない。　65
2　次に，ガソリンは「他人の財物」（235条）とはいえる
ものの，自動車で逃走した時点では，すでに給油が完了
しており，ガソリンスタンドの事実上の支配も占有の意
思も認めることはできない。
　　そうすると，逃走した時点では，占有者の意思に反し　70
て財物を自己の占有下に移していないから，「窃取し
た」（235条）とはいえない。
　　よって，甲の行為には窃盗罪も成立しない。
3　もっとも，甲は，ガソリンスタンド管理者の「占有を
離れた他人の物」であるガソリンを「横領」したといえ　75
る。
　　よって，甲の行為に占有離脱物横領罪（254条）が成
立する。
第5　なお，甲が当該自動車を乗り捨てた行為は，先の詐欺
罪で評価し尽くされているので，不可罰的事後行為となる。　80
第6　以上より，甲は，詐欺罪，わいせつ目的誘拐罪，監禁
致死罪，および占有離脱物横領罪（254条）の罪責を負う。
　　わいせつ目的誘拐罪および監禁致死罪は，1個の行為に
よるから，観念的競合（54条1項前段）となり，詐欺罪お
よび占有離脱物横領罪とは併合罪（45条前段）となる。　85
　　　　　　　　　　　　　　　　　　　　　　　以上

➡保護法益から
⇨大谷（各）85頁

➡この1文をはさみたい

➡規範定立（論点の問題提起に対
応させる）
➡あてはめ・結論。本問では，成
立時期が問題（成立すること自
体に争いはない）

➡因果関係・結果
⇨東京高判昭和55年10月7日（判
時1006号109頁）
➡結論

➡詐欺罪について

➡窃盗罪について

➡問題文に書かれているので，触
れるべき

➡問いに答える

➡罪数処理

1 まず，甲が自動車を乗り逃げするつもりで，自動車販売
店に試乗を申し込み，自動車を取得した点につき，窃盗罪
（235条）と詐欺罪（246条1項）のどちらが成立するか，
自動車の占有が甲に移転した時期で異なってくるので，車
の占有移転時期が問題となる。   5

⟵△問題の所在が若干不明瞭。意
　思に基づく占有移転か否かが両
　者の区別である

(1) 思うに，販売店側が試乗者を占有補助者とし，車に対
する自らの占有を維持する意思であったと認められるの
ならば，車を犯人に渡した時点での占有移転はなく，そ
の後に占有移転が生じたことになる。この場合は窃盗罪
が成立することになる。これは，車を犯人に渡した状況，10
車の状態等から個別に，販売店の車に対する占有移転の
意思を判断するべきである。

⟵△なぜ「この場合は」といえる
　のか不明

(2) 本問において，確かに，試乗ルートの指示をしている
ことや，ガソリンの残量がわずかであることからすれば，
販売店に占有移転の意思がなかったとも思える。   15

⟵○以下，自分なりに論じられて
　いる

しかし，従業員が一人での試乗を勧めていること，ナ
ンバープレート付きの車であって，逃走すれば他の車に
まぎれてしまう状況であったこと，そして，ガソリンは
容易に給油できることからすれば，甲がキーを受け取っ
た時点で，車の占有は甲に移転したといえる。   20

これは，甲が従業員に対して試乗目的であると欺罔し，
それによって従業員が錯誤に陥り，処分行為を行い，車
の占有を甲に移転したことになる。

従って，甲には詐欺罪が成立する。

⟵○構成要件にあてはめる姿勢
　OK

2 次に，甲に強制性交等の目的で乙を車に乗せているが，25
暴行・脅迫を用いているわけではないから，強制性交等罪
（177条）の実行行為に着手しておらず，強制性交等未遂
罪は成立しない。

⟵△わいせつ目的誘拐罪の認定が
　ほしい

3 それでは，真の目的を秘して乙を車に載せて運転してい
る点につき，監禁罪（220条）が成立しないか。   30

⟵△「220条後段」が正確

(1) そもそも，監禁とは，人を一定の場所に拘束し，身体
の自由を害することをいい，車の中であっても監禁は可
能である。

⟵△定義がやや不正確

それでは，監禁罪が成立するためには，被害者が監禁
の事実を認識することが必要か，乙は途中で気がついて 35
いることから，どの時点で監禁罪が成立するのかに関わ
り問題となる。

⟵△議論の順序が逆である。書く
　とすれば，「どの時点で監禁罪
　が成立するか，被害者が監禁の
　事実を認識することが必要かと
　いう点と関連して問題とな
　る。」のほうがよいであろう

ア 思うに，監禁罪の保護法益は身体の自由である。そ
して，身体の自由を保護するには，主体が行動したい
時に自由に行動できることが必要である。   40

⟵△保護法益からの論証OK。た
　だ，潜在的・可能的自由という
　キーワードがほしい

従って，監禁罪成立には，被害者が監禁の事実を認
識している必要はないと解する。

⟵△「従って」ではつながらない
　潜在的・可能的自由→被害者の
　意識がなくても侵害される→被
　害者の意識不要という流れで書
　くべき

イ 本問において，乙は甲が家まで送ってくれると思い
車に乗っているが，監禁事実の認識がなくても，車の

中という一定の場所に拘束されて乙の身体の自由は害 45
されており，監禁といえる。

　　従って，甲には，乙を車に乗せた時点で監禁罪が成
立する。

（2）　それでは，監禁致死罪まで成立するのか，乙が逃げよ
うとした結果死亡している点まで，甲は責を負うのか因 50
果関係の有無が問題となる。

　ア　思うに，因果関係は，社会通念を基礎とした行為類
　　型たる構成要件該当性の問題である。

　　　従って，行為から結果が発生するのが社会的に相当
　　であれば，因果関係が肯定されると解する。 55

　イ　本問において，監禁された乙が逃げようとするのは
　　当然であり，その結果，死亡することも容易に想像で
　　き，社会的に相当といえる。

　　　ゆえに，甲の乙に対する監禁と死の結果には因果関
　　係があり，甲には監禁致死罪（221条）が成立する。 60

4　次に，甲がガソリンの代金を支払わなかった点につき，
詐欺罪や窃盗罪の成否が問題となる。

　　思うに，甲には欺罔行為がないため，1項詐欺罪，2項
詐欺罪共に成立しない。

　　また，利益窃盗も認められないから，何ら犯罪は成立し 65
ない。

5　そして，甲が車を山林に乗り捨てた点は，車販売店に対
する詐欺罪の不可罰的事後行為として犯罪は成立しない。

6　以上より，甲には詐欺罪と監禁致死罪が成立し，両罪は
併合罪（45条1項）の関係に立つ。 70

　　　　　　　　　　　　　　　　　　　　　　　　　以上

⇐○結論OK

⇐○問題の所在OK

⇐○コンパクトな論証OK

⇐○あてはめOK

⇐○結論OK

⇐○この程度でも十分であろう

⇐○不可罰的事後行為の認定OK

⇐×「45条前段」が正確である。
条文の積極的な誤りは減点事由
となる

答案作成上の注意点 ▐▐▐

本問は，窃盗罪（235条）と詐欺罪（246条1項）の区別，監禁致死罪（221条），わいせつ目的誘拐罪（225条後段）が主に問題となる。

窃盗罪と詐欺罪は，占有が被害者の意思により移転しているか否かで区別される。そして，本問では，自動車販売店から甲への試乗自動車の占有移転時期が問題となる。これを論じるうえで，ガソリンの残量がわずかであること，ナンバープレートが付いていることなどの事実に対し，自分なりに評価を加えて，どの時期に占有移転があるのか認定すればよい。ここで注意すべき点は，両者の区別を論じたあとに，犯罪の構成要件該当性の検討を行うことである。

監禁致死罪の成否について。まず，監禁罪の成立時期が問題となる。監禁罪の保護法益から一貫した論述を心掛けたい。次に，監禁状態からの離脱を図った被害者自身の行為から結果が生じた場合にも因果関係があるのかという問題がある。

ガソリンの代金を支払わずに逃走した行為については，自分なりに処理していれば十分である。

答案構成 ▐▐▐

第1　試乗を装って乗り逃げする行為
1(1)　窃盗と詐欺の区別は，占有が被害者の意思により移転しているか否か
(2)　本問では，1人で試乗すれば，ガソリン補給により長距離走行でき，ナンバープレート付きでも移動性が高く，発見困難
　　とすれば，試乗時点で占有が販売店の意思により移転しており，詐欺罪が問題
2　「欺」く行為があり，従業員は錯誤に陥り，試乗させるという処分行為をし，これにより自動車が移転
3　よって，詐欺罪（246条1項）
第2　強制性交等をする目的で乙女を自動車に乗せた行為
1　この行為は「誘拐」（225条後段）
2　「わいせつ……の目的」あり
3　よって，わいせつ目的誘拐罪
第3　車に乗せ走りだし乙女を死亡させた行為
1　まず，この行為は，一定の区画された場所から脱出することを著しく困難にするから「監禁」にあたりそう
　　ところが，乙女は，身体活動の自由の侵害につき意識せず
　　そこで，「監禁」といえるためには，被害者に侵害の意識が必要か

(1)　この点について，同罪の保護法益は潜在的・可能的自由で足りる
　　そこで，被害者に侵害の意識は不要
(2)　そうすると，甲が乙女を自動車に乗せて走りだした時点で，「監禁」
2　次に，乙女は監禁状態から逃げ出そうとして死亡し，「よって人を死」亡させた
3　よって，監禁致死罪（221条）
第4　ガソリンスタンドで代金を支払わずに逃走した行為
1　まず，逃走時点で，処分行為に向けられた「欺」く（246条2項）行為なし
2　次に，給油の完了により，ガソリンスタンドの事実上の支配も占有の意思もない
　　とすると，逃走時点では，「窃取」（235条）したとはいえない
3　もっとも占有離脱物横領（254条）
第5　なお，自動車を乗り捨てた行為は，不可罰的事後行為
第6　以上より，甲は，詐欺罪，わいせつ目的誘拐罪，監禁致死罪，占有離脱物横領の罪責を負う
　　わいせつ目的誘拐罪および監禁致死罪は観念的競合となり，他の2つとは併合罪
　　　　　　　　　　　　　　　　　　以上

【参考文献】
試験対策講座・刑法各論2章1節①【2】(3)・③，3節③，4章4節①【1】・②【2】(4)(a)。条文シリーズ220条②1，221条②1，225条②。

第13問 B　業務妨害罪

　甲は，A国立大学教授Xが自己の思想と異なる発言をしたことに腹を立て，これに抗議しようと考えていた。そこで，甲は，Xが大学主催の公開講座において講義をすることを聞きつけ，この機会に抗議をしようと教室内に入り，講義をすべく教室に入ろうとするXに対して，拡声機を用いてXの発言内容を糾弾するような内容をまくしたてた。この騒ぎの通報を受けた巡査Yが，この場に駆けつけ，甲を連れ出そうとした。そうしたところ，甲は，Yが自分を連れ出そうとすることに憤慨したあまり，いったんはYに取り上げられた拡声機を奪い返すとともに，それを床にたたきつけ損壊した。しかし，Yは，何らそれに動じることはなく，そのまま甲を警察署に連行した。これにより，講義は定刻どおりに滞りなく開始された。

　甲の罪責を論ぜよ。

【論　点】
1　「侵入」（130条前段）の意義
2　「職務を執行するに当たり」（95条1項）の意義
3　「業務」（234条）に公務が含まれるか
4　「妨害した」（234条）の意義
5　「暴行」（95条1項）の意義
6　公務執行妨害罪（95条1項）における妨害結果の要否

答案構成用紙

答案例

第1　まず，甲が，抗議しようと教室に入った行為につき，
　　　建造物侵入罪（130条前段）の成否を検討する。
　　1　まず，教室は，他人が事実上管理支配する住居用以外
　　　の建物であるから，「人の看守する……建造物」にあたる。
　　2　ところが，甲が押し掛けたのは一般公衆が自由に出入　　5
　　　りできる大学主催の公開講座であるから，当該行為は社
　　　会通念上一般に許される範囲の立入り行為である。
　　　　そうだとすれば，当該行為は，看守者によって一般
　　　的・包括的に同意が与えられているといえる。
　　　　したがって，当該行為は，看守者の意思に反して立ち　　10
　　　入る行為とはいえないから，「侵入」にあたらない。
　　3　よって，甲の行為には建造物侵入罪は成立しない。
第2　次に，「公務員」Xに拡声機を用いてまくしたてた行
　　　為につき，公務執行妨害罪（95条1項）の成否を検討する。
　　1　まず，Xの講義は，非権力的公務であるから，「職務」　　15
　　　にあたるか，「職務」の範囲が問題となる。
　　　(1)　この点について，本罪の保護法益は，公務員の職務
　　　　行為の円滑な実施にあるところ，非権力的公務あるい
　　　　は現業的公務であっても，上記法益は侵害される。
　　　　　そこで，「職務」の範囲は，公務のすべてを含むと　　20
　　　　解する（判例に同旨）。
　　　(2)　したがって，Xの講義は，「職務」にあたる。
　　2　次に，Xが講義をすべく教室に入ろうとすることは，
　　　本来の職務である講義と場所的・時間的に接着しており，
　　　実質的にみて職務との一体性が認められるので，「執行　　25
　　　するに当たり」といえる。
　　3　さらに，甲のXに対する拡声機でまくしたてる行為は，
　　　「暴行」といえるか，「暴行」の意義が問題となる。
　　　(1)　この点について，本罪の保護法益は，前述のように，
　　　　公務員の職務行為の円滑な実施である。　　30
　　　　　そうであれば，実行行為である暴行も職務行為の円
　　　　滑な実施を妨害するに足りるものである必要がある。
　　　　　そこで，「暴行」とは，物に対して加えられる有形
　　　　力が，間接的に公務員の身体に物理的に影響を与える
　　　　ものであることが必要であると解する（間接暴行）。　　35
　　　(2)　本件行為では，間接的に公務員の身体に物理的に影
　　　　響を与えるものとまではいえない。
　　　　　したがって，甲の行為は「暴行」とはいえない。
　　4　よって，甲の行為には公務執行妨害罪は成立しない。
第3　さらに，甲の上記行為につき，威力業務妨害罪（234　　40
　　　条）の成否を検討する。
　　1　まず，Xの講義は，人が社会生活上の地位に基づいて
　　　継続して従事する事務であるから，「業務」といいうる。
　　　ところが，国立大学教授Xの講義は，公務である。

➡客体
⇨大谷（各）140頁，前田（各）120頁

➡行為・問題点の抽出。公開講座
という事実に「自由に立ち入り
できる」という評価を加える

⇨大谷（各）144頁，最判昭和58年
4月8日（判例シリーズ46事件）

➡結論
➡「公務員」のあてはめを済ます

➡事案の問題提起
➡論点の問題提起
➡保護法益

➡論点の結論（論点の問題提起に
対応させる）
⇨大谷（各）576頁，最判昭和53年
6月29日（刑集32巻4号816頁）
➡三段論法の帰結（事案の問題提
起に対応させる）
⇨大谷（各）576頁

➡行為・事案の問題提起
➡論点の問題提起
➡保護法益

➡この1文をはさむと好印象

➡規範定立（論点の問題提起に対
応させる）
⇨大谷（各）582頁，最判昭和33年
9月30日（刑集12巻13号3151頁）
➡あてはめ（規範に対応させる）

➡三段論法の帰結
➡結論

➡業務
⇨大谷（各）150頁

➡問題点の抽出

そこで，公務が「業務」に含まれるかが問題となる。 45

（1）　この点について，強制力を行使する権力的公務は，
偽計・威力による妨害を排除するに足りる実力を有し
ているから，公務執行妨害罪で保護されれば足りる。
　　　他方，他の公務はそのような実力を有しておらず，
民間業務同様，業務妨害罪による保護の必要がある。 50
　　　そこで，強制力を行使する権力的公務は「業務」に
含まれないが，それ以外の公務については「業務」に
含まれると解する（判例に同旨）。

（2）　そうすると，国立大学教授の講義は，非権力的公務
であるから，「業務」に含まれる。 55

2　次に，拡声機でまくしたてる行為は，人の意思を制圧
するに足りる勢力を示しているから，「威力」にあたる。

3　しかし，講義は定刻どおりに滞りなく開始されている。
　　　そこで，業務の「妨害」とは，現に業務妨害の結果の
発生を必要とするかが問題となる。 60

（1）　この点について，業務妨害の結果は多様で曖昧であ
って，その立証は困難である。
　　　そこで，「妨害」とは，現に業務妨害の結果の発生
を必要とせず，業務を妨害するに足る行為をもって足
りると解する（抽象的危険犯）。 65

（2）　そうすると，甲の行為は，Xの講義を妨害するに足
る行為といえるので，「妨害」したといえる。

4　よって，甲の行為には威力業務妨害罪が成立する。

第4　最後に，巡査Yから奪い返した拡声機をたたきつけた
行為につき，公務執行妨害罪（95条1項）の成否を検討する。 70

1　まず，巡査Yが甲を連れ出すことは，「公務員」が「職
務を執行するに当たり」といえる。

2　次に，甲の上記行為は，床に対して加えられる有形力
が，間接的に巡査Yの身体な物理的な影響を与えるもの
であるから，「暴行」といえる。 75

3　なお，Yは，何らそれに動じることなく，そのまま甲
を警察署に連行している。

　　　しかし，本罪は公務を妨害するに足る暴行により成立
し，暴行・脅迫の結果として公務員の職務執行が現実に
害されたことを要しないと解する。 80

4　よって，甲の行為には公務執行妨害罪が成立する。

第5　以上より，甲は，威力業務妨害罪（234条），公務執行
妨害罪（95条1項）の罪責を負い，両罪は，手段・結果の
関係にない2個の行為によるので（54条1項後段参照），
併合罪（45条前段）となる。 85

　　　　　　　　　　　　　　　　　　　　　　　　　　以上

⇒論点の問題提起

⇒規範（論点の問題提起に対応さ
　せる）
⇒最決昭和62年3月12日（判例シ
　リーズ48事件）
⇒あてはめ
⇒三段論法の帰結
⇒行為
⇒大谷（各）154頁

⇒問題点の抽出
⇒論点の問題提起

⇒前田（各）147頁参照

⇒規範定立（論点の問題提起に対
　応させる）
⇒大判昭和11年5月7日（刑集15
　巻573頁）
⇒あてはめ
⇒三段論法の帰結
⇒結論

⇒客体

⇒行為。33行目の規範へのあては
　め

⇒結果。問題点の抽出

⇒抽象的危険犯
⇒大谷（各）583頁

⇒結論
⇒問いに答える
⇒罪数処理

1　まず，甲は，Xに抗議するために大学の教室という「建造物」に入っているので，管理権者たる大学の意思に反して「侵入し」たといえる。

←○構成要件を検討する姿勢OK

　　よって，甲には建造物侵入罪（130条前段）が成立する。

←○結論OK

2　次に，甲がXに対して拡声器を用いてXの発言内容を糾弾するような内容をまくしたてた行為について威力業務妨害罪（234条，233条）が成立しないか。

←△233条の摘示は不要

(1)　「威力」とは人の意思を制圧するに足りる勢力をいうが，甲は拡声器という音により人の意思を制圧する器具を用いて抗議しているので「威力」を用いたといえる。

←○定義にあてはめる姿勢OK

(2)　では，Xの講義は「業務」にあたるか。XはA国立大学の教授であり，公務員であるところ，公務は「業務」に含まれるかが問題となる。

←○問題の所在OK。文言解釈の姿勢OK

　　ア　思うに，強制力を有する権力的公務は，威力・偽計による妨害に対する自衛力を有しているが，強制力を有しない非権力的公務はかかる妨害に対する自衛力を有していないため，その保護が必要である。

←○以下，十分な論証である

　　　　そこで，強制力を有する権力的公務は「業務」にあたらないが，それ以外の公務は「業務」にあたると解する（判例に結論同じ）。

　　イ　本問において，Xは国立大学の教授という非権力的公務に携わる公務員であるので，講義をすることも「業務」に含まれる。

←○あてはめOK

(3)　更に，甲の行為はXの講義を「妨害した」といえるであろうか。甲は警察署に連行されており，講義は定刻通りに滞りなく開始されているため，現実に妨害されたとはいえない。かかる場合でも「妨害した」といえるか，本条の法的性格に関連して問題となる。

←○問題の所在OK。文言解釈の姿勢もよい

　　ア　思うに，本条の保護法益は平穏な社会活動の自由であるところ，現実に業務が妨害されなくても妨害される危険があれば，かかる自由は害される。

←○以下，十分な論証である

　　　　そこで，本条は抽象的危険犯を定めたものといえ，現実に業務が妨害されなくても，その危険があれば「妨害した」にあたると解する（判例に結論同じ）。

←○判例の指摘OK

　　イ　本問では，甲は拡声器を用いてXを糾弾するような内容をまくしたてているので，講座に出席する学生達に不安を与え，Xが平常通りに講義を行うことが困難となる危険があるといえる。

←○あてはめOK

　　　　よって，甲の行為は「妨害した」にあたる。

　　ウ　以上より，甲に威力業務妨害罪（234条）が成立する。

3　更に，甲が拡声器を用いて抗議した行為について公務執行妨害罪（95条1項）が成立しないか。

←○問題提起OK

(1)　この点，公務を過度に保護する必要はないとして非権力的公務について業務妨害罪が成立すれば公務執行妨害

←○反対説OK

罪は成立しないとする見解がある。　　　　　　　　　　45

　　しかし、両者は保護法益が異なっており択一関係・吸　　←○自説OK
収関係にあるとはいえず、両者とも成立させるべきと解
する（限定積極説。判例に結論同じ）。

　　よって、本問でも、公務執行妨害罪の成否を検討する。

(2)　Ｘが講義を行うことは「公務員」が「職務を執行する　　50　←○あてはめOK
　に当たり」といえるが、「暴行」とは公務員に向けられ
　た有形力の行使をいうので、拡声器でまくしたてるだけ
　では、有形力の行使があったといえず、「暴行」があっ
　たとはいえない。

　　よって、公務執行妨害罪は成立しない。　　　　　　　55

4　甲がＹから拡声器を奪い返した行為について、威力業務
　妨害罪（234条）は成立しない。なぜなら、Ｙは巡査で強
　制力を有する権力的公務を行う者なので、かかる者の行う
　公務は「業務」にあたらないからである。

5　では、かかる行為につき、公務執行妨害罪（95条1項）　　60
　は成立するか。

(1)　まず、Ｙは巡査なので「公務員」にあたる。　　　　　　　←○以下、構成要件にあてはめる
　　　　　　　　　　　　　　　　　　　　　　　　　　　　　姿勢OK

(2)　そして、Ｙが甲を連れ出す行為は巡査の職務であるの
　で「職務を執行するに当たり」といえる。又、甲は業務
　妨害罪の現行犯なので、Ｙの「職務」は適法である（刑　　65　←△正確には「212条1項」であ
　事訴訟法212条、213条）。　　　　　　　　　　　　　　　　　　る

(3)　では、甲の行為は「暴行」にあたるか。

　ア　思うに、本条の保護法益は公務の適正な作用である　　←○以下、十分な論証である
　　ところ、公務員の身体に直接向けられた有形力でなく
　　とも、公務員が物理的に感応しうる程度の間接的な有　　70
　　形力の行使があれば、公務の適正な作用は害されるお
　　それがある。

　　　そこで、「暴行」とは公務員に向けられた有形力の
　　行使をいうと解する。

　イ　本問では、甲がＹから拡声器を取りあげる行為はＹ　　75　←○あてはめOK
　　が物理的に感応しうる有形力の行使といえ「暴行」に
　　あたる。

(4)　更に、本罪の成立には現に職務の執行が妨害されたこ　　←○問題の所在OK
　とが必要か、Ｙは何ら動じていないため問題となる。

　　思うに、前述の本罪の保護法益に鑑みると、本罪は抽　　80
　象的危険犯と解される（判例結論に同じ）。　　　　　　　←△判例が抽象的危険犯説を採用
　　　　　　　　　　　　　　　　　　　　　　　　　　　　しているかは不明

　　以上により、甲には公務執行妨害罪が成立する。

6　罪数

　　甲には①建造物侵入罪（130条前段）、②威力業務妨害罪
　（234条）、③公務執行妨害罪（95条1項）が成立し、①②　　85
　は1つの行為でなされているので観念的競合（54条1項前　　←×①と②は牽連犯（54条1項後
　段）となり、③とは別個の行為でなされているので併合罪　　段）である
　（45条前段）となる。　　　　　　　　　　　　　　　　以上

答案作成上の注意点

　本問は，建造物侵入罪（130条前段），公務執行妨害罪（95条1項），威力業務妨害罪（234条）等が問題となる。

　まず，建造物侵入罪の成否について，「侵入」のみならず，客体（本問では，「人の看守する……建造物」）も問題となる。必ずすべての構成要件の検討をすることが必要である。

　Xに対する公務執行妨害罪の成否についても，すべての構成要件の検討をする必要がある。非権力的公務が「職務」に含まれるか，自説のみを端的に論じれば十分であろう。また，「暴行」の意義についても，間接暴行を含むということを端的に論じたうえで，あてはめをすれば十分であろう。

　次に，Xに対する公務執行妨害罪を不成立としたならば，威力業務妨害罪の成否を検討することになる。ここでも，構成要件を検討する過程で，公務が「業務」に含まれるか，「妨害」とは妨害結果の発生を必要としているのか，を論じるようにしたい。

　Yに対する公務執行妨害罪の成否についても，淡々と構成要件にあてはめればよい。

答案構成

第1　抗議しようと教室に押し掛けた行為
　1　まず，教室は，「人の看守する……建造物」
　2　ところが，甲が押し掛けたのは公開講座だから，看守者の推定的意思に反せず，「侵入」（130条前段）にあたらない
　3　よって，建造物侵入罪は成立しない
第2　Xに拡声機を用いまくしたてた行為
　1　まず，非権力的公務であるXの講義も「職務」（95条1項）にあたるか
　　(1)　「職務」は公務のすべてを含む
　　(2)　したがって，Xの講義も「職務」
　2　次に，Xが講義すべく教室に入ろうとすることは，「執行するに当たり」といえる
　3　さらに，甲のXに対する拡声機でまくしたてる行為は，「暴行」といえるか
　　(1)　「暴行」とは，間接暴行
　　(2)　そうすると，「暴行」とはいえない
　4　よって，公務執行妨害罪は成立せず
第3　さらに，威力業務妨害罪（234条）を検討
　1　まず，Xの講義は「業務」といいうるが，国立大学教授Xの講義は，公務
　　　そこで，公務が「業務」に含まれるか

　　(1)　強制力を行使する権力的公務は「業務」に含まれない
　　(2)　そうすると，非権力的公務である国立大学教授の講義は「業務」に含まれる
　2　次に，拡声機でまくしたてる行為は，「威力」にあたる
　3　ところが，講義は定刻どおりに開始
　　　そこで，業務の「妨害」とは，業務妨害の結果発生が必要か
　　(1)　業務妨害の結果発生は不要
　　(2)　そうすると，「妨害」したといえる
　4　よって，威力業務妨害罪が成立
第4　奪い返した拡声機をたたきつけた行為
　1　まず，巡査Yが甲を連れ出すことは，「職務を執行するに当たり」（95条1項）
　2　次に，この行為は「暴行」といえる
　3　なお，Yは何らそれに動じることなく，そのまま甲を警察署に連行
　　　しかし，本罪は結果として職務執行が現実に害されたことを要しない
　4　よって，公務執行妨害罪が成立
第5　以上より，甲は，威力業務妨害罪，公務執行妨害罪の罪責を負い，両罪は，併合罪
　　　　　　　　　　　　　　　　　　　　以上

【参考文献】
試験対策講座・刑法各論2章5節②【2】，3章2節③，9章1節②【1】・【2】・【4】(1)・【5】。判例シリーズ46事件，48事件。条文シリーズ95条③1(1)(a)・(3)，130条②1(2)，233条②2，234条②。

第14問 A 強盗殺人罪

Xは甲の留守宅に侵入し，金庫の中にある現金1000万円を，持参したボストンバッグの中に詰め込んだ。Xは目的を達し，甲宅をあとにしようとしたところ，突然甲が帰宅し，玄関で鉢合わせになった。Xはとっさに甲の財布も奪おうと思いつき，上着の内ポケットに隠し持っていた小刀を甲に突きつけて「けがをしたくなければ，おとなしく財布を出せ。」と甲に迫った。甲は武道の心得もあり，剛胆な性格であったことから，恐怖を感じることはなかったが，「相手は小刀を持っているので，もみ合いになればけがをするかもしれない。ここは素直に財布を渡して，機を見て取り返そう。」と考え，財布をXに渡した。Xは財布とボストンバッグを持って玄関から逃げ出した。甲もすぐに玄関を飛び出し，Xを追い掛け，「強盗だ，だれかそいつを捕まえてくれ。」と叫んだ。たまたま付近を通り掛った乙がそれを聞いてXを追い掛けた。Xはこのままでは乙に追いつかれてしまうと考え，所持していた拳銃を懐から取り出し，死亡することになってもやむをえないとの意思で乙に向かって発砲し，死亡させた。

Xの罪責を論ぜよ（特別法違反の点は除く。）。

【論 点】

1 暴行・脅迫と財物奪取との因果性
2 強盗の機会
3 240条後段は殺意ある場合も含むか

答案構成用紙

答案例

第1　まず，Xは甲の留守宅という「人の住居」に「侵入」
　　　しているので，Xには住居侵入罪（130条前段）が成立する。
第2　次に，Xが金庫の中にある現金1000万円をボストンバ
　　　ッグに詰め込んだ行為は，占有者の意思に反して財物を自
　　　己の占有下に移す行為であるから，「他人の財物」を「窃
　　　取した」といえる。　　　　　　　　　　　　　　　　5
　　　　したがって，Xの行為には窃盗罪（235条）が成立しうる。
第3　さらに，Xが，小刀を甲に突きつけて「けがをしたく
　　　なければ，おとなしく財布を出せ。」と甲に迫った行為に
　　　つき，強盗罪（236条1項）あるいは事後強盗罪（238条）10
　　　の成否を検討する。
　　　　この点，両罪の区別は，暴行・脅迫が財物奪取の手段と
　　　して用いられたか否かによるべきであると解される。
　　　　そうすると，Xの上記行為は，甲の財布という財物奪取
　　　の手段として用いられたから，強盗罪（236条1項）の成　15
　　　否が問題となる。
　　1　まず，上記行為は，相手方の反抗を抑圧するに足りる
　　　程度の害悪の告知であるから，「脅迫」といえる。
　　2　ところが，甲は，Xに恐怖を感じることはなく，けが
　　　をしないようにと考え，財布をXに渡したにすぎない。　20
　　　　そこで，犯人は相手方の反抗を抑圧するに足りる程度
　　　の脅迫を加えたが，相手方は反抗を抑圧されないで財物
　　　を交付した場合も，「強取した」といえるかが問題とな
　　　る。
　　（1）この点について，強盗罪の特質は，相手方の反抗を　25
　　　抑圧するに足りる程度の暴行・脅迫を用いる点にある。
　　　　そうだとすれば，この場合も，上記程度の暴行・脅
　　　迫を加え，現実に財物を奪取しているといえる。
　　　　そこで，この場合も，「強取した」といえると解す
　　　る（判例に同旨）。　　　　　　　　　　　　　　　30
　　　　しかも，このように解しても，当然のことながら暴
　　　行・脅迫と奪取との間に因果関係の存在を前提とする
　　　から，強盗罪を危険犯とするものではない。
　　（2）そうすると，Xは，「他人の財物」を「強取」した
　　　といえる。　　　　　　　　　　　　　　　　　　35
　　3　したがって，Xの行為には強盗罪が成立する。
　　　　なお，Xは同一機会において同じ被害者甲から窃取し，
　　　引き続いて強取したから，先の窃盗罪は強盗罪に包括さ
　　　れて強盗罪だけが成立する。
第4　最後に，Xが，乙による逮捕を免れようと，死亡する　40
　　　ことになってもやむをえないとの意思で乙に向かって拳銃
　　　を発砲し，死亡させた行為につき，強盗殺人罪（240条後
　　　段）の成否を検討する。
　　1　まず，Xは，死亡することになってもやむをえないと

➡「窃取」の定義にあてはめる
⇨前田（各）177頁

➡結論

➡前者は居直り強盗のこと

➡規範

⇨前田（各）192頁

➡問題点の抽出

➡論点の問題提起

➡特質

➡特質からの帰結

➡論点の結論（論点の問題提起に
対応させる）
⇨最判昭和24年2月8日（刑集3
巻2号75頁），最判昭和23年11
月18日（百選Ⅱ38事件）
➡許容性

➡三段論法の帰結

➡結論

⇨高松高判昭和28年7月27日（高
刑6巻11号1442頁）。大谷（総）
245頁，前田（総）397頁

➡問題点の抽出

の意思, すなわち故意によって乙を殺害している。　45

　そこで, 強盗犯人が故意に人を殺害した場合にも, 240条後段を適用できるのかが問題となる。

　　この点について, 240条の趣旨は, 強盗の機会には殺傷を伴うことが多く, これに重い刑罰をもってのぞむ点にある。　50

　　そうであれば, 殺害して財物を奪取するという1つの顕著な刑事学的類型を除外するのは, その趣旨に反する。

　　したがって, この場合も, 240条後段が適用できると解する（判例に同旨）。

2　以下, 240条後段の構成要件該当性を検討する。　55

　(1)　まず, 前述のように, Xには強盗罪が成立するので, Xは「強盗」にあたる。

　(2)　次に, 乙の死亡の結果は, 強盗の手段としての暴行・脅迫から生じたものではない。

　　そこで, Xは乙を「死亡」させたといえるか, 240　60条後段の「死亡」は手段たる暴行・脅迫の結果から生じたことを要するかが問題となる。

　　ア　この点について, 240条の罪は, 刑事学上, 強盗の機会に致死傷などの結果が生じることが多いため, 生命・身体を特に保護する見地から規定された特殊　65な犯罪類型である。

　　　そこで, 「死亡」は, 強盗の手段たる暴行・脅迫から生じたことを要せず, 強盗の機会に行われた行為によって生じたものであればよいと解する（判例に同旨）。　70

　　イ　これを本問についてみると, Xは, 強盗現場である甲宅から離れているものの, 甲の叫びを聞いて追い掛けてきた乙に向かって発砲している。

　　　そうだとすれば, 乙の「死亡」は, なお強盗の機会に行われた行為によって生じたものといえる。　75

　　　したがって, Xは乙を「死亡」させたといえる。

3　よって, Xの行為には強盗殺人罪が成立する。

第5　以上より, Xは, 住居侵入罪（130条前段）, 強盗罪（236条1項）, 強盗殺人罪（240条後段）の罪責を負う。

　前2者は, 手段・結果の関係にあるから, 牽連犯（54条　801項後段）となり, これと強盗殺人罪は併合罪（45条前段）となる。

以上

⇨論点の問題提起

⇨趣旨

⇨この1文をはさむと好印象

⇨論点の結論（論点の問題提起に対応させる）
⇨大谷（各）257頁, 最判昭和32年8月1日（刑集11巻8号2065頁）
⇨主体。これを忘れずに

⇨問題点の抽出

⇨事案の問題提起
⇨論点の問題提起

⇨犯罪類型

⇨規範定立（論点の問題提起に対応させる）
⇨最判昭和24年5月28日（判例シリーズ59事件）

⇨あてはめ

⇨規範に対応させる

⇨三段論法の帰結（事案の問題提起に対応させる）
⇨結論
⇨問いに答える・罪数処理。窃盗罪と異なり, 被害者を異にするので強盗罪は包括されず, 強盗殺人罪とは別個に成立する

1　住居侵入罪・強盗罪の成否について
　(1)　Xは，甲の留守宅に侵入しており，甲の意思に反する
　　　立入といえるから住居侵入罪（130条）が成立する。ま
　　　た，金庫内の1000万円を持参したバッグに入れ，自己の
　　　支配下におさめたといえるので，窃盗罪（235条）も成　　5
　　　立する。
　(2)ア　その後，Xは小刀を甲につきつけ財布を出すように
　　　要求している点につき，事後強盗罪（238条）ではな
　　　く，居直り強盗として強盗罪の脅迫といえる。けだし，
　　　両罪の区別は，新たな財物奪取に向けられた暴行・脅　　10
　　　迫の有無により決せられるところ，Xは新たに財布を
　　　奪う目的で脅迫をしているからである。
　　イ　そして，強盗罪の脅迫は相手方の反抗を抑圧する程
　　　度のものであることを要求するが，その判断は構成要
　　　件該当性の判断ゆえに，客観的になすべきである。　　15
　　　　本問では，Xは小刀をつきつけており，これは人の
　　　生命身体に危険を及ぼす行為ゆえ，客観的には反抗抑
　　　圧程度の脅迫であったといえる。
　(3)ア　そこで，Xは強盗罪の実行に着手したといえるが，
　　　甲はXの脅迫に恐怖を感じることはなかったとあるの　　20
　　　で，強盗罪が既遂となる為に，被害者が反抗抑圧され
　　　る必要が存するか問題となる。
　　イ　思うに，強盗罪が特に重く処罰されるのは，相手方
　　　の反抗抑圧という手段を利用した点に根拠を見出しう
　　　る。　　25
　　　　とすれば，被害者が反抗抑圧されていない場合には，
　　　財物奪取と因果関係がみとめられないことになり，強
　　　盗罪は未遂にとどまると解される。
　　ウ　本問についてみると，甲は武道の心得もあり剛胆な
　　　性格ゆえ，Xの脅迫に恐怖を感じず，「ここは素直に　　30
　　　財布を渡して機を見て取り返そう」と考えているので，
　　　脅迫と財物奪取の因果関係はみとめられず，強盗罪は
　　　未遂にとどまる。なお，Xに以前成立した窃盗罪は強
　　　盗未遂罪に吸収されることになる。
2　強盗殺人罪（240条）の成否について　　35
　(1)　Xが財布とバッグを持って逃げだしたが，たまたま付
　　　近を通りかかった乙に追いかけられ，それを免れる為に，
　　　乙に向かって発砲した点につき，240条が成立するか。
　　　強盗が，財物の被害者以外の第三者に，財物奪取の手段
　　　としてでないのに，暴行をなした場合，240条が成立す　　40
　　　るか問題となる。
　　　　思うに，同罪は強盗が財物奪取の際に，しばしば暴行
　　　を行うとの刑事学的観点から規定されたものであり，財
　　　物奪取の手段に限る趣旨ではない。

◀△正確には「130条前段」である

◀△改行してほしい。読み手に対する配慮に欠ける

◀○この程度の論証で十分であろう

◀○以下，十分な論証である

◀○あてはめOK

◀○問題の所在OK

◀△日本語としておかしい

◀○自説OK

◀○あてはめOK

◀△「240条後段」が正確
◀○問題提起OK

◀○以下，十分な論証である

もっとも，強盗の機会ならいつでもよいとすると，構成要件の自由保障機能を害するので，通常強盗行為に付随する密接な関連性を要する行為に限ると解する。

←○限定機会説OK

　　本問についてみると，Xは財物奪取以外の被害者に発砲しているも，何も被害者以外の者に限る必要はないし，また，乙への発砲は，Xが逃走を確保するための行為であり，通常強盗行為に付随する密接な関連性を有する行為といえる。

←○あてはめOK

(2)　とすればXに，240条が成立するかに思えるが，Xは乙に死亡することになってもやむなしという未必の故意をもって，発砲している。そこで，240条は殺意ある場合も含むのか問題となる。

←○問題の所在OK

　　思うに，240条は刑事学上強盗が実行に及ぶことを考慮して規定されたのであるが，殺意ある場合という頻繁に生じる態様を除外したものとは解されない。また，結果的加重犯に通常用いられる「よって」の文言も240条には存しない。

←○以下，十分な論証である

　　そこで，240条は殺意ある場合をも含むと解される。
　　本問でもXに殺意があっても240条が成立することになる。

←○結論OK

3　罪数
　　以上より，Xには，住居侵入罪と強盗殺人罪が成立することになる。そして両罪は，目的・手段の関係にあるから，牽連犯の関係にたつ（54条1項後段）。

　　　　　　　　　　　　　　　　　　　　　　　以上

←×強盗未遂罪の成立を忘れている。罪数処理は正確に

答案作成上の注意点

まず，住居侵入罪（130条前段）が成立する。ここは構成要件の簡単なあてはめだけで十分である。

次に，窃盗罪（235条）が成立する。ここも構成要件に簡単にあてはめていけばよい。

さらに，強盗罪（236条1項）の成否を検討することになる。ここで重要なことは「強取した」という構成要件該当性の検討である。第1に，暴行・脅迫が財物奪取の手段として用いられたか，という問題（事後強盗罪との区別），第2に，反抗抑圧を要素とするか，という問題（未遂・既遂の区別）が存在する。いずれも，強盗罪の特質（反抗を抑圧する程度の暴行脅迫を手段として財物を奪取すること）から説得的に論じるべきである。

最後に，強盗殺人罪の成否が問題になる。まず，殺人の故意がある場合に，240条後段を適用できるかという点については必ず触れてほしい。次に，「強盗」「死亡」という各構成要件を検討することになる。ここでも「死亡」という構成要件に位置づけて検討できるとよい。

なお，罪数処理も牽連犯（54条1項後段），併合罪（45条前段）の引用条文を正確に表記することを心掛けてほしい。

答案構成

第1　甲の住宅という「人の住居」に「侵入」しており住居侵入罪（130条前段）成立

第2　金庫の中にある現金1000万円をボストンバッグに詰め込んだ行為に窃盗罪（235条）が成立しうる

第3　「けがをしたくなければ，おとなしく財布を出せ」と甲に迫った行為

　　　強盗と事後強盗の区別は，暴行・脅迫が財物奪取の手段として用いられたか否か

　　とすると，Xの行為は，甲の財物奪取の手段として用いられたから，強盗罪が問題

　1　まず，小刀を突きつけた行為は「脅迫」

　2　ところが，甲は，恐怖を感じていない

　　　そこで，反抗抑圧されずに財物を交付した場合も，「強取した」といえるか

　　(1)　この点について，強盗罪の特質は，反抗抑圧する程度の暴行・脅迫を用いた点

　　　　とすれば，この場合も「強取した」

　　(2)　そうすると，Xは，「他人の財物」を「強取」した

　3　したがって，強盗罪が成立

　　　なお，窃盗罪は強盗罪に包括される

第4　乙による逮捕を免れようと，乙に向かって拳銃を発砲し，死亡させた行為

　1　まず，強盗犯人が故意に人を殺害した場合にも，240条後段を適用

　2　240条後段の構成要件該当性を検討

　　(1)　まず，Xは「強盗」

　　(2)　次に，乙死亡の結果は，強盗の手段から生じたものではない

　　　　そこで，「死亡」は手段たる暴行・脅迫から生じたことを要するか

　　ア　この点について，「死亡」は強盗の手段から生じたことを要せず，強盗の機会に生じればよい

　　イ　本問では，甲の叫びを聞いて追い掛けてきた乙に向かって発砲

　　　　とすれば，乙の死亡は，強盗の機会に生じた

　　　　したがって，Xは乙を「死亡」させたといえる

　3　よって，強盗殺人罪が成立

第5　以上より，Xは，住居侵入罪，強盗罪，強盗殺人罪の罪責を負う

　　　前2者は牽連犯（54条1項後段）となり，後者とは併合罪（45条前段）

以上

【参考文献】
試験対策講座・刑法各論4章3節②【2】(2)・⑥【3】(2)・(5)(b)。判例シリーズ59事件。条文シリーズ236条②1(2)(a)，240条②2(3)。

第15問 A　事後強盗罪

> 　甲は，窃盗の目的でA方に侵入し，金品を物色していた際，Aの妻であるBに発見され，叫ばれたので，手近にあった仏像を盗んで，逃げ出した。しかし，帰宅してきた夫のAが，Bの「どろぼう。」との叫び声に気がついて，逃走する甲を発見・追跡してきた。そこで，甲はすぐさま物陰に隠れてAをやり過ごし，携帯電話で友人乙に事情を話して応援を求めた。10分後，乙がやってきて甲にナイフを手渡した直後，甲はAに発見された。そのため，甲はナイフで，追跡してきたAの足を刺し，乙とともに逃げ去った。その結果，Aは重傷を負った。その後，乙は，甲に仏像の換金を依頼されたので，盗んだ仏像を質屋に持っていき，自分の物だと言って金を借り，そのうちの半分だけを甲に渡し，半分を着服した。
> 　甲および乙の罪責を論ぜよ。

【論　点】
1　事後強盗罪における窃盗の機会
2　事後強盗に途中から関与した者の罪責
3　不法原因給付（寄託）と横領（盗品等処分の代金）

答案構成用紙

答案例

第1　甲の罪責について
1　まず，甲はA方という「人の住居」に「侵入」してい
　るから，甲には住居侵入罪（130条前段）が成立する。
2　次に，甲が，A方の仏像を盗んだ後に，逃げるために
　Aをナイフで刺して，Aに重傷を負わせた行為につき，　　　5
　強盗傷人罪（240条前段）の成否を検討する。
　　(1)　まず，本罪は，「強盗」が主体でなければならない。　　➡文言解釈
　　　　そこで，甲の行為が事後強盗罪（238条）の構成要　➡思考過程を明らかに
　　　件に該当するかが問題となる。
　　　ア　まず，甲がA方の仏像を盗んだ行為は，他人の財　　10
　　　　物を窃取したといえるから，「窃盗」にあたる。
　　　イ　次に，甲は追跡してきたAの足を刺しているため，　➡文言にあてはめる
　　　　「逮捕を免れ」る目的があるといえる。
　　　ウ　また，足を刺すのは，相手方の反抗を抑圧すべき　➡狭義の暴行にあてはめる
　　　　不法な有形力の行使であるから，「暴行」といいうる。　15
　　　　　ところが，甲は，物陰に隠れてAをやり過ごし，　➡問題点の抽出
　　　　10分後に，Aに発見され，Aの足を刺している。
　　　　　そこで，事後強盗罪の「暴行」は，いかなる状況　➡論点の問題提起
　　　　のもとで加えられる必要があるのかが問題となる。
　　　　┌──────────────────────────────┐
　　　　│　(ア)　この点，本罪の暴行は，財物が取り返されるこ│　20　➡理由づけはコンパクトに
　　　　│　　とを防ぎ，逮捕を免れるために行われるから，窃│
　　　　│　　盗行為と暴行との間に一定の関連性が必要である。│
　　　　│　　　そこで，本罪の「暴行」は，窃盗の機会に加え│　➡規範定立（論点の問題提起に対
　　　　│　　られる必要があると解する。│　　応させる）
　　　　└──────────────────────────────┘
　　　　(イ)　本間では，Aは，Bの「どろぼう。」との叫び声　25　➡あてはめ
　　　　　に気がついて，甲を発見・追跡している。
　　　　　　そして，甲は，物陰に隠れて一度はAをやり過
　　　　　ごしたとはいうものの，10分しか経たないうちに，
　　　　　Aに発見されている。
　　　　　　そうだとすれば，甲がAの足を刺す行為は，な　30　➡規範に対応させる
　　　　　お窃盗の機会に加えられたものといえる。
　　　エ　したがって，甲は「強盗」（240条前段）といえる。　➡7行目に対応させる
　　(2)　そして，甲がAの足を刺した結果，Aは重傷を負っ　➡やはり文言解釈
　　　ているから，甲の行為は「負傷させた」といえる。
　　(3)　よって，甲の行為には強盗傷人罪が成立する。　　35　➡結論
3　以上より，甲は，住居侵入罪（130条前段），強盗傷人　➡問いに答える・罪数処理
　罪（240条前段）の罪責を負い，両罪は，手段・結果の
　関係にあるから，牽連犯（54条1項後段）となる。
第2　乙の罪責について
1　まず，乙が甲にナイフを手渡した行為は，甲が逮捕を　40　➡事実から。なお，幇助犯を意識
　免れるための行為を容易にしているといえる。　　　　　　　して「容易」という言葉を使う
　　ところが，乙は，甲の窃取行為の後，事情を話され応　➡問題点の抽出
　援を求められて，上記の行為をしているにすぎない。
　　そこで，事後強盗に途中から関与した乙は，事後強盗　➡事案の問題提起

罪の幇助犯（62条1項）といえるのか，事後強盗罪は身分犯であるかが問題となる。

⇒論点の問題提起

　(1)　この点について，238条は行為主体を「窃盗」に限定しているから，事後強盗は窃盗行為を行っている特殊の地位，すなわち身分をもっている者だけが行うことができる。
　　　そこで，事後強盗罪は身分犯であると解する。

⇒身分の定義を意識して論述する

⇒論点の結論（論点の問題提起に対応させる）
⇒前田(各)206頁

　(2)　そして，事後強盗罪の基本的罪質は財産犯であり，「窃盗」犯人でなければ犯せない犯罪類型である。
　　　したがって，事後強盗罪は真正身分犯であると解する。

⇒論点の結論

　(3)　そうすると，乙は事後強盗罪の幇助犯といえる。
　(4)　よって，乙には，傷害を含めて，強盗傷人罪の幇助犯（65条1項，62条1項，240条前段）が成立する。
2　次に，乙が，甲から仏像の換金を依頼され，盗んだ仏像を質屋に持っていき，金を借りた行為につき，盗品等有償処分あっせん罪（256条2項）の成否を検討する。

　(1)　まず，仏像は，強盗傷人罪という「財産に対する罪に当たる行為によって領得された物」（256条2項・1項）にあたる。

⇒この構成要件要素は忘れやすいので注意すること

　(2)　そして，上記行為は，盗品等の有償的な法律上の処分行為を媒介または周旋することであるから，「有償の処分のあっせんをした」といえる。

⇒これも定義にあてはめる
⇒大谷(各)358頁

　(3)　よって，乙に盗品等有償処分あっせん罪が成立する。

⇒結論

3　なお，乙は質屋に仏像を自分の物だと言って金を借りているものの，これは，あっせん行為に通常随伴する行為であるから，詐欺罪（246条1項）は成立しない。

⇒大谷(各)361頁
⇒大判大正8年11月19日（刑録25輯1133頁）
⇒横領罪は，4つの構成要件要素をくまなく検討すること

4　最後に，乙が，借り入れた金の半分を着服した行為につき，横領罪（252条1項）の成否を検討する。
　(1)　まず，上記の金は，「自己の占有する」ものといえる。
　(2)　次に，盗品等を処分した代金は，不法原因寄託物であるから，「他人の物」といえるかが問題となる。

⇒問題点の抽出から論点の問題提起へ

　　ア　この点，行為者は，強盗犯人からとはいえ，委託を受けて自己以外の者のために占有しているから，この代金も，「他人の物」といえると解する。

⇒論点の結論（論点の問題提起に対応させる）
⇒大谷(各)313頁
⇒三段論法の帰結
⇒委託信任関係
⇒大谷(各)313頁

　　イ　そうすると，上記の金も，「他人の物」といえる。
　(3)　また，強盗犯人の平穏な所持も刑法上保護に値する以上，甲との間の委託信任関係も保護に値する。
　(4)　そして，着服した行為は，不法領得の意思の発現行為といえるから，「横領した」といえる。

⇒行為

　(5)　よって，乙の行為には横領罪が成立する。

⇒結論
⇒問いに答える・罪数処理

5　以上より，乙は，強盗傷人罪の幇助犯，盗品等有償処分あっせん罪，横領罪の罪責を負い，これらの罪は併合罪（45条前段）となる。　　　　　　　　　以上

第1　甲の罪責
　1　A方に侵入した行為について
　　　A方という他人の住居に対する窃盗の目的での侵入は，住居権者であるAの意思に反する立入りといえる。
　　　したがって，住居侵入罪（刑法（以下，法令名省略）130条前段）が成立する。　　　　　　　　5
　2　仏像を盗んで逃げだした行為等について
　　⑴　A方にあった仏像という「他人の財物」について，Aの意思に反してその占有を取得しており，これを「窃取」したといえる。　　　　　　　　　10
　　　　したがって，窃盗罪（235条）の構成要件に該当する。
　　⑵　さらに，「窃盗」である甲は，追跡してきたAに対して，「逮捕を免れ」るために，ナイフで刺すという「暴行」を加えている。　　　　　　　　15
　　　　甲は，一度は物陰に隠れてAをやり過ごしたものの，窃取行為時から時間的・場所的にもいまだ近接していると考えられ，安全圏に達したとはいえない。そのため，窃盗の機会における暴行といえる。
　　　　したがって，事後強盗罪（238条）の構成要件に該当する。　　　　　　　　　　　　20
　　⑶　そして，ナイフで刺されたことによりAは重傷を負っているため，「強盗」である甲が，「人を負傷させた」といえる。
　　⑷　よって，強盗傷人罪（240条前段）が成立する。　　25
　3　以上より，甲は，住居侵入罪と強盗傷人罪の罪責を負う。
　　　前者は後者の手段となっているため，牽連犯（54条1項後段）として処理する。
第2　乙の罪責　　　　　　　　　　　　　　　30
　1　甲にナイフを手渡した行為について
　　⑴　甲は，乙が手渡したナイフを用いて，Aの足を刺している。そのため，乙の行為は，甲が逮捕を免れるためにAに暴行を加え，傷害を負わせる行為を容易にしているといえ，「幇助」にあたる。　　35
　　⑵　もっとも，乙の幇助行為は甲の窃盗行為の終了後に行われたものであるため，このような場合にも共犯が成立するか問題になる。
　　　　思うに，事後強盗罪および強盗傷人罪は，それぞれ「窃盗」，「強盗」のみに成立する真正身分犯である。　40
　　　　そうだとすれば，乙はそのような身分を有していないものの，65条1項の適用により，その共犯の成立が認められる。
　　⑶　したがって，乙に強盗傷人罪の幇助犯（62条1項）

← ○条文の文言にあてはめる姿勢

← △時間との兼ね合いかもしれないが，規範定立とあてはめに分けて論じてほしい
← △判例は「安全圏に脱した」としている（東京高判平成17年8月16日〔東高刑時報56巻1〜12号52頁〕）

← ○「幇助」にあたることの認定

← △もう少し問題意識を明確にしてほしい

← △結合犯説と身分犯説の対立をふまえた論証が求められる

が成立する。　　　　　　　　　　　　　　　　　　45

2　仏像を質屋で換金した行為について
　(1)　仏像は，前述の強盗傷人罪により取得されたもので
　　あり，「財産に対する罪に当たる行為によって領得さ
　　れたもの」にあたる。　　　　　　　　　　　　　　　　←△正確には「物」である
　　　　乙は，甲に依頼されて，仏像を質に入れて換金して　50
　　おり，「有償の処分」を「あっせん」したといえる。
　　　　したがって，盗品等有償処分あっせん罪（256条2
　　項）が成立する。
　(2)　乙は，仏像を自分の物だと偽っているものの，この
　　ような欺罔行為は盗品等を処分する場合に当然随伴す　55
　　るものである。
　　　　したがって，別途詐欺罪（246条1項）は成立しな　　　←○これは加点事由になろう
　　い。

3　換金した金の半分を着服した行為について
　(1)　乙は，換金した金を現に所持しており，その「占　　60
　　有」が認められる。
　(2)　金銭については民法上所有と占有の一致が認められ　　　←△流れが悪く，何を論じたいの
　　ているものの，単に委託された金銭について，占有者　　　かが明確に読みとれない。不法
　　にそれを自己の物とする権限は認められない。そのた　　　原因寄託物であるから，「他人
　　め，刑法上はなお原所有者を保護すべきといえる。本　65　の物」といえるか問題となる等
　　間では，甲のために仏像を換金することを依頼されて　　　として問題意識を明確に示して
　　おり，換金した金を甲に渡すことが当然に予定された　　　ほしい
　　ものとして，単に委託された金銭といえる。
　　　　さらに，この金銭は盗んだ仏像を換金したものであ
　　るが，現に委託信任関係に違反して財産的損害が生じ　70
　　ている以上，これも刑法上保護する必要がある。
　　　　そのため，換金した金は甲の所有する「他人の物」
　　にあたる。
　(3)　換金を依頼された金の着服は，委託の任務に背いて，
　　所有者でなければできない行為をするものといえ，不　75
　　法領得の意思の発現行為として「横領」にあたる。
　(4)　したがって，横領罪（252条1項）が成立する。

4　以上より，乙は，強盗傷人罪の幇助犯，盗品等有償処
　分あっせん罪，横領罪の罪責を負う。
　　　これらは，併合罪（45条前段）として処理する。　　80
　　　　　　　　　　　　　　　　　　　　　　以上

答案作成上の注意点

　甲の罪責では，強盗傷人罪（240条前段）の成否をうまく論じられたかがポイントになる。答案の書き方としては，まず①「強盗」といえるかという議論の枠組みを設定したうえで，②当該事案で行為者が行った「強盗」の構成要件を認定し，最後に③したがって「強盗」といえるとまとめるのがよい。②のところで，本問は事後強盗から死傷結果が生じた事案であるから238条の構成要件に該当するかが問題となる。「窃盗」，「逮捕を免れ」，「暴行」といった各構成要件を1つひとつ認定してほしい。

　乙の罪責では，事後強盗に基づく強盗傷人罪の幇助犯が成立するかが主要な論点である。ここではまず，事後強盗が「強盗」（240条前段）に含まれることを端的に指摘してほしい。そのうえで，事後強盗罪を真正身分犯と解するか，もしくは不真正身分犯と解するか，または結合犯と解するかを自説から論じてほしい。この論点が中心論点となる。そのほか，盗品等有償処分あっせん罪（256条2項），横領罪（252条1項）についても端的に処理してほしい。

答案構成

第1　甲の罪責
1　まず，住居侵入罪（130条前段）が成立
2　ナイフでAを刺し，重傷を負わせた行為
　(1)　まず，強盗傷人罪（240条前段）は，「強盗」が主体でなければならない
　　　そこで，甲の行為が事後強盗罪（238条）の構成要件に該当するか
　　ア　まず，甲は「窃盗」
　　イ　次に，「逮捕を免れ」るため
　　ウ　もっとも，「暴行」（238条）はいかなる状況で加えられる必要があるのか
　　　(ア)　本罪の「暴行」は，窃盗の機会に加えられる必要がある
　　　(イ)　本問では，当該行為は，窃盗の機会に加えられたもの
　　エ　したがって，甲は「強盗」
　(2)　そして，「負傷させた」
　(3)　よって，強盗傷人罪が成立
3　以上より，甲は，住居侵入罪，強盗傷人罪の罪責を負い，両罪は，牽連犯
第2　乙の罪責
1　甲にナイフを手渡して事後強盗に途中から関与した乙は，事後強盗罪の幇助犯か，事後強盗罪は身分犯かが問題
　(1)　この点について，事後強盗罪は身分犯

　(2)　そして，真正身分犯
　(3)　とすると，乙は事後強盗罪の幇助犯
　(4)　よって，乙には，傷害を含めて，強盗傷人罪の幇助犯が成立
2　質屋で金を借りた行為
　(1)　まず，仏像は，「財産に対する罪に当たる行為によって領得された物」
　(2)　そして，上記行為は，「有償の処分のあっせんをした」
　(3)　よって，盗品等有償処分あっせん罪（256条2項）が成立
3　なお，あっせん行為に随伴するものだから，詐欺罪（246条1項）は成立しない
4　借り入れた金の半分を着服した行為
　(1)　まず，「自己の占有する」
　(2)　次に，不法原因寄託物であるが，「他人の物」といえる
　(3)　また，委託信任関係も保護に値する
　(4)　そして，着服した行為は「横領した」
　(5)　横領罪（252条1項）が成立
5　以上より，乙は強盗傷人罪の幇助犯，盗品等有償処分あっせん罪，横領罪の罪責を負い，これらの罪は併合罪（45条前段）

以上

【参考文献】
試験対策講座・刑法各論4章3節④【3】・【6】，6節②【2】(3)(e)・(f)，8節⑤。条文シリーズ238条②2(2)(5)，252条②2(4)(c)(v)。

暴力団幹部である甲は，自分の愛人と関係をもった会社員乙の住宅に赴き，宅配便を装って玄関に足を入れた。そこで，甲は自分の身分を明かし，「俺の女に手をだしただろ。金を払え。もし警察に連絡したら，お前の家族がどうなるかわかってるんだろうな。」と告げ，慰謝料を要求した。乙は恐怖心にかられ，持っていた財布を差し出したところ，甲はこれを受け取った。また，甲は1か月に30万円ずつ自己の口座に振り込むよう要求したため，乙は毎月，甲の要求どおりの金銭を振り込んでいた。半年後，乙は金銭を支払う余裕がなくなったため，代金支払の意思がないことを秘して自己名義のA信販会社のクレジットカードを使用し，B時計店で100万円相当の時計を買った。そして，乙は上記の事情を秘してその時計をC質屋で50万円に換金し，そのなかから，いつものように甲の口座に30万円を振り込んだ。なお，時計の購入代金相当額は，後日，A信販会社からB時計店に支払われた。
　　甲および乙の罪責を論ぜよ。

【論　点】
1　「侵入」（130条前段）の意義
2　口座振込みと恐喝罪
3　クレジットカード詐欺

答案構成用紙

第1　甲の罪責について
　1　まず，甲が，乙の住宅に赴き，宅配便を装って玄関に
　　足を入れた行為につき，住居侵入罪（刑法130条前段。
　　以下「刑法」法名省略）の成否を検討する。
　　(1)　まず，乙の住宅の玄関は，人の起臥寝食に使用され　　　5　➡客体
　　　る場所であるから，「人の住居」といえる。　　　　　　　　　⇨前田（各）118頁
　　(2)　次に，乙は，甲が慰謝料を要求することを知ってい　　　　➡行為
　　　たならば，甲を住宅の玄関に入れなかったといえる。
　　　　そうすると，甲の上記行為は，住居権者乙の意思に　　　　⇨大谷（各）144頁
　　　反して立ち入る行為といえるから，「侵入」にあたる。　10
　　(3)　したがって，甲の行為には住居侵入罪が成立する。　　　➡結論
　2　次に，甲が，乙に「金を払え。」などと告げ，慰謝料
　　を要求し，持っていた財布を差し出させた行為につき，
　　恐喝罪（249条1項）の成否を検討する。
　　(1)　まず，上記行為は，財物交付に向けて行われる脅迫，15　➡行為
　　　すなわち人を反抗抑圧するにいたらない程度に畏怖さ　　　　⇨大谷（各）301頁
　　　せるに足りる害悪の告知であるから，「恐喝」にあた
　　　る。
　　(2)　次に，乙は上記行為によって恐怖心にかられ，持っ　　　　➡条文の文言を使う
　　　ていた財布を差し出しているから，甲は「財物を交付　　20
　　　させた」といえる。
　　(3)　したがって，甲の行為に恐喝罪が成立しうる。　　　　　　➡結論
　3　さらに，甲が，乙に1か月に30万円ずつ自己の口座に
　　振り込ませた行為につき，恐喝罪（249条）の成否を検
　　討する。　　　　　　　　　　　　　　　　　　　　　　　25
　　(1)　まず，上記行為は，前述のように「恐喝」にあたる。　　　➡行為
　　(2)　そうだとしても，口座に振り込ませる行為は，1　　　　　➡論点の問題提起
　　　項・2項いずれの恐喝罪にあたるかが問題となる。

　　　ア　この点，口座への振込みにより預金債権という　　　　　➡反対説（なお，反対説の指摘は
　　　　「財産上不法の利益」を得たとして，2項恐喝罪が　30　　　必須ではない）
　　　　成立するとの見解がある。
　　　　　しかし，特に自己の口座に金銭が振り込まれた場
　　　　合，それを引き出すことは容易であることから，
　　　　「財物」を「交付」させたといえる。
　　　　　したがって，口座に振り込ませる行為には，1項　35　➡論点の結論（論点の問題提起に
　　　　恐喝罪が成立すると解する。　　　　　　　　　　　　　　対応させる）
　　　イ　よって，甲に恐喝罪（249条1項）が成立しうる。　　　➡結論
　4　なお，上記2つの恐喝罪は，行為の間に密接な関連性　　　　⇨大谷（総）486頁参照
　　があり，同一法益侵害に向けられた単一の意思の実現行
　　為と認められる。　　　　　　　　　　　　　　　　　　　40
　　　したがって，甲には包括して1個の恐喝罪が成立する。　　　➡結論
　5　以上より，甲は，住居侵入罪（130条前段），恐喝罪　　　　➡罪数処理
　　（249条1項）の罪責を負い，両罪は，手段・結果の関
　　係にあるので，牽連犯（54条1項後段）となる。

第2　乙の罪責について　　　　　　　　　　　　　　45
1　乙が，代金支払の意思がないことを秘して自己名義の
　クレジットカードを使用し，B時計店で時計を買った行
　為につき，詐欺罪（246条1項）の成否を検討する。

➡以下，被詐欺者，処分者，被害
者を加盟店とする立場による
（大塚（各）251頁，大谷（各）276
頁）
⇨大谷（各）276頁
これを欺く行為の前に述べる

(1)　まず，加盟店であるB時計店は，会員に支払の意思
　　がないことを知っていれば，信義則上（民法1条2
　　項）当然に取引を拒否するはずである。　　　　　　50

➡欺く行為

　　　したがって，乙のクレジットカード使用は，財産上
　　の処分行為に向けられた「欺」く行為といえる。

(2)　次に，B時計店は，上記行為により乙に代金支払の
　　意思と能力があると誤信しているから，錯誤がある。　55

➡錯誤

(3)　さらに，B時計店は，その錯誤に基づいて時計を
　　「交付」しているといえる。

➡交付

(4)　そして，その「交付」行為によって，乙の手元に
　　「財物」である時計が移転している。

➡財物の移転

(5)　そうだとしても，時計の購入代金相当額は，後日，　60
　　A信販会社からB時計店に支払われている。

➡問題点の抽出

　　　この点，詐欺罪が成立するためには，被害者におけ
　　る財産的損害の発生が必要である。

➡要件の定立
⇨大谷（各）280頁

　　　そこで，B時計店に財産的損害の発生があるといえ
　　るのか，財産的損害の内容が問題となる。　　　　　65

➡事案の問題提起
➡論点の問題提起

> ア　この点について，詐欺罪は，被害者の個々の財産
> 　権を侵害する個別財産に対する罪である。
> 　　そこで，財産的損害の内容は，財物の交付による
> 　占有あるいは本権の侵害であると解する。

➡形式的個別財産説。実質的個別
　財産説は第17問参照

　イ　そうすると，B時計店は，乙に対して，時計を交　70
　　　付しているから，財産的損害の発生があるといえる。

➡あてはめ（事案の問題提起に対
　応させる）

(6)　よって，乙のB時計店に対する詐欺罪が成立する。

➡結論

2　次に，乙が，時計をC質屋で50万円に換金した行為に
　つき，詐欺罪（246条1項）の成否を検討する。

(1)　まず，C質屋は，乙の時計が詐欺行為によって取得　75
　　されたことを知っていれば，当然に取引を拒否する。

　　　したがって，乙の行為は，財産上の処分行為に向け
　　られた「欺」く行為といえる。

➡欺く行為

　　　そして，C質屋は錯誤に基づいて50万円を「交付」
　　し，乙の手元に「財物」が移転している。　　　　　80

➡錯誤・交付
➡財物の移転

(2)　なお，前述のように，財産的損害の内容を財物の交
　　付による占有あるいは本権とする以上，相当な対価50
　　万円を支払ったことは詐欺罪の成立に影響しない。

➡問題文の事情を漏れなく使って
　反対利益にも配慮
⇨大谷（各）281頁

(3)　よって，乙のC質屋に対する詐欺罪が成立する。

➡結論

3　以上より，乙は，B時計店に対する詐欺罪（246条1　85
　項），C質屋に対する詐欺罪（246条1項）の罪責を負い，
　両罪は，手段・結果の関係にない2個の行為によるから
　（54条1項参照），併合罪（45条前段）となる。　　　以上

➡罪数処理

第1　甲の罪責
1　乙の住宅の玄関に足を入れた行為について
　(1)　甲は宅配便を装っており，乙にみずから門扉を開か
　　せたものと思われるが，乙は甲が宅配便ではなく恐喝
　　の目的をもっていたことを知っていれば門扉を開いて
　　玄関に立ち入らせなかったといえる。そのため，住居　　　5
　　権者の意思に反する立入りといえ，「侵入」にあたる。
　(2)　したがって，住居侵入罪（刑法（以下，法令名省
　　略）130条前段）が成立する。
2　慰謝料を要求した行為について　　　　　　　　　　　　10
　(1)　自身が暴力団幹部であることを明かしたうえで，
　　「お前の家族がどうなるかわかってるんだろうな」な
　　どと危害を加える旨の発言をすることは，反抗を抑圧
　　するにいたらない程度に人を畏怖させるに足りる行為
　　であり，脅迫による「恐喝」にあたる。　　　　　　　15
　　　これを受けて乙は，恐怖心にかられ，みずから財布
　　を差しだしており，「財物を交付させた」といえる。
　(2)　さらに，甲は1か月に30万円ずつ自己の口座に振り
　　込むよう要求している。前記発言により畏怖している
　　乙に対して，このような要求をすることは，前述のよ　　20
　　うに「恐喝」にあたる。
　　　そして，預金債権の取得そのものは「財物」の取得
　　にあたらないものの，自己の口座の預金についてはい
　　つでも自由に引きだすことが可能であることから，
　　「財物」の取得と同視できる。そのため，乙に半年に　　25
　　及び30万円ずつ振り込ませた点についても，「財物を
　　交付させた」といえる。
　(3)　いずれの恐喝行為も，近接して行われた一連の行為
　　であるため，包括して1個の恐喝罪（249条1項）が
　　成立する。　　　　　　　　　　　　　　　　　　　　30
3　以上より，甲は，住居侵入罪と恐喝罪の罪責を負う。
　これらは，前者が後者の手段の関係にあるため，牽連犯
　（54条1項後段）として処理する。
第2　乙の罪責
1　時計を買った行為について　　　　　　　　　　　　　35
　(1)　クレジットカードの使用は，高度の信用に基づいて
　　おり，名義人の代金相当額の資力と代金支払の意思が
　　当然の前提となっている。そのため，金銭を支払う余
　　裕がない状態で，代金支払の意思がないことを秘して
　　これを使用することは，財物交付の基礎となる重要な　　40
　　事実を偽ることといえ，欺く行為にあたる。
　　　その結果，B時計店は，乙に資力と支払意思がある
　　との錯誤に陥っており，これに基づいて時計を交付し
　　ている。B時計店は，後日，A信販会社から代金相当

◀△ひとこと「人の住居」の認定
　がほしい

◀○定義OK

◀○定義OK

◀○問題の所在OK

◀○定義OK

◀△財産的損害の要否およびその

額の支払を受けているものの，時計の交付時点でその 45
物に対する本権的機能を害された以上，財産的損害が
認められる。
　⑵　したがって，詐欺罪（246条1項）が成立する。
2　時計を換金した行為について
　⑴　持ち込まれた時計が詐欺罪にあたる行為により取得 50
されたものであることを知っていれば，C質屋は換金
に応じなかったといえ，かつ，そのことは一般人にお
いてもいえる。そのため，このような事情を秘して換
金をすることは，財物交付の基礎となる重要な事実を
偽ることといえ，欺く行為にあたる。 55
　　　その結果，C質屋は，本件時計は違法なものではな
いとの錯誤に陥っており，これに基づいて50万円を交
付している。この場合でも，C質屋は本件時計を取得
しているものの，50万円という現金に対する本権的機
能を害された以上，財産の損害が認められる。 60
　⑵　したがって，詐欺罪（246条1項）が成立する。
3　以上より，乙は，B時計店に対する詐欺罪とC質屋に
対する詐欺罪の罪責を負う。これらは手段・結果の関係
にない別個の行為であるから，併合罪（45条前段）とな
る。 65
　　　　　　　　　　　　　　　　　　　　　　　　　以上

内容について、もう少し論点展
開してほしい

答案作成上の注意点

甲の罪責については，住居侵入罪（130条前段）および恐喝罪（249条1項）の構成要件に該当するかを淡々とあてはめていけば十分である。口座に振り込ませたことが，1項か2項かいずれの恐喝罪にあたるかについてまで書けていれば高く評価されるであろう。

乙の罪責については，クレジットカード詐欺（246条1項あるいは2項）について論じることになる。このとき，前述のとおり，構成要件要素に淡々とあてはめていけば十分である。個々の構成要件にあてはめるなかで理由づけをしていけば，どの説を採っているかは読み手に十分に伝わるので，あえてクレジットカード詐欺を論点として論じる必要はないといえる。

最後に，乙が質屋に時計を売却した行為について詐欺罪（246条1項）の成否を検討することになる。ここで，C質屋が相当な対価を受け取っていることから損害の有無が問題になるが，この点については，クレジットカード詐欺の検討において，すでに同様の問題について論じているので，ここでは軽く触れる程度にとどめるのがよいであろう。

なお，乙のクレジットカード詐欺と，質屋への時計の売却行為は，まったく別個の財産権を侵害するものなので，後者が前者の不可罰的事後行為にはならない点に注意してほしい。

答案構成

第1　甲の罪責
1　宅配便を装い玄関に足を入れた行為
　(1)　まず，乙の住宅の玄関は「人の住居」
　(2)　次に，乙は，甲が慰謝料を要求することを知っていたならば，甲を住宅の玄関に入れなかった
　　　そうすると，甲の行為は，「侵入」
　(3)　したがって，住居侵入罪が成立
2　乙に慰謝料を要求し，持っていた財布を差し出させた行為
　(1)　まず，上記行為は「恐喝」
　(2)　次に，「財物を交付させた」
　(3)　したがって，恐喝罪が成立しうる
3　1か月に30万円ずつを振り込ませた行為
　(1)　まず，上記行為は，「恐喝」
　(2)　そして，口座に振り込まれた金銭の引出しは容易であるから，1項恐喝罪
4　なお，同一法益侵害に向けられているから，包括して1個の恐喝罪が成立
5　以上より，甲は，住居侵入罪，恐喝罪の罪責を負い，両罪は，牽連犯
第2　乙の罪責
1　カードで時計を買った行為
　(1)　まず，加盟店のB時計店は，会員に支払の意思がないことを知れば，信義則上

当然に取引を拒否するはず
　　　したがって，「欺」く行為あり
　(2)　次に，B時計店に錯誤あり
　(3)　さらに，B時計店は，時計を「交付」
　(4)　そして，乙の手元に時計が移転
　(5)　なお，時計の購入代金相当額は，後日，B時計店に支払われているが，B時計店に財産的損害の発生あり
　　　なぜなら，同罪は個別財産に対する罪だから
　(6)　よって，B時計店に対する詐欺罪が成立
2　質屋で時計を50万円に換金した行為
　(1)　まず，C質屋は，乙の時計が詐欺行為により取得されたことを知れば，当然に取引を拒否する
　　　したがって，「欺」く行為
　　　そして，C質屋は錯誤に基づいて，50万円を「交付」し，「財物」が移転
　(2)　なお，相当な対価50万円を支払ったことは詐欺罪の成立に影響しない
　(3)　よって，C質屋に対する詐欺罪成立
3　以上より，乙は，B時計店・C質屋に対する詐欺罪の罪責を負い，併合罪
　　　　　　　　　　　　　　　　　以上

【参考文献】
試験対策講座・刑法各論2章5節②【2】，4章4節②【3】(1)・④【6】。判例シリーズ46事件，63事件，67事件。条文シリーズ130条②1(2)，246条②4・5(6)。

第17問 B+ 空クレジット契約と詐欺罪

甲は，国際旅行協会（AIT）という団体を設立し，AITには有効な国際運転免許証を発行する権限がないにもかかわらず，AITの名前で，正規の国際運転免許証に酷似した文書を作成して，顧客に販売することにした。

ある日，甲は，国際運転免許証を欲しがっている乙に対して，日本で運転免許を持っていなくともAITが発行する有効な国際運転免許証を20万円で買うことができると告げたところ，これを信じた乙は，甲がAITの名前で発行する国際運転免許証様の文書を20万円で購入することにした。しかし，乙は，手持ちの金がなかったので，甲にそのことを告げたところ，甲は，自己の経営する宝石店で乙が宝石を購入したように仮装して，その購入代金につき，乙が信販会社とクレジット契約を締結し，これに基づいて信販会社に立替払をさせる方法により，国際運転免許証の代金を支払うように勧めた。これを承諾した乙は，甲の宝石店で20万円の宝石を購入したように仮装して，A信販会社とクレジット契約を締結し，甲は，乙にAIT名義で発行した国際運転免許証様の文書を渡した。なお，商品の購入を仮装したクレジット契約は，A信販会社の約款において禁止されており，甲および乙はこれを知っていた。その後，A信販会社は，クレジット契約に基づき，甲の管理する預金口座に20万円を振り込んだ。その翌月，乙は，A信販会社からの請求に対し，20万円を支払った。

甲および乙の罪責を論ぜよ。

【論　点】

1　空クレジット契約と詐欺罪
2　発給権限の有無と「偽造」

答案構成用紙

答案例

第1　乙の罪責について
　1　空クレジット契約を締結し，A信販会社（以下「A
　　　社」という）に甲の口座へ20万円を振り込ませた行為に
　　　詐欺罪（246条1項）が成立しないか。
　　(1)　乙は，甲が経営する宝石店から宝石を購入していな 　5　→「欺」く行為
　　　いのに，購入したように装っており，「欺」く行為が
　　　あったといえる。そして，この「欺」く行為によりA 　　　→錯誤とそれに基づく処分行為
　　　社は購入が現になされたとの錯誤に陥り，甲の口座に
　　　20万円を振り込むという処分行為を行っている。
　　(2)　もっとも，乙はA社の代金支払請求に対し20万円を 　10　→問題提起
　　　支払っているため，財産的損害が認められるか。
　　　　ア　この点について，詐欺罪も財産犯である以上，実 　　　→財産的損害が要件となること
　　　　　質的な財産的損害が必要であると解する。具体的に 　　　→財産的損害の内容（実質的個別
　　　　　は，被欺罔者の経済的目的が達成できなかったこと 　　　　財産説）。形式的個別財産説は
　　　　　が必要である。 　　　　　　　　　　　　　　　　　15　　　第16問参照
　　　　イ　本問では，乙が20万円をA社に支払った以上，経 　　　→あてはめ
　　　　　済的目的は達成されたとも思える。しかし，A社の
　　　　　約款では空クレジット契約を禁止しており，現実に
　　　　　なされた商品の購入に対する立替払をすることがク
　　　　　レジット契約の重要な前提といえる。そのため，現 　20
　　　　　実に購入された宝石の代金を立替払し，代金として
　　　　　乙から20万円受け取るという経済的目的が達成でき
　　　　　なかったといえ，財産的損害が認められる。
　2　よって，上記行為に詐欺罪が成立し，後述のように乙 　　　→結論
　　　は甲と共謀共同正犯（60条，246条1項）となり，乙は 　25
　　　その罪責を負う。
第2　甲の罪責について
　1　まず，国際運転免許証に酷似した文書を作成した行為
　　　に有印私文書偽造罪（159条1項）が成立しないか。
　　(1)　国際運転免許証は，公的機関から認められた民間団 　30　→「事実証明に関する文書」
　　　体も発給権限を有する私文書であり，運転免許という
　　　実社会生活に交渉を有する事項を証明するに足りる
　　　「事実証明に関する文書」といえる。
　　(2)　また，甲は上記文書を乙に渡す目的を有しており， 　　　→「行使の目的」
　　　「行使の目的」がある。 　　　　　　　　　　　　　　　35
　　(3)　では，甲は「偽造」したといえるか。
　　　　ア　この点について，「偽造」とは，作成者と名義人 　　　→「偽造」の解釈
　　　　　の人格の同一性を偽る行為をいうと解する。
　　　　イ　これを本問についてみると，文書に観念を表示さ 　　　→作成者の認定
　　　　　せた，甲の運営する発給権限なきAITが作成者であ 　40
　　　　　る。そして，本罪の保護法益は文書への公共の信用
　　　　　であるところ，国際運転免許証は，発給権限ある団
　　　　　体が作成したという点に公共の信用を生じさせる性
　　　　　質の文書である。そのため，名義人，すなわち文書 　　　→名義人の認定

から理解される観念の表示主体は発給権限あるAIT 45
である。したがって，甲は作成者と名義人の人格の
同一性を偽っており，「偽造」したといえる。

(4)　さらに，上記文書の性質から，甲は発給権限ある　　　➡有印
　　AITという「他人の……署名を使用」したといえる。

(5)　よって，上記行為に有印私文書偽造罪が成立する。 50　➡結論

2　また，乙に対し，上記文書を渡した行為は，偽造文書　　➡端的な認定
　を真正な文書として使用したといえ，「行使」にあたり，
　偽造私文書行使罪（161条1項）が成立する。

3　次に，乙に対し，有効な国際運転免許証を20万円で買
　うことができると告げ，A社との空クレジット契約を締 55
　結させた行為に，乙に対する詐欺罪が成立しないか。

(1)　「欺」く行為は処分行為に向けられている必要があ　　➡問題提起
　　るところ，A社の振込入金によって20万円が甲に移転
　　している。そこで，上記行為は，乙の処分行為に向け
　　られたものといえるか。 60

┌───┐
│　ア　この点について，窃盗罪との区別のため，処分行　　➡処分意思が要件となること
│　　為があるといえるためには，被欺罔者の意思に基づ
│　　く占有移転が必要であると解する。そして，処分行　　➡被欺罔者と処分行為者の一致が
│　　為は錯誤に基づくことが必要であるから，被欺罔者　　　必要であること
│　　と処分行為者は一致する必要がある。 65
└───┘

　　イ　これを本問についてみると，乙は，代金支払方法　　➡被欺罔者が処分行為をしている
　　としてクレジット会社を利用したにすぎず，A社は，　　　こと
　　乙のいわば道具として振込入金を行ったにすぎない。
　　そうだとすれば，乙がクレジット契約に基づきA社
　　に立替払を依頼する行為は，乙の意思に基づきみず 70
　　からの20万円の占有を移転させる行為であり，乙の
　　処分行為といえる。そして，その後のA社の振込入
　　金は，20万円の占有移転に向けられた因果経過を構
　　成するにすぎないといえる。

　　　したがって，上記行為は，乙の処分行為に向けら 75　➡三段論法の帰結
　　れたものといえ，「欺」く行為にあたる。

(2)　そして，この「欺」く行為により，乙は有効な国際　　➡錯誤とそれに基づく処分行為
　　運転免許証が得られるとの錯誤に陥り，立替払の依頼
　　という処分行為を行っている。

(3)　よって，上記行為に乙に対する詐欺罪が成立する。 80　➡結論

4　さらに，甲が乙と共謀して空クレジット契約をした行　　➡端的な認定
　為に，A社に対する詐欺罪の共謀共同正犯が成立する。

5　よって，上記各行為に①有印私文書偽造罪，②偽造私　　➡罪数処理
　文書行使罪，③乙に対する詐欺罪，④A社に対する詐欺
　罪の共謀共同正犯が成立し，①，②および③は目的手段 85
　の関係にあるから牽連犯（54条1項後段）となり，これ
　と④とは併合罪（45条前段）となる。

　　以上より，甲は上記の罪責を負う。　　　　　　　以上

第1　乙の罪責
　1　Aに20万円を振り込ませた行為について
　　　詐欺罪における欺罔行為とは，財物処分の基礎となる
　　重要な事実を偽ることをいう。乙は，実際には宝石の購
　　入などしていないにもかかわらず，これをしたように装　5
　　っている。Aの約款においては，商品の購入を仮装した
　　クレジット契約は禁止されている。そのため，乙による
　　宝石の購入の仮装の事実を知っていたならば，Aはクレ
　　ジット契約を締結しこれに基づく振込みをすることはな
　　かったといえ，かつそれが一般的といえる。したがって，10
　　乙の前記仮装行為は，Aの振込行為の基礎となる重要な
　　事実を偽るものといえる。

←○問題文の事実を使えている

　　　そして，当該欺罔行為により，Aは宝石の購入の事実
　　があるものとの錯誤に陥っており，これに基づいて後記
　　財物処分を行っている。　15
　　　甲の口座に20万円が振り込まれたことにより，甲はい
　　つでも自由に当該金銭を引き出すことが可能となったた
　　め，金銭自体の取得と同視でき，「財物」の交付が認め
　　られる。

←○口座に振り込まれたという特殊性に気づいている

　　　さらに，翌月に乙がAに対し20万円を支払っているも　20
　　のの，Aが現に20万円が振り込んだことにより，これに
　　対するAの本権的機能が害されたといえ，財産的損害も
　　認められる。
　　　以上より，詐欺罪（刑法246条1項）が成立する。
　2　詐欺罪について，後述のように，甲と共同正犯（60　25
　　条）の関係に立つ。
第2　甲の罪責
　1　Aに20万円を振り込ませた行為について
　　　実際に実行行為を担わなくとも，犯罪実現について正
　　犯としての因果性が認められる場合には，共謀共同正犯　30
　　の成立が認められる。

←△60条の引用がほしい

　　　甲は乙に対し宝石の購入の仮装を勧めており，主導的
　　地位にある。このような甲の地位からすれば，正犯とし
　　ての因果性が認められる。
　　　したがって，詐欺罪の共謀共同正犯が成立する。　35
　2　国際運転免許証に酷似した文書を作成した行為について
　　　国際運転免許証は，国際的に運転が許されているとい
　　う実社会生活に交渉を有する事項を証明するといえ，
　　「事実証明に関する文書」にあたる。そして，当該文書
　　にはAITの「署名」があると考えられる。　40
　　　「偽造」とは，文書の名義人と作成者の人格の同一性
　　を偽ることをいう。文書の名義人は，当該文書の性質か
　　ら一般的に理解されるその意思の主体をいう。本問では，
　　国際運転免許証に酷似した文書を正規の有効なものとし

←△私文書偽造の本質から論じる必要がある
←○最高裁判例（最決平成15年10月6日〔百選Ⅱ96事件〕）を意識した論述ができている

て販売していることから，有効な発行権限のあるAITという団体が主体であると一般的に理解される。もっとも，実際の作成者は有効な発行権限のないAITという団体である。そのため，文書の名義人と作成者の人格の同一性が偽られているといえる。 45

　甲は，当該文書を正規の有効なものとして販売する目的でこれを作成しており，これを真正文書として他人に認識させる「行使の目的」が認められる。 50

　以上より，有印私文書偽造罪（159条2項・1項）が成立する。

3　国際運転免許証に酷似した文書を販売した行為について 55
（1）偽造私文書行使罪（161条1項）が成立する。

<—△「行使」の定義を示すべきである
<—○適切な理由づけである

（2）発行権限のない団体が作成した国際運転免許証に酷似した文書では何らの交渉力を有していないため，偽造の事実を知っていたならば，乙はAに立替払をさせる方法による代金支払をしなかったといえ，かつそれ 60
が一般的といえる。したがって，当該文書を正規の有効なものと偽ることは，乙の代金支払行為の基礎となる重要な事実を偽るものといえ，欺罔行為にあたる。

　そして，当該欺罔行為により，乙は正規の有効な国際運転免許証であるとの錯誤に陥っており，これに基 65
づいて甲の口座に20万円が振り込まれている。

　さらに，直接的にはAが甲の口座への振込行為を行っているものの，当該行為は乙の最終的な負担のもとに一時的な立替えがなされているものにすぎず，乙がAに立替払をさせた行為をもって，乙の処分行為と財 70
産的損害が認められる。

　したがって，詐欺罪（246条1項）が成立する。

4　私文書偽造罪と偽造私文書行使罪，偽造私文書行使罪と乙に対する詐欺罪とは，手段・目的の関係に立つため，牽連犯（54条1項後段）として処理する。これとAに対 75
する詐欺罪とは，併合罪（45条前段）として処理する。

以上

答案作成上の注意点

　本問は，旧司法試験平成21年度第2問を題材とした。まず，乙の罪責につき，A社に甲の口座へ20万円を振り込ませた行為について詐欺罪を検討する。財産的損害の論述方法は，「欺」く行為の内容として検討する方法，第5要件として検討する方法と複数あるが，財産的損害が認められない場合には「欺」く行為が否定されるのが通説とされ，財産的損害については詐欺罪の成否の検討にあたって必ず論述すべきであるから，現場で迷わないように各自の論述方法を用意しておこう。

　次に，甲の罪責について，有印私文書偽造罪，同行使罪，詐欺罪等が問題となる。有印私文書偽造罪の検討では，偽造，名義人，作成者それぞれの定義を明らかにしつつ答案を作成する必要がある。また，乙に対する詐欺罪の論述では，甲の欺罔行為が乙に向けられたものかを検討することになる。欺罔行為は処分行為に向けられている必要があるうえ，被欺罔者と処分行為者が一致する必要もあることから，本問では，乙とA社との関係を考えることになる。

答案構成

第1　乙の罪責
1　空クレジット契約を締結し，A社に甲の口座へ20万円を振り込ませた行為
　(1)　上記行為は，「欺」く行為に該当
　　　A社は錯誤，振込みという処分行為あり
　(2)　A社に財産的損害が認められるか
　　ア　実質的な財産的損害が必要，被欺罔者の経済的目的が達成できなかったこと
　　イ　空クレジット契約は禁止されており，経済的目的は達成できていない
2　よって，詐欺罪が成立，甲と共謀共同正犯（60条，246条1項）
第2　甲の罪責
1　国際運転免許証に酷似した文書を作成した行為
　(1)　国際運転免許証は「事実証明に関する文書」
　(2)　「行使の目的」あり
　(3)　甲は「偽造」したといえるか
　　ア　「偽造」とは，作成者と名義人の人格の同一性を偽る行為をいうと解する
　　イ　文書に観念を表示させた作成者は甲の運営する発給権限なきAIT
　　　　文書から理解される観念の表示主体たる名義人は発給権限あるAIT，したがって，「偽造」したといえる
　(4)　発給権限あるAITという「他人の……署名を使用」

(5)　よって，有印私文書偽造罪成立
2　乙に上記文書を渡した行為に偽造私文書行使罪（161条1項）が成立
3　乙に対し，有効な国際運転免許証を20万円で買うことができると告げ，A社との空クレジット契約を締結させた行為
　(1)　「欺」く行為は乙の処分行為に向けられているか
　　ア　窃盗罪との区別のため，処分行為があるといえるためには，被欺罔者の意思に基づく占有移転が必要
　　　　処分行為は錯誤に基づくことが必要であるから，被欺罔者と処分行為者は一致する必要
　　イ　A社の振込みは乙の処分行為と評価，乙の処分行為に向けられている
　(2)　乙は錯誤，立替払の依頼という処分行為あり
　(3)　よって，上記行為に詐欺罪成立
4　甲が乙と共謀して空クレジット契約をした行為に，A社に対する詐欺罪の共謀共同正犯が成立
5　以上より，上記各行為に，①有印私文書偽造罪，②偽造私文書行使罪，③乙に対する詐欺罪，④A社に対する詐欺罪の共謀共同正犯が成立，①②③は牽連犯（54条1項後段），これと④は併合罪（45条前段）
　　　　　　　　　　　　　　　　　　　　以上

【参考文献】
試験対策講座・刑法各論4章4節②【2】(2)(c)・【3】(1)，6章4節③。条文シリーズ2編17章総説⑤・⑥・⑨，246条②2(2)(iii)・4。

第18問 B 偽計業務妨害罪

　甲は，交番で勤務する警察官Xに恨みを抱いていたことから，Xを困らせるため，Xが仕事で使っている物を交番から持ち出し，仕事に支障を生じさせようと考えた。そこで，甲は，Xが勤務する交番に行き，制帽を脱いで業務日誌を書いているXに対し，「そこの道で交通事故があって人が倒れています。」とうそを言った。これを信じたXは，制帽と業務日誌を机の上に置いたまま，事故現場に急行するため慌てて交番から出て行ったので，甲は，翌日まで自宅に隠しておいた後返還するつもりで，交番内からXの制帽と業務日誌を持ち出し，自宅に持ち帰った。

　その日の夜，甲は，知人の乙と会い，「警察官を困らせるために交番から制帽と業務日誌を持ち出してきたが，もういいから，明日こっそり交番に返しておいてくれ。」と言ったところ，乙が，甲に対し，「警察官の制帽なら高く売れるよ。」と言ったので，甲は，業務日誌だけを乙に渡し，制帽については，Xに返すのをやめ，後に売るために自宅に保管しておくことにした。翌日，乙は，この業務日誌を持って交番に向かったが，その途中，このまま返すのが惜しくなり，この機会にXに金を出させようと思った。そこで，乙は，交番に着くと，Xに対し，「この業務日誌を拾った。マスコミに持って行かれたら困るだろう。10万円出せば返してやる。」と言ったが，Xは，これに応じなかった。

　甲および乙の罪責を論ぜよ（ただし，特別法違反の点は除く。）。

【論点】

1　「業務」（233条後段，234条）に公務が含まれるか
2　窃盗罪における不法領得の意思
3　被害者を相手方とする盗品等有償処分あっせん罪の成否

答案構成用紙

答案例

第1　甲の罪責について

1　まず，Xにうそを言って制帽等を持ち出した行為について，甲はXに「暴行又は脅迫」を加えていないため，公務執行妨害罪（95条1項）は成立しない。 → 前提を端的に認定

2　次に，甲はうそでXを欺く「偽計」により，Xを交番　5 → 問題提起
から架空の事故現場へ急行させ，Xの公務を「妨害」しているが，この行為に偽計業務妨害罪（233条後段）が成立するか。「業務」に公務が含まれるか問題となる。

(1)　この点について，偽計による妨害は強制力によって排除することはできないため，非権力的公務のみなら　10
ず，強制力を行使する権力的公務も偽計による妨害から保護する必要があるといえる。そこで，同罪の「業務」には，すべての公務が含まれると解する。

(2)　したがって，Xの公務も「業務」に含まれる。

(3)　よって，上記行為に偽計業務妨害罪が成立する。　15 → 結論

3　さらに，制帽と業務日誌を持ち出した行為に窃盗罪（235条）が成立するか。

(1)　まず，「他人」たるXの「財物」である制帽等を， → 客観的構成要件
甲の意思に反して自己の占有に移転させた行為は「窃 → 故意
取」にあたる。また，甲に同罪の故意も認められる。　20

(2)　もっとも，甲は「Xを困らせるため」，「翌日……返 → 問題提起
還するつもり」で制帽等を持ち出しているため，不法
領得の意思を欠き，同罪が成立しないのではないか。

ア　この点について，不可罰的な使用窃盗や毀棄罪と窃盗罪とを区別するため，権利者を排除して，他人　25
の物を自己の所有物として，その経済的用法に従い，利用し処分する意思（不法領得の意思）が必要と解する。

イ　これを本問についてみると，甲は「Xを困らせる → あてはめ
ため」に隠匿する目的で上記行為に及んでおり，経　30
済的用法に従い当該物を利用し処分する意思は認められず，甲に不法領得の意思は認められない。

(3)　よって，上記行為に窃盗罪は成立しない。 → 結論

4　もっとも，制帽等を隠匿してその物の本来の効用を害 → 端的な認定
しており，上記行為には制帽につき器物損壊罪（261条），35
業務日誌につき公用文書毀棄罪（258条）が成立する。

5　委託関係に基づかないで自己の占有に帰属した「占有 → 占有離脱物であること
を離れた他人の物」たる制帽を，後に売るために保管し → 「横領」
た行為は，他人の物の占有者がその物につき権限なく所
有者でなければできないような処分をする意思，すなわ　40
ち不法領得の意思を発現するいっさいの行為たる「横
領」にあたり，占有離脱物横領罪（254条）が成立する。

6　なお，日誌を返すよう発言した行為は，被害者のもと → 端的な認定
への正常な回復を意図するものであり，故意を欠くこと

から，後述のように乙の行為に成立する盗品等運搬罪に 45
ついての教唆犯（61条1項，256条2項）は成立しない。

7　以上より，上記各行為に①偽計業務妨害罪，②器物損 ➡罪数処理
壊罪，③公用文書毀棄罪，④占有離脱物横領罪が成立す
る。そして，②と③が観念的競合（54条1項前段）とな
り，これと①と④とは別個の行為なので，併合罪（45条 50
前段）となり，甲はこのような罪責を負う。

第2　乙の罪責について

1　まず，制帽なら高く売れる旨発言した行為に占有離脱 ➡教唆犯となること
物横領罪の教唆犯（61条1項，254条）が成立する。

2　次に，日誌を持って交番に向かった行為に盗品等運搬 55 ➡問題提起
罪（256条2項）が成立するか。

（1）　日誌は，公用文書毀棄罪にあたる行為によって甲の ➡盗品等罪の客体であること
占有に移転しているため，「財産に対する罪」（256条
1項）にあたる行為によって「領得された物」といえる。

（2）　もっとも，乙は被害者たるXのもとへ日誌を移転さ 60 ➡問題提起
せており，本罪の保護法益である追求権の侵害はない
ため「運搬」にあたらないのではないか。

> この点について，乙は対価を得る目的で上記行為を ➡法益侵害があること
> 行っており，被害者による正常な回復を困難にしてい
> るといえ，追求権の侵害を肯定することができる。 65
> したがって，上記行為は「運搬」にあたる。

（3）　よって，上記行為に盗品等運搬罪が成立する。 ➡結論

3　「10万円出せば返してやる。」とXに言った行為につき ➡問題提起
横領罪が成立するか。

Xという「他人の物」である日誌は，甲との委託信任 70 ➡横領罪の構成要件
関係に基づき「占有」しているといえる。それにもかか
わらず，乙は対価を得ようとしており，このような行為
は，甲乙間の委託の趣旨を超えているため「横領」にあ
たる。

よって，横領罪（252条1項）が成立する。 75 ➡結論

4　次に，上記行為は，人を畏怖させるに足る害悪の告知 ➡適法行為の告知
であり，また，害悪の内容が違法である必要はないため，
「恐喝」にあたるものの，Xは上記求めに応じていない
ので，恐喝未遂罪（250条，249条1項）が成立する。

5　さらに，上記行為は「公務員」Xに「脅迫」により業 80 ➡職務強要罪の構成要件
務日誌の買取りという職務に関係する「処分」をさせよ
うとするもので，職務強要罪（95条2項）も成立する。

6　以上より，上記各行為に①占有離脱物横領罪の教唆犯， ➡罪数処理
②盗品等運搬罪，③横領罪，④恐喝未遂罪，⑤職務強要
罪が成立する。そして，③と④と⑤は観念的競合（54条 85
1項前段）となり，これと①，②とが併合罪（45条前
段）となり，乙はかかる罪責を負う。

以上

第1　甲の罪責

1　まず甲は公務員たる警察官Xに対しうそを言って出動させているが、「暴行又は脅迫」を加えているわけではないため、かかる行為に公務執行妨害罪（95条1項）は成立しない。そこで、偽計業務妨害罪（233条前段）が成立しないか検討する。

(1)　業務日誌を書くという本件公務が「業務」にあたるか。

ア　強制力を有する権力的公務は、偽計や威力から自衛する力を有するが、これを有しない公務については、偽計や威力から保護する必要がある。

そこで、強制力を有しない公務については「業務」に含まれると考える。

イ　本件公務はそれ自体強制力を有しない。したがって、本件公務は「業務」にあたる。

(2)　交通事故があったとうそをついたことは、本件公務を妨害するに足りる「偽計を用い」たといえ、偽計業務妨害罪が成立する。

2　次に甲が「財物」たるXの制帽と業務日誌を持ち出した行為に窃盗罪（235条）が成立しないか。

(1)　上記行為は占有者Xの占有を排除する行為として「窃取」にあたる。

(2)　そして、甲はかかる占有侵害について認識・認容、すなわち故意（38条1項本文）を有するが、Xを困らせるため、また翌日には返還するつもりで、上記行為をしている。そこで、窃盗罪の成立が否定されないか。不法領得の意思の要否および内容が問題となる。

ア　この点について、使用窃盗との区別の必要性から、①権利者を排除して他人の物を自己の所有物として振る舞う意思が必要と考える。

また、窃盗罪が毀棄・隠匿罪よりも重く処罰されるのは、利欲犯的性格を有するためであるから、②経済的用法に従い利用処分する意思が必要と考える。

イ　本問で、甲は翌日に返還するつもりであって、自己の所有物として振る舞う意思を欠くとも思えるが、権利者が許容しない態様による持ち出しを意図していることから、①かかる意思を有する。しかし、甲はXを困らせるためと考えており、②その経済的用法に従った利用をする意思を欠く。

ウ　したがって、窃盗罪が成立しない。

3　そうだとしても、交番勤務において書かれ「公務所の用に供される」業務日誌を自宅に持ち帰った行為はその物の本来の効用を害するものといえ、公用文書毀棄罪が成立する。

4　また、甲が委託信任関係に基づかずに占有するに至った制帽は「占有を離れた他人の物」といえ、これを後で高く売るために保管した行為は「横領」にあたるため、かかる行為には占有離脱物横領（254条）が成立する。

5　以上より、甲の行為に①偽計業務妨害罪、②公用文書毀棄罪、

【欄外注記】
- ○公務執行妨害罪が成立しないということを端的に認定できている
- △「後段」が正確である
- ○妨害される公務を具体的に明示している
- ○自身の立場をわかりやすく示している
- △占有を排除する、というだけでは「窃取」の定義として不正確である
- ○不法領得の意思の内容を丁寧に説明できている
- △「公務所の用に供する」が正確である
- △公用文書毀棄罪の条文（258条）を示してほしい
- △制帽を自宅に持ち帰った行為に器物損壊罪が成立することを指摘できていない

③占有離脱物横領罪が成立する。これらは別個の行為であるから，併合罪（45条前段）となり，甲はかかる罪責を負う。

第2　乙の罪責

1　まず，乙が甲に対し「制帽なら高く売れる」と言った行為は，占有離脱物横領を実行する意思を生じさせるもので，占有離脱物横領罪の教唆犯（61条1項）が成立する。

2　次に，日誌を持って交番へ向かった行為に盗品等運搬罪（256条2項）が成立しないか。

⑴　本件日誌は，公用文書毀棄罪という「財産に対する罪」にあたる甲の行為によって「領得された物」である。

⑵　そして，甲から委託を受けてこれを被害者たるXのもとへ運んでいるため「運搬」にあたらないか。　

　　ア　盗品等関与罪の保護法益は被害者の追求権と解されるところ，被害者のもとへ運搬される場合であっても，被害者の正常な追求権が害されうる。そこで，被害者のもとに盗品等を運ぶ行為も「運搬」にあたると考える。

　　イ　したがって，上記行為も「運搬」にあたり盗品等運搬罪が成立する。

3　乙が「10万円出せば返してやる」と言った行為は，脅迫により相手方の反抗を抑圧するに足りない程度に畏怖させるものであるが，適法な内容を告知している。そこで「恐喝」にあたらないのではないかが問題となるも，適法内容の告知であっても，相手方の財産権を害しうるので，「恐喝」にあたると考える。本問でも，上記行為は「恐喝」にあたり，結果10万円の交付を受けていないため，上記行為には恐喝未遂罪（249条1項，250条）が成立するにとどまる。

4　また，上記行為は「公務員」たるXに対する上記行為は「脅迫」により「処分」をさせようとするものであるから，職務強要罪（95条2項）が成立する。

5　さらに，上記行為について甲との関係で横領罪（252条）が成立しないか。

⑴　乙は「他人」たるXの「物」を，Xではなく甲からお願いされて占有している。財産関係の秩序維持の観点から，所有者以外の者からの委託であっても保護に値するため，本問でも，委託信任関係に基づいて「占有」しているといえる。

⑵　そして，Xに金を出させようとした上記行為は，Xのもとへ返すという甲の委託の趣旨に背いて，所有者でなければできない処分をする意思たる不法領得の意思の発現行為にあたる。したがって「横領」にあたり，横領罪が成立する。

6　以上より，乙の行為に①占有離脱物横領罪の教唆犯，②盗品等運搬罪，③恐喝未遂罪，④職務強要罪，⑤横領罪が成立する。③と④，⑤は観念的競合となり，これらと①と②は併合罪となり，乙はかかる罪責を負う。

以上

〔右欄コメント〕

←○事実を示しながら問題の所在を指摘できている

←○紙面の制限があるなかで最低限の論述ができている

←○条文の文言を正確に引用し，端的に罪の成立を認定できている

←△「252条1項」が正確である

←○適切に罪数処理をできている

←△観念的競合は条文（54条1項前段）を示すべき

答案作成上の注意点

　本問は，旧司法試験平成19年度第2問を題材とした。まず，甲の罪責について，偽計業務妨害罪，器物損壊罪，公用文書毀棄罪，占有離脱物横領罪という4つのマイナー犯罪の成否を検討することになる。制帽と業務日誌を持ち出した行為について窃盗罪の成否を検討することになるが，不法領得の意思という主観的構成要件の該当性を否定した後に器物損壊罪の成否を検討するという流れはおさえておくとよい。

　次に，乙の罪責について，盗品等運搬罪，職務強要罪といったマイナー犯罪が登場する。後者については気づかなくとも不合格とはならないが，前者についてはマイナーな犯罪といえどもだれもが書けるであろうトピックなので，書けなかった場合には本問を機に身につけてほしい。

答案構成

第1　甲の罪責
1　公務執行妨害罪（95条1項）は不成立
2　Xをうそで欺く「偽計」により，Xを交番から架空の事故現場へ急行させてXの公務を「妨害」した行為につき偽計業務妨害罪（233条後段）の成否を検討，「業務」に「公務」が含まれるか
　(1)　同罪の「業務」にはすべての「公務」が含まれると解する
　(2)　Xの公務も「業務」に含まれる
　(3)　よって，偽計業務妨害罪が成立
3　制帽と業務日誌を持ち出した行為につき窃盗罪（235条）の成否を検討
　(1)　「他人」たるXの「財物」である制帽等を「窃取」，故意あり
　(2)　不法領得の意思の要否，内容が問題
　　ア　不可罰的な使用窃盗や毀棄罪との区別のため権利者を排除して，他人の物を自己の所有物として，その経済的用法に従い，利用し処分する意思が必要
　　イ　甲は隠匿目的，不法領得の意思なし
　(3)　よって，窃盗罪は不成立
4　上記行為につき制帽については器物損壊罪（261条），業務日誌については公用文書毀棄罪（258条）が成立
5　制帽を後に売るために保管した行為につき，占有離脱物横領罪（254条）が成立
6　日誌を返すよう発言した行為につき盗品等運搬罪の教唆犯（61条1項，256条2項）は不成立

7　以上より，①偽計業務妨害罪，②器物損壊罪，③公用文書毀棄罪，④占有離脱物横領罪が成立，②と③は観念的競合（54条1項前段），これと①と④は併合罪（45条前段）
第2　乙の罪責
1　制帽なら高く売れる旨発言した行為につき占有離脱物横領罪の教唆犯（61条1項，254条）
2　日誌を持って交番に向かった行為につき盗品等運搬罪（256条2項）の成否を検討
　(1)　日誌は，公用文書毀棄罪という「財産に対する罪」にあたる行為によって「領得された物」
　(2)　「運搬」にあたるか
　　被害者による正常な回復を困難にしているといえ，追求権侵害を肯定できるしたがって，「運搬」にあたる
　(3)　よって，盗品等運搬罪が成立
3　「10万円出せば返してやる。」とXに言った行為につき横領罪の成否を検討
　　上記行為は甲乙間の委託の趣旨を超えており「横領」にあたるから，横領罪が成立
4　上記行為は「恐喝」にあたるが，Xは上記求めに応じていないので，恐喝未遂罪（250条，249条1項）が成立
5　上記行為に職務強要罪（95条2項）も成立
6　以上より，①占有離脱物横領罪の教唆犯，②盗品等運搬罪，③横領罪，④恐喝未遂罪，⑤職務強要罪が成立，③と④と⑤は観念的競合，これと①，②とが併合罪　　　　以上

【参考文献】
試験対策講座・刑法各論3章2節③【1】(2)，4章1節④，8節④【1】(2)。判例シリーズ48事件，53事件。条文シリーズ233条②2(1)，36章総説④，256条②4(2)。

甲は，私立A大学を受験しようとしたが，合格しそうになかったため，乙に代わりに受験してもらうよう依頼した。乙は，甲の代わりに答案用紙に甲の名前を記載し，マークシート式試験を受験し，無事甲は合格することができた。入学後，甲は国が設けた障害者のための授業料の免除制度を利用しようと考え，国立病院のB医師に，自分は重度の難聴であると虚偽の報告をし，うその診断書を作成させ，それを文部科学省に提出した。その結果，甲は免除資格を得ることができた。

　　甲および乙の罪責を論ぜよ。

【論　点】
1　マークシートと「文書」
2　名義人の承諾ある場合と「偽造」
3　虚偽公文書作成罪（156条）の間接正犯
4　国家的法益に対する詐欺

答案構成用紙

答案例

第1　乙の罪責について

1　まず，乙が甲の代わりに私立A大学のマークシート式試験を受験し，答案用紙に甲の名前を記載した行為につき，有印私文書偽造罪（159条1項）の成否を検討する。

(1)　まず，マークシート上のマークは，一定の意思内容 ₅ を表示したものとはいえないが，各設問との関係でそれに対する解答として特定の意味をもち，受験者の正解と判断する意識の内容が記載されているといえる。

それゆえ，マークシート上の記載は「文書」にあたる。

➡文書性

(2)　次に，入試答案は，受験者がいかなる解答をしたか 10 という事実を証明し，ひいては受験者の学力の程度を客観的に示している文書であって，合否判定のために作成が求められているものである。

そうすると，入試答案は入学許可という実社会生活に交渉を有する事項を証明するに足りる文書といえる。15

したがって，入試答案は，「事実証明に関する」文書にあたる。

⇨最決平成6年11月29日（百選Ⅱ89事件）
⇨大谷(各)478頁

⇨大判大正9年12月24日（刑録26輯938頁）

(3)　ところが，本問では，名義人である甲の承諾がある。

そこで，名義人の承諾がある場合でも「偽造」にあたるのかが問題となる。20

➡問題点の抽出
➡論点の問題提起

> ア　この点，「偽造」とは，作成権限のない者が他人の名義を冒用して文書を作成することをいう。
>
> そうであれば，この場合，名義人と作成者の人格の同一性の偽りはないから，他人名義の冒用はなく，「偽造」にあたらないとも思える。25
>
> イ　もっとも，文書の性質上，名義人自身による作成が予定されているものは，名義人の承諾を得て作成したとしても，文書に対する公衆の信用を害する。
>
> そこで，その性質上，自署性が要求されている文書は，この場合でも「偽造」にあたると解する。30

➡定義

➡定義にあてはめる

➡原則論から
➡歯止め。保護法益から
⇨最決昭和56年4月8日（判例シリーズ92事件）
➡規範定立

ウ　これを本問についてみると，入試答案は，受験者の学力の程度を証明するものであって，受験者以外の者が答案を作成することは無意味であるから，その性質上，自署性が要求されている文書といえる。

したがって，この場合でも，「偽造」にあたる。35

➡あてはめ（規範に対応させる）

➡三段論法の帰結

(4)　さらに，甲の名前の記載は，自署であり，特定人甲を表章する仕方で署名しているから，「他人」の「署名」を「使用」したといえる。

➡他の要件も忘れずに
⇨大谷(各)484頁

(5)　そして，乙は，Aをして入試答案を真正文書と誤信させようとする目的があるから，「行使の目的」もある。40

➡目的
⇨大谷(各)463頁

(6)　よって，乙の行為には有印私文書偽造罪が成立する。

➡結論
⇨大谷(各)460頁

2　また，乙は，上記文書の作成によって偽造にかかる文書を真正文書として他人Aに認識させたといえるから，「前2条の文書」を「行使」（161条1項）したといえる。

よって，乙の行為に偽造有印私文書行使罪が成立する。45　　→結論

3　以上より，乙は，有印私文書偽造罪（159条1項），偽　　→問いに答える
造有印私文書行使罪（161条1項）の罪責を負う。

両罪は，手段・結果の関係にある2個の行為であるか　　→罪数処理
ら，牽連犯（54条1項後段）となる。

第2　甲の罪責について　　　　　　　　　　　　　　　　50

1　まず，甲が，乙に代わりに受験してもらうよう依頼し　　→忘れずに
た行為につき，有印私文書偽造罪の教唆犯（61条1項，
159条1項），偽造有印私文書行使罪の教唆犯（61条1項，
161条1項）が成立する。

2　次に，甲が，国立病院のB医師に対して虚偽の申告を　55
し，うその診断書を作成させている行為につき，虚偽有
印公文書作成罪（156条前段）の成否を検討する。

本問において，Bは，文書の性質を認識しているもの　　→問題点の抽出
の，その内容を誤認して診断書を作成している。

そこで，無形偽造である虚偽有印公文書作成罪の間接　60　→論点の問題提起
正犯の成否が問題となる。

（1）　この点，同罪は真正身分犯であるものの，非身分者　　⇒大谷（各）470頁参照
も身分者を介して法益を侵害することができる。

そこで，非身分者の行為にも身分犯の間接正犯が成
立しうる。　　　　　　　　　　　　　　　　　　65

（2）　もっとも，157条は，この種の間接正犯を独立の犯　　⇒大谷（各）470頁
罪類型を設けて処罰し，しかも156条の刑よりも著し
く軽い法定刑を定めている。

そこで，公務員の身分を有しない非身分者には，虚　　→論点の結論（論点の問題提起に
偽有印公文書作成罪の間接正犯は成立しないと解する。70　　対応させる）

（3）　よって，甲に虚偽有印公文書作成罪は成立しない。　　→結論

3　さらに，甲が，うその診断書を文部科学省に提出して
授業料の免除資格を得た行為につき，詐欺罪（246条2
項）の成否を検討する。

（1）　まず，国自体も財産権の主体となりうるから，その　75　→国家的法益に対する詐欺
財産的利益も保護されるべきである。

そこで，上記行為は詐欺罪を構成しうると解する。

（2）　本問において，甲は，うその診断書を提出して文部　　→欺く行為・錯誤・交付・利益の
科学省を「欺い」て，錯誤に陥れ，授業料の免除資格　　　移転
という「財産上不法の利益を得」ている。　　　　　80

したがって，甲の行為には詐欺罪が成立する。　　　　→結論

4　以上より，甲は，有印私文書偽造罪および偽造有印私　　→問いに答える
文書行使罪の教唆犯（61条1項，159条1項，161条1
項），詐欺罪（246条2項）の罪責を負う。

前2者は社会観念上1個の行為によるので観念的競合　85　→罪数処理
（54条1項前段）となり，詐欺罪とは併合罪（45条前
段）となる。

以上

1　乙の罪責について

(1)　乙は甲のかわりに，答案用紙に甲の名前を記載し，マークシートに記入をしている。

　　そこで，乙に私文書偽造罪（159条1項）が成立しないか問題となる。

(2)ア　まず，乙が作成したマークシートがそもそも本条の「文書」にあたるだろうか。

　イ　この点「文書」とは，①文字またはこれに代わるべき可読的符号を用いて，②その者の観念の通知または意思の通知が記載されたものをいう。

　ウ　マークシートは，該当する番号に線を引くものだから，線をひくこと自体が当該番号を表すものといえる（①）。

　　　他方，マークシートの印のみでは，記載者の観念や意思がいかなるものかはわからないも，マークシートは出題文との関係で線を引くのであり，その問題とマークの番号を照合させれば，問題に対する記載者の観念又は意思の通知が記載されているといえる（②）。

　エ　よって，本問マークシートは「文書」にあたる。

(3)　そして，さらに，文書偽造罪の保護法益が，文書制度の信用にあることから，「事実証明に関する文書」とは，実社会生活上広く交渉を有する事項に関する文書と解するのが妥当である。

　　この点，本問マークシートは，これの採点により，入学資格が得られるかを判定するものであり，実社会生活上広く交渉を有する事項に関する文書といえ，「事実証明に関する文書」にあたる。

(4)ア　としても，乙の行為は「偽造」にあたるか。本問では，名義人たる甲の承諾があるため問題となる。

　イ　この点，文書に対する公共の信用という保護法益は，名義の真正を保護するとすべきであるから，ここに「偽造」とは，作成権限のない者が，作成名義を偽り，他人名義の文書を作成することをいうと解する。

　ウ　とすれば，私文書においては，一般に名義人の承諾を得ていた場合には，「偽造」にはあたらないことになる。

　　　もっとも，私文書でも自署性が強く要求される場合には，承諾があっても，自署が必要とされるから，それにかかわらず，他人名義を作成すれば，文書の信用は害される。

　　　そこで，自署性が強く要求される性質の文書は，名義人の承諾があっても，「偽造」にあたると解する。

　エ　この点，本問マークシートは，名義人の学力を判定するものであり，自署性が強く要求されるといえる。

　　　よって，甲の承諾あるも，乙の行為は「偽造」にあ

5

10

15

20

25

30

35

40

⬅○行為の抜きだしOK

⬅△有印であることを見落としている。「私文書偽造罪」という犯罪はない

⬅○以下，基本知識を使って自分なりに処理している

⬅○認定OK

⬅○定義OK

⬅○認定OK

⬅○問題の所在OK

⬅○以下，十分な論証である

⬅○原則論OK

⬅○歯止めOK

⬅○結論OK

⬅○あてはめOK

⬅○認定OK

たる。　　　　　　　　　　　　　　　　　　　　　45

(5)　乙は，マークシートを学校に提出する目的があり，
　　「行使の目的」もある。

←○認定OK

(6)　以上より，乙に私文書偽造罪（159条1項）が成立す
　　る。また，乙はマークシートを提出しており，偽造私文
　　書行使罪（161条1項）も成立する。そして両者は牽連　50
　　犯（54条1項後段）となる。

←△正確には，「有印私文書偽造
　罪」，「偽造有印私文書行使罪」

←○罪数処理OK

2　甲の罪責について

(1)　甲は，乙に甲名義でのマークシートの作成を依頼し，
　　それを提出させており，私文書偽造罪の教唆犯（61条1
　　項，159条1項）と偽造私文書行使罪の教唆犯が（61条　55
　　1項，161条1項）成立する。

←○前提OK。なお，罪名につき
　48行目以下と同じ

(2)ア　さらに，甲はBに重度難聴との虚偽の報告をしB
　　　をしてうその診断書を作成させている。そこで甲に虚偽
　　　公文書作成罪の間接正犯（156条）の成否が問題となる。　60

←△正確には，「虚偽有印公文書
　作成罪（156条前段）」

　イ　まず，そもそも本罪は，公務員を主体とする真正身
　　　分犯であるから，非身分者による身分犯の間接正犯が
　　　問題となるも，非身分者も身分者の行為を利用し身分
　　　犯の法益侵害は可能であり，これを肯定すべきである。

←○以下，十分な論証である

　ウ　としても，非身分者による156条の間接正犯の成否
　　　については否定すべきと解する。　　　　　　　　　　65
　　　　けだし，156条とは別に，157条が規定されているの
　　　は，非身分者の間接正犯をこの場合に限って認め，し
　　　かも特に軽く処罰する趣旨だからである。

　エ　よって，甲に虚偽公文書作成罪の間接正犯は成立し
　　　ない。　　　　　　　　　　　　　　　　　　　　　70

(3)ア　では，甲は本問うその診断書を用い，文部科学省か
　　　ら授業料免除を受けているから，詐欺利得罪（246条
　　　2項）が成立しないか，国家的法益と詐欺が問題とな
　　　る。

←○問題の所在OK

　イ　この点，甲の上記行為は，国家の財政作用という国　75
　　　家法益を侵害しているにすぎず，詐欺罪は成立しない
　　　とも思える。

←△他説を紹介するよりも，構成
　要件へのあてはめを検討してほ
　しい

　　　　しかし，国家が所有するものでも，財物，財産上の
　　　利益となる点では差異はなく，かかる法益を詐欺で処
　　　罰しないのは法益保護の見地から妥当でない。　　　80
　　　　そこで，本問の，甲の行為も，授業料免除という財
　　　産上の利益を国家から受けており，国家に対する財産
　　　侵害はある。

　ウ　よって，甲に詐欺利得罪が成立する。

←×構成要件の認定を欠いたまま
　犯罪を成立させている

(4)　以上より，甲には，私文書偽造の教唆と，偽造私文書　85
　　行使の教唆と詐欺利得罪が成立し，前2者は観念的競合
　　（54条1項前段）となり，これと後者は併合罪（45条前
　　段）となる。　　　　　　　　　　　　　　　　　以上

←○罪数処理OK

答案作成上の注意点

　乙の罪責について。本問は替え玉受験の問題であるので，有印私文書偽造罪（159条1項）を中心に構成要件該当性を検討すればよい。検討にあたり，「事実証明に関する文書」については，マークシート上の記載が「文書」にあたるか否かという点にも留意すべきである。また，「偽造」の該当性については，判例（最決平成6年11月29日〔百選Ⅱ89事件〕）を参考にするとよい。そして，偽造罪を検討した際には行使罪を検討することを癖にするとよい（旧司法試験平成7年度第2問，平成12年度第2問，平成15年度第2問，司法試験平成24年，平成29年，予備試験平成29年参照）。なお，罪数処理については，有印私文書偽造罪と同行使罪とは牽連犯（54条1項後段）となる。

　甲の罪責について。第1に，乙に対する教唆犯が成立する。第2に，虚偽有印公文書作成罪（156条前段）の間接正犯の成否を論じる。その際，最判昭和27年12月25日（刑集6巻12号1387頁），最判昭和32年10月4日（判例シリーズ93事件）を参照すればよい。第3に詐欺罪（246条2項）の成否が問題となる。

答案構成

第1　乙の罪責
1　答案用紙に甲の名前を記載した行為
(1)　マークシート上には，受験者の正解と判断する意識の内容が記載されているから，その記載は「文書」にあたる
(2)　入試答案は「事実証明に関する」（159条1項）文書
(3)　ところが，名義人甲の承諾がある
　　　これでも「偽造」にあたるか
　ア　この場合，名義人の冒用はなく，「偽造」にあたらないとも思える
　イ　しかし，性質上自署性が要求されている文書では，名義人の承諾があっても，公衆の信用を害する
　　　そこで，「偽造」にあたる
　ウ　本問では，受験者の学力を証明する答案は，性質上自署性が要求
　　　したがって，「偽造」にあたる
(4)　また，「他人」の「署名」を「使用」
(5)　そして，「行使の目的」あり
(6)　よって，有印私文書偽造罪が成立
2　また，「前2条の文書」を「行使」
　　したがって，偽造有印私文書行使罪（161条1項）が成立
3　以上より，有印私文書偽造罪，同行使罪の罪責を負い，両者は，牽連犯

第2　甲の罪責
1　乙に身代わり受験を依頼した行為に，有印私文書偽造罪，同行使罪の教唆犯（61条1項，159条1項，161条1項）が成立
2　国立病院B医師に虚偽の申告をし，嘘の診断書を作成させた行為
(1)　この点，非身分者も身分者を介して真正身分犯の法益を侵害でき，非身分者も身分犯の間接正犯を犯しうる
(2)　もっとも，157条がこの種の間接正犯につき独立の犯罪類型を設け，しかも156条前段の刑より軽い法定刑を定める
　　　そこで，非身分者には，虚偽有印公文書作成罪（156条）は成立しない
(3)　よって，虚偽有印公文書作成罪（156条前段）は成立しない
3　授業料の免除資格を得た行為
(1)　まず，国自体の財産的利益も保護されるべきだから，詐欺罪（246条2項）を構成しうる
(2)　本問で，甲は，文部科学省を「欺い」て，「財産上不法の利益を得」ている
　　　したがって，詐欺罪が成立
4　以上より，有印私文書偽造罪および同行使罪の教唆犯，詐欺罪の罪責を負い，前2者は観念的競合，後者は併合罪　　　　以上

【参考文献】

試験対策講座・刑法各論4章4節①【2】(1)，6章4節②【1】・③【2】(2)・⑦【3】(2)。判例シリーズ65事件，92事件，93事件。条文シリーズ2編17章■総説④2(1)・⑥3，156条②3，246条②5(7)。

第20問 B　犯人隠避罪

CHECK

甲は，某暴力団の組員であるが，同暴力団を脱退しようとしたAの胸を殺意をもってバタフライナイフで刺し，重傷を負わせた。甲は，殺人未遂罪による訴追および処罰を免れる目的で，甲のいとこであり同暴力団の組員である乙に身代わりになるように唆したところ，乙はこれを了承し，警察署に出頭した。これを受けて，警察は，乙を取り調べたところ，犯人は乙ではなく甲であるとの疑いを強め，甲を本件殺人未遂事件の被疑者として逮捕・勾留した。そこで，甲の妹丁が，同暴力団の組員丙に，甲の身代わりとして警察に出頭するよう唆したところ，丙はこれを了承し，警察署に出頭した。しかし，甲の逮捕・勾留を解くにはいたらなかった。

甲，乙，丙および丁の罪責について論ぜよ。

【論　点】
1　身代わり犯人と犯人隠避罪の成否
2　犯人自身による犯人隠避罪の教唆
3　親族間の犯罪に関する特例（105条）——親族の他人への教唆行為

答案構成用紙

答案例

第1　乙の罪責について

　1　乙は，殺人未遂罪の被疑者という「罰金以上の刑に当
　　たる罪を犯した者」（刑法103条。以下法名省略）である
　　甲の身代わりとして警察署に出頭している。
　　　　これは，蔵匿以外の方法により官憲の発見逮捕を免れ
　　させるいっさいの行為に包含されるから，「隠避」にあ
　　たる。
　　　　したがって，乙の行為には犯人隠避罪（103条後段）
　　が成立し，乙はその罪責を負う。
　2　もっとも，甲のいとこである乙は，訴追および処罰を
　　免れさせる目的で，甲の身代わり出頭をしたといえる。
　　　　これは，「親族」（105条。なお，民法725条1号参照）
　　が犯人甲の「利益のために」犯した行為といえる。
　　　　したがって，その刑は任意的に免除される（105条）。

第2　丙の罪責について

　　　丙は，甲が本件殺人未遂事件の被疑者という「罰金以上
　　の刑に当たる罪を犯した者」（103条）として逮捕・勾留さ
　　れた後に，甲の身代わりとして警察署に出頭している。
　　　　そこで，すでに逮捕・勾留された犯人のための身代わり
　　出頭が「隠避」（103条後段）にあたるかが問題となる。

　1　この点について，犯人隠避罪の保護法益は，捜査，審
　　判および刑の執行等広義における刑事司法の作用である。
　　　　そして，現になされている身体の拘束を免れさせるよ
　　うな性質の行為も，上記保護法益を侵害するといえる。
　　　　したがって，すでに逮捕・勾留された犯人のための身
　　代わり出頭は「隠避」にあたると解する（判例に同旨）。
　2　そうすると，丙の身代わり出頭は「隠避」にあたる。
　3　なお，本罪は抽象的危険犯と解されるから，本問のよ
　　うに出頭によって甲の逮捕・勾留を解くにはいたらなか
　　ったとしても，「隠避」にあたると考える。
　4　よって，丙の行為には犯人隠避罪（103条後段）が成
　　立し，丙はその罪責を負う。

第3　甲の罪責について

　1　まず，甲は，Aの胸を殺意をもってバタフライナイフ
　　で刺しているものの，Aに重傷を負わせたにすぎない。
　　　　したがって，甲の行為には殺人未遂罪（203条，199
　　条）が成立する。
　2　次に，甲が，乙に身代わりになるように唆した行為に
　　つき，犯人隠避罪の教唆犯（61条1項，103条後段）の
　　成否を検討する。
　⑴　まず，犯人自身が身を隠しても不可罰であるのに，
　　　犯人が他人を教唆して自己を隠避させた場合には，犯
　　　人隠避罪の教唆犯が成立するのかが問題となる。
　　　ア　この点について，犯人自身の単なる隠避行為が罪

→客体

→行為。大判大正4年8月24日
　（刑録21輯1244頁）。「隠避」の
　定義につき，大判昭和5年9月
　18日（刑集9巻668頁）
→結論・問いに答える

→問題点の抽出

→認定

→結論

→客体

→論点の問題提起

→保護法益。後掲判例のフレーズ
　を参考にした

→保護法益からの帰結

→論点の結論（論点の問題提起に
　対応させる）
⇨最決平成元年5月1日（判例シ
　リーズ100事件）
→問題文の事実に配慮
⇨大谷（各）613頁

→結論・問いに答える

→結論

→問題点の指摘

→論点の問題提起

→自己隠避行為の不処罰根拠

5

10

15

20

25

30

35

40

とならない根拠は，この行為が刑事訴訟法における
被告人の防御の自由の範囲内に属するからである。

後掲判例のフレーズを参考にした

　ところが，他人を教唆してまで隠避の目的を達成
しようとするのは防御権の濫用であり，もはや法の
放任する防御の範囲を逸脱する。

➡防御権の濫用がキーワード

　したがって，この場合は，犯人隠避罪の教唆犯は
成立すると解する（判例に同旨）。

➡論点の結論
⇨最決昭和35年7月18日（刑集14
　巻9号1189頁）等

　イ　そうすると，甲に犯人隠避罪の教唆犯が成立する。

➡結論
➡問題点の抽出

(2)　そうだとしても，乙は甲のいとこであり，甲は，犯
人の「親族」（105条）である乙に教唆行為をしている。

　そこで，犯人の親族への教唆行為は，105条により
刑が任意的に免除されないかが問題となる。

➡論点の問題提起

　ア　この点について，105条の根拠は，期待可能性が
乏しいことによる責任の減少にある。

➡根拠
⇨前田（各）484頁以下参照

　そして，犯人の親族への教唆行為も，期待可能性
が乏しいといえ，責任の減少が認められる。

　したがって，犯人の親族への教唆行為も，105条
により刑が任意的に免除されると解する。

➡論点の結論（論点の問題提起に
　対応させる）

　イ　そうすると，甲は，105条により犯人隠避罪の教
唆犯の刑が任意的に免除される。

➡結論

3　以上より，甲は，殺人未遂罪（203条，199条），犯人
隠避罪の教唆犯（61条1項，103条後段）の罪責を負う。

➡問いに答える

　両罪は，手段・結果の関係にない別個の行為によるの
で（54条1項後段参照），併合罪（45条前段）となり，
ただ，犯人隠避罪の教唆犯の刑は任意的に免除される。

➡罪数処理

第4　丁の罪責について

1　丁が丙に身代わりになるよう唆した行為につき，犯人
隠避罪の教唆犯（61条1項，103条後段）が成立する。

➡結論

2　そうだとしても，丁は，甲の妹であり，犯人の「親
族」（105条）にあたる。

➡問題点の抽出

　そこで，親族の他人への教唆行為は，105条により刑
が任意的に免除されないかが問題となる。

➡論点の問題提起

(1)　この点について，105条の根拠は，前述のとおり，
期待可能性が乏しいことによる責任の減少にある。

➡根拠

　そして，他人を介そうと，犯人の親族が親族たる犯
人のために隠避する以上，期待可能性が乏しいことに
よる責任の減少があることに変わりはない。

　したがって，親族の他人への教唆行為も，105条に
より刑が任意的に免除されると解する。

➡論点の結論（論点の問題提起に
　対応させる）

(2)　そうすると，丁は，105条により犯人隠避罪の教唆
犯の刑が任意的に免除される。

➡結論

3　以上より，丁は，犯人隠避罪の教唆犯（61条1項，
103条後段）の罪責を負い，ただ，その刑は任意的に免
除される。　　　　　　　　　　　　　　　　　以上

➡問いに答える

1 乙の罪責について

 (1) 甲は，殺人未遂罪の被疑者なので，「罰金以上の刑に
    当たる罪を犯した者」（103条）である。

    そして，「隠避」（同条後段）とは蔵匿以外の方法によ
    り捜査機関の発見逮捕を免れさせる行為をいうところ，
    乙が甲の身代わりとして警察署に出頭している行為はこ
    れにあたる。

    よって，乙の行為には犯人隠避罪が成立する。

 (2) ただ，乙は甲のいとこだから「親族」（105条）にあた
    り，乙の刑を免除することができる。

2 丙の罪責について

 (1) 甲は殺人未遂罪の被疑者なので「罰金以上の刑に当た
    る罪を犯した者」（103条）であるところ，丙は甲の逮
    捕・勾留後に身代わり出頭をしているので，この行為は
    「隠避させた」（103条後段）といえないのではないか。

 (2) そもそも，本罪の保護法益の本質は国の刑事司法作用
    の円滑な運用であるところ，身代わり出頭をすることに
    よって本人の身柄拘束状態に変化をもたらす可能性があ
    る以上，本罪の保護法益の本質を害するものである。

    よって，丙の行為は「隠避させた」といえると考える。

 (3) ただ，本問では，丙の出頭によって甲の逮捕・勾留を
    解くには至っていない。

    しかし，本罪の成立については，現に刑事司法が害さ
    れたか，その危険が具体的に生じたかを問わないと解す
    べきであるから（抽象的危険犯），問題はない。

 (4) 以上により，丙の行為には犯人隠避罪が成立する。

3 甲の罪責について

 (1) 甲はAの胸を殺意をもってバタフライナイフで刺して
    いるが，Aは重傷を負ったにとどまるから，甲の行為に
    は殺人未遂罪（203条，199条）が成立する。

 (2) 甲が乙に対して身代わりになるように唆した行為は，
    犯人隠避罪の教唆犯（61条1項，103条後段）が成立す
    るのか。自己隠避は処罰されないから，犯人の教唆行為
    も処罰されないのではないか。

    ア この点について判例は，防御権の濫用を根拠に，犯
       人の教唆行為は処罰されるとする。

       しかし，自己隠避が処罰されない理由は，犯人がそ
       のような行為をすることは無理もないという期待可能
       性の欠如にあるところ，このように犯人の正犯として
       の隠避に期待可能性が認められないとする以上，それ
       より軽い罪である教唆について期待可能性が認められ
       るとするのは不当である。

       よって，犯人の教唆行為は処罰されないと考える。

    イ なお，乙は甲のいとこであるから，本問は犯人の親

5

10

15

20

25

30

35

40

⇐○構成要件にあてはめる姿勢
OK

⇐○「隠避」の定義を示して，構
成要件にあてはめる姿勢OK

⇐○結論OK

⇐△「利益のため」についてあて
はめてほしい。また，民法725
条1号を示したほうがよい

⇐○問題の所在OK

⇐○保護法益からの論述OK

⇐△抽象論とあてはめを分けるべ
き
⇐○問題文にくらいつく姿勢OK

⇐○よく理解している。なお，具
体的危険犯とする立場もある

⇐○結論OK

⇐○行為の抜きだしOK

⇐○結論OK

⇐○問題の所在OK

⇐○判例の指摘OK

⇐○自己隠避の不処罰根拠（理由）
から丁寧に論述している

⇐○問題文にくらいついている

族への教唆行為の事例である。　　　　　　　　　　　　　45

　　このような事例において，教唆犯は成立するが，親族の刑が免除されるのに準じて犯人の刑を免除すべきとの見解がある。

　　しかし，この見解は，犯人といえども他人を教唆して自己を庇護させる行為には期待可能性がないとして，50他人を教唆する場合に教唆犯の成立を認めるのであるから，親族を教唆する場合にも，当然，教唆犯の成立を認めるべきこととなるはずである。

　　にもかかわらず，この見解は，刑の免除を認めており，矛盾する疑いがある。　　　　　　　　　　　　55

　ウ　よって，甲の行為には犯人隠避罪の教唆犯は成立しない。

⑶　以上により，甲には殺人未遂罪のみが成立する。

4　丁の罪責について

⑴　丁は丙に対して甲の身代わりになるよう唆しているの60で，丁の行為には犯人隠避罪の教唆犯（61条1項，103条後段）が成立する。

⑵　ただ，丁は，犯人甲の妹（「親族」（105条））であり，親族の他人への教唆行為は刑が免除されうるのではないか。　　　　　　　　　　　　　　　　　　　　　65

　　そもそも，親族間の犯罪に関する特例（105条）の根拠は，期待可能性の程度が低く，責任が減少すると認められることにある。

　　そうであるなら，正犯としての期待可能性が減少するとされる以上，それより軽い罪である教唆について期待70可能性が減少されないとするのは不当である。

　　よって，親族の他人への教唆行為は刑が免除されうると考える。

⑶　以上により，丁の行為には犯人隠避罪の教唆犯（61条1項，103条後段）が成立するも，その刑は免除されう75る（105条）。

　　　　　　　　　　　　　　　　　　　以上

◀○他説の指摘は必須ではないが，本事例では指摘があると，問題の所在を示しやすいであろう

◀△見解の批判として，不十分である

◀○結論OK

◀○前提OK

◀○105条の根拠からの論述OK

◀○結論OK

答案作成上の注意点

　乙の罪責について。身代わり犯人の自首自体は「隠避」（103条後段）にあたると解されている。したがって、本問では「隠避」の定義を織り込みつつ、簡単に認定すれば足りるであろう。

　丙の罪責について。本犯がすでに逮捕・勾留されている場合であり、この場合には身代わり犯人の出頭が「隠避」にあたるか否かについて争いがあるので、保護法益や趣旨から最低限の論証が必要である。また、問題文に「甲の逮捕・勾留を解くにいたらなかった。」という事実から、103条が抽象的危険犯であること（通説）にも触れる必要がある。

　甲の罪責について。①犯人による隠避教唆が問題になる。判例は、防御権の逸脱を根拠に共犯成立説を採用している。②①の説を前提として、犯人による親族への教唆と105条の適否が問題となる。通説は、親族の刑の免除に準じて犯人等の刑も免除とするが、一貫した論述をすればよい。

　丁の罪責について。親族の他人への教唆と105条の適否が問題となる。判例は、この場合も共犯成立説を採用しているが、105条の根拠（期待可能性が乏しいことによる責任の減少）にさかのぼって論述をすれば判例と異なる見解でも問題ない。

答案構成

第1　乙の罪責
1　乙は、「罰金以上の刑に当たる罪を犯した者」を「隠避」したので、犯人隠避罪（103条後段）が成立し、その罪責を負う
2　もっとも、「親族」（105条）が犯人の「利益のために」犯した行為
　　したがって、その刑は任意的に免除
第2　丙の罪責
　　丙は、甲が「罰金以上の刑に当たる罪を犯した者」として逮捕・勾留された後に、身代わり出頭した行為が「隠避」にあたるか
1　保護法益は、広義の刑事司法の作用
　　そして、身体の拘束を免れさせる性質の行為も、上記保護法益を侵害
　　したがって、「隠避」にあたる
2　すると、身代わり出頭は「隠避」
3　なお、抽象的危険犯だから、逮捕・勾留を解くにはいたらなくても、「隠避」
4　よって、丙には犯人隠避罪（103条後段）が成立し、その罪責を負う
第3　甲の罪責
1　殺人未遂罪（203条、199条）が成立
2　身代わりになるように唆した行為
　(1)　犯人が他人を教唆して自己を隠避させた場合、犯人隠避罪の教唆犯の成否
　　ア　自己隠避行為の不処罰根拠は、防御の自由の範囲内に属するから

　　ところが、他人の教唆は防御権の濫用であり、防御の範囲を逸脱
　　　犯人隠避罪の教唆犯は成立
　　イ　すると、甲に同罪が成立
　(2)　としても、甲は、犯人の「親族」（105条）である乙に教唆
　　そこで、犯人の親族への教唆行為は、その刑が任意的に免除されないか
　　ア　犯人の親族への教唆行為も、105条の根拠が妥当
　　　したがって、刑が任意的に免除
　　イ　すると、甲は刑が任意的に免除
3　以上より、甲は、殺人未遂罪、犯人隠避罪の教唆犯（61条1項、103条後段）も罪責を負い、両罪は併合罪（45条前段）、後者の刑は任意的免除
第4　丁の罪責
1　犯人隠避罪の教唆犯が成立
2　としても、丁は「親族」（105条）
　　そこで、親族の他人への教唆行為は、その刑が任意的に免除されないか
　(1)　他人を介そうと105条の根拠が妥当
　　　したがって、刑が任意的に免除
　(2)　すると、丁は、刑が任意的に免除
3　丁は、犯人隠避罪の教唆犯の罪責を負い、その刑を任意的に免除

以上

【参考文献】

試験対策講座・刑法各論9章3節②【2】・③【4】・④【1】(3)(a)。判例シリーズ100事件。条文シリーズ103条②2(2)、105条②3(1)・(3)。

第2部

応用編

以下の事例に基づき，甲の罪責について論じなさい。

1　甲（35歳）は，無職の妻乙（30歳）及び長女丙（3歳）と，郊外の住宅街に建てられた甲所有の木造2階建て家屋（以下「甲宅」という。）で生活していた。甲宅の住宅ローンの返済は，会社員であった甲の給与収入によってなされていた。しかし，甲が勤務先を解雇されたことから，甲一家の収入が途絶え，ローンの返済ができず，住宅ローン会社から，甲宅に設定されていた抵当権の実行を通告された。甲は就職活動を行ったが，再就職先を見つけることができなかった。このような状況に将来を悲観した乙は，甲に対して，「生きているのが嫌になった。みんなで一緒に死にましょう。」と繰り返し言うようになったが，甲は，一家3人で心中する決意をすることができず，乙に対して，その都度「もう少し頑張ってみよう。」と答えていた。

2　ある日の夜，甲と丙が就寝した後，乙は，「丙を道連れに先に死のう。」と思い，衣装ダンスの中から甲のネクタイを取り出し，眠っている丙の首に巻き付けたうえ，絞め付けた。乙は，丙が身動きをしなくなったことから，丙の首を絞め付けるのをやめ，台所に行って果物ナイフを持ち出し，布団の上で自己の腹部に果物ナイフを突き刺し，そのまま横たわった。甲は，乙のうめき声で目を覚ましたところ，丙の首にネクタイが巻き付けられていて，乙の腹部に果物ナイフが突き刺さっていることに気がついた。甲が乙に「どうしたんだ。」と声を掛けると，乙は，甲に対し，「ごめんなさい。私にはもうこれ以上頑張ることはできなかった。早く楽にして。」と言った。甲は，「助けを呼べば，乙が丙を殺害したことが発覚してしまう。しかし，このままだと乙が苦しむだけだ。」と考え，乙殺害を決意し，乙の首を両手で絞め付けたところ，乙が動かなくなり，うめき声も出さなくなったことから，乙が死亡したと思い，両手の力を抜いた。

3　その後，甲は，「乙が丙を殺した痕跡や，自分が乙を殺した痕跡を消してしまいたい。家を燃やせば乙や丙の遺体も燃えるので焼死したように装うことができる。」と考え，乙と丙の周囲に灯油をまき，ライターで点火した上，甲宅を離れた。その結果，甲宅は全焼し，焼け跡から乙と丙の遺体が発見された。

4　乙と丙の遺体を司法解剖した結果，両名の遺体の表皮は，熱により損傷を受けていること，乙の腹部の刺創は，主要な臓器や大血管を損傷しておらず，致命傷とはなりえないこと，乙の死因は，頸部圧迫による窒息死ではなく，頸部圧迫による意識消失状態で多量の一酸化炭素を吸引したことによる一酸化炭素中毒死であること，丙の死因は，頸部圧迫による窒息死であることが判明した。

[1]はじめに

　本問は，一家の無理心中をめぐって，行為者の行為の介在と因果関係，事実の錯誤，証拠隠滅罪等に関する理解とその事例へのあてはめの適切さを問うものである。同意殺人罪，放火罪，証拠隠滅罪など，各論のなかでも比較的マイナーな罪責の検討を注意深く行うことが必要である。刑法総論についての問題は，論点落としを防ぐために，実行行為→結果→因果関係→構成要件的故意→違法性阻却事由→責任阻却事由という検討事項を常に意識して検討することが大切である。

　本問では甲の罪責のみが問われているため，甲の行為を時系列に沿って順に検討していくことになる。

[2]設問

1　甲が乙の首を両手で絞めた行為について

　本問では，甲が乙の首を絞めた際，乙からの嘱託が存することから，同意殺人罪の検討を要する。現場で普段検討したことのない罪責を検討する際に注意してほしいことは，条文の文言から離れないということである。本問では，乙は甲に対して「早く楽にして。」と申し向けていることから，202条のなかでも「嘱託」殺人が問題となることに気づいてほしい。「嘱託」は，被害者の真意に基づくものである必要がある，という知識がなかったとしても，事実を引用し，「嘱託」に該当するかを丁寧に認定すれば十分である。

　次に，甲の上記行為と死との間に因果関係が存するかが問題となる。本問において甲は，乙を殺そうと首を絞め付け（第1行為），動かなくなった乙を死体と誤信して甲宅に放火し（第2行為），乙を一酸化炭素中毒死させている。このように第1行為で結果を発生させたと思った行為者が，第2行為を行ったところ，第2行為によりはじめて結果が生じた事例は，講学上「ウェーバーの概括的故意」の事例とよばれている。このような事例の処理については，第1行為と結果との間の因果関係の問題として処理する見解が現在では有力であることから（山口231頁），答案例もそのように処理している。なお，その他の見解として，第1行為と第2行為を一体として捉え，因果関係についての行為者の予見と現実とが相当因果関係の範囲内にあるかぎり，故意既遂犯の成立が認められるとするものがある。このような見解に立った場合も，結論は答案例と同様であろう。

　さらに，答案例のように処理し，因果関係を肯定した場合には，甲が想定していた因果経過と実際に生じた因果経過が異なるため因果関係の錯誤が問題となる。

　因果関係の錯誤の論点については，各自の自説に従って論述してほしい。

2　甲が甲宅にライターで点火した行為について

(1)　放火の罪について

　甲の上記行為について，もっとも注意すべきは主観と客観のズレである。客観的には，乙は甲による放火の時点では生存しており，甲の放火行為は，現住建造物放火罪（108条）の客観的構成要件に該当する。しかし，甲は「乙が丙を殺した痕跡や，自分が乙を殺した痕跡を消してしまいたい。」と考え放火しており，放火時に甲宅には生存者はいないと認識している。そのため，非現住建造物等放火罪（109条）の故意を有しているといえる。したがって，重い罪である108条の故意を有していない本問では，甲に現住建造物放火罪は成立しないことになる（38条2項）。

　ここで注意してほしいことは，甲が自己所有の建物を放火していることをもって自己所有非現住建造物放火罪（109条2項）の故意を有しているとすることは間違いである，ということである。甲宅には抵当権が設定されていることから，甲宅は「物権を負担し」た不動産にあたり，甲宅は他人所有として扱われる（115条）。そして，甲は甲宅に物権が設定されているという客観的事実を認識している。そのうえで甲宅に放火している以上，甲は他人所有非現住建造物放火罪（109条1項）の故意を有しているといえるのである。115条は論文式試験ではあまりなじみのない条文であるが，短答式試験の勉強で学んだことがあるはずである。短答式試験の学習にあたっても，論文式試験を意識して学習をしていれば，115条が適用されることに気づくことができるだろう。A評価を受けた再現答案は115条に気づき，これを明示したうえで109条1項の罪責を検討したものが比較的多い。

刑法でA評価を確実に狙うのであれば，短答式の学習においても論文式試験を意識した学習を心掛けてほしい。

　次に，上記甲の主観に対応した，客観的構成要件該当性が認められるかが問題となる。答案例のように，保護法益・行為態様において共通性・類似性があり，実質的な重なり合いが認められる場合には，その範囲で客観的構成要件該当性が認められるとする立場からは，他人所有非現住建造物放火罪（109条1項）が成立することになる。

⑵　証拠隠滅の罪について

　さらに，乙が丙を殺害した痕跡を消す目的をもって放火行為を行っていることから，証拠隠滅罪（104条前段）の検討が求められる。証拠隠滅罪は「他人の刑事事件に関する証拠」を隠滅する行為を対象とする規定であり，自己の刑事事件に関する証拠を隠滅する場合には，期待可能性が乏しいことを理由に同罪は成立しない。本問では，自己の刑事事件の証拠であると同時に他人の刑事事件の証拠でもあるものを隠滅しようとしていることから，証拠隠滅罪が成立するかが問題となる。

　この点については諸説ある。もっぱら自己の利益のために隠滅等を行う場合には，同罪の成立を否定するという見解に立てば，本問においても，証拠隠滅罪の成立は否定されることになろう。

　他方，自己の刑事事件の証拠であっても，それが同時に他人の刑事事件の証拠である場合には，同罪の客体となるという見解からは，答案例のようになる。答案例では紙面の都合上論点として展開はしていないが，紙面に余裕がある場合には書いておきたい論点である。

　以上のことからもわかるように，予備試験では4頁内にすべての論点を書き切ることは難しい。答案例や優秀答案を見て，どのような点に気をつければバランスのよい答案を書くことができるか，各自考えてほしい。

【関連判例】

大判大正12年4月30日刑集2巻378頁（判例シリーズ5事件）

最決昭和61年6月9日刑集40巻4号269頁（百選Ⅰ43事件）

【参考文献】

試験対策講座・刑法総論7章2節③，8章2節③【4】・④【3】⑴，刑法各論5章2節⑤【1】，9章3節③【1】。判例シリーズ5事件。条文シリーズ38条②1(6)(c)・(d)，104条②1⑴，108条③2，109条②2，115条。

山口厚「刑法総論［第3版］」231頁。

答案例

第1　まず，甲が乙の首を両手で絞め付けた行為について，同意殺人罪（202条後段）が成立しないか。

1　そもそも，上記行為が同意殺人罪の実行行為といえるか。上記行為が同罪の実行行為といえるためには，被害者の「嘱託」が存在する必要があるところ，本問において，乙が甲に自己の殺害を「嘱託」したといえるかが問題となる。 ➡問題提起

(1)　そもそも，同意殺人罪が通常の殺人罪に比して法定刑が軽い根拠は，被害者の真意に基づく意思決定が存在することで違法性が減少する点にある。そこで，「嘱託」は，被害者の真意に基づくものである必要があると解する。 ➡根拠 ➡解釈

(2)　これを本問についてみると，乙は以前から死を望む発言を繰り返しており，みずから腹部にナイフを突き刺すという相当な覚悟が必要な行為も行っている。また，乙は道連れにする意図で丙を殺害している。そうだとすれば，乙はみずからの死を固く決意しており，真意に基づいて「早く楽にして」との発言をしたものと考えられる。 ➡あてはめ

(3)　したがって，乙は甲に自己の殺害を「嘱託」したといえ，上記行為は同意殺人罪の実行行為といえる。 ➡結論

2　次に，本問において，甲の行為と乙の死亡結果との間には行為者たる甲の放火行為が介在しているが，甲の行為と乙の死亡結果との間に因果関係が認められるか。 ➡問題提起

(1)　因果関係は，行為者の実行行為に結果を帰属することができるかという問題であるから，条件関係を前提に，行為の危険が結果に現実化した場合に因果関係が認められると解する。

(2)　これを本問についてみると，甲が乙の首を絞めなければ，乙が多量の一酸化炭素を吸引し，死亡することはなかったのであるから，条件関係は認められる。 ➡あてはめ

　　また，たしかに，乙の死亡結果の直接の原因となったのは放火行為である。しかし，みずから乙を殺害した甲が，その証拠を隠滅するために殺人の現場である甲宅に放火することは，それほど異常なこととはいえない。甲が放火行為に及んだのは，乙の首を絞める行為があったからであり，放火行為は首を絞める行為と連続性を有するものといえる。そのため，甲が乙の首を絞めた行為は，放火行為を経由して乙を死にいたらしめる危険を有しており，乙の死はその危険が現実化したものである。

(3)　よって，甲の行為と乙の死との間に因果関係が認められる。 ➡結論

3　もっとも，甲は乙を窒息死させる認識しか有しておらず，因果関係に錯誤がある。このような場合に故意（38条1項本文）が認められるか。 ➡問題提起

(1)　因果関係は構成要件要素であるものの，認識した事実と生じた事実とは構成要件要素という抽象的なレベルで符合していれば足りる（法定的符合説）。そのため，行為者が認識した因果経過と現実の因果経過が食い違っていても，予見した因果経過と現実の因果経過が構成要件の範囲内で符合していれば，両者

の食い違いは構成要件的評価にとって重要ではないといえ，故 45
　　意が認められると解する。

　（2）　本問では，甲が予見した因果経過と現実の因果経過はいずれ　→あてはめ
　　も同意殺人罪という同一の構成要件内で符合しているため故意
　　が否定されることはない。

　（3）　したがって，甲に故意が認められる。 50　→三段論法の帰結

　4　よって，甲の上記行為に同意殺人罪が成立する。 →結論

第2　次に，甲が甲宅にライターで点火した行為について，現住建造 →問題提起
　物放火罪（108条）が成立しないか。

　1　まず，上記行為時，乙は生存していたのであり，甲宅は「現に →客観的構成要件
　　人が住居に使用」している「建造物」にあたり，これにライター 55
　　で点火する行為は現住建造物放火罪の客観的構成要件に該当する。

　2　しかし，甲は上記行為時に乙はすでに死亡していると考えてい →故意がないこと
　　たのであるから，甲に同罪の故意は認められない。

　3　よって，甲の上記行為に同罪は成立しない（38条2項）。 →結論

第3　では，同行為について，他人所有非現住建造物放火罪（109条 60
　1項）が成立しないか。

　1　まず，甲宅は甲の所有物であるが，抵当権の設定を受けており， →他人所有と扱われるこ
　　「物権を負担し」ているから，他人所有といえる（115条）。しか 　と
　　し，甲の行為は客観的には現住建造物放火罪の構成要件に該当す
　　るものである。そこで，非現住建造物放火罪の客観的構成要件該 65　→問題提起
　　当性が認められるかが問題となる。

　（1）　そもそも，客観的構成要件該当性は実質的に考えるべきであ →軽い客観的構成要件該
　　るから，行為者の認識した犯罪と現に発生した犯罪との間に， 　当性の判断基準
　　保護法益・行為態様において共通性・類似性があり，実質的な
　　重なり合いが認められる場合には，その範囲で客観的構成要件 70
　　該当性が認められると解する。

　（2）　これを本問についてみると，現住建造物放火罪と非現住建造 →あてはめ
　　物放火罪とは，不特定多数人の生命・身体・財産という保護法
　　益および放火という行為態様において共通しており，非現住建
　　造物放火罪の範囲で実質的に重なり合っている。 75

　（3）　したがって，甲の上記行為は他人所有非現住建造物放火罪の →三段論法の帰結
　　客観的構成要件に該当する。

　2　また，甲には同罪の故意も認められる。 →故意があること

　3　よって，上記行為に他人所有非現住建造物放火罪が成立する。 →結論

第4　さらに，同行為は乙による丙殺害の証拠を隠滅するものである 80　→端的な認定
　から，同行為に証拠隠滅罪（104条前段）が成立する。ただし，乙
　は甲の「親族」にあたるから，その刑は免除されうる（105条）。

第5　そして，同行為により丙の遺体の表皮は損傷しているから，同 →端的な認定
　行為に死体損壊罪（190条）が成立する。

第6　以上より，①同意殺人罪，②他人所有非現住建造物放火罪，③ 85　→罪数処理
　証拠隠滅罪，④死体損壊罪が成立する。②③④は観念的競合（54条
　1項前段）となり，これと①は併合罪（45条前段）としてその罪責
　を負う。 以上

1　甲は，乙の首を両手で締め付けており，後に乙死亡の結果が発生
　しているが，乙には，甲により殺害される点について，同意がある
　と思われるので，甲のかかる行為につき，甲に同意殺人罪（202条
　後段）が成立しないか。

(1)　まず，乙は，甲により首を絞めて殺される点について，同意が
　　あるといえる。なぜなら，乙は丙を殺して，自らも腹にナイフを
　　刺すなどして死を覚悟した状態で，甲に対し，「早く楽にして」
　　との言葉を述べているからである。

◁△条文の文言にひきつけて論じられるとよかった

(2)　しかしながら，乙の死亡結果は，窒息によるものではなく，甲
　　の放火行為による一酸化炭素中毒により生じており，甲の上記行
　　為と乙の死亡との間に因果関係が認められないのではないか問題
　　となる。

◁○事実を引用しながら問題の所在を示している

　ア　因果関係は，社会通念を基礎とした違法有責類型たる構成要
　　　件該当性の問題であるところ，条件関係の存在を前提に，当該
　　　行為から当該結果が発生することが社会通念上相当といえるか
　　　により判断すべきである。
　　　　そして，その基礎事情としては，行為時において一般人が認
　　　識予見しえた事情及び，行為が主観と客観の総合であることか
　　　ら，犯人の認識していた事情を基礎として，行為時に一般人の
　　　判断により結果発生が社会通念上相当であったかという基準に
　　　より判断すべきである。

　イ　これを本問についてみると，まず，甲の行為と乙の死の結果
　　　に条件関係はある。次に，一般人の目から見て，甲が罪証隠滅
　　　をはかるため，乙を絞殺した上で，自宅に火を放つことは，妻
　　　たる乙が甲乙の子丙を殺したこともあわせて考えると，社会通
　　　念上相当といえる。

◁○条件関係と相当性を明確に論じられている

　ウ　よって，甲の首を絞める行為と乙の死の結果には因果関係が
　　　ある。

(3)　因果関係はあるとしても，甲は自ら乙の首を絞めたことにより
　　乙を死亡させたと考えているから，甲には因果関係の錯誤があり，
　　甲に故意が認められないことにならないか。なぜなら，因果関係
　　も構成要件要素と考える以上，これについての認識・認容がなけ
　　れば，行為の結果を帰責することはできないからである。

　ア　この点については，実際に生じた因果の流れと，行為者の想
　　　定した因果の流れが，相当因果関係の範囲内に収まっている場
　　　合には，因果関係について錯誤はなく，これについての故意を
　　　認めうると解する。

　イ　これを本問についてみると，すでに見たように，甲が乙を絞
　　　首した後甲の放火により乙の死亡の結果が生じたという因果の
　　　流れは相当因果関係の範囲内にあるといえる。また，甲の想定
　　　していた，乙の絞死の因果の流れもまた同様である。

◁○規範に対応したあてはめができている

　ウ　ゆえに，本行為について因果関係の錯誤はなく，因果関係に
　　　ついて故意に欠けるところはない。

(4)　また，甲には，他の構成要件要素について故意に欠けるところ

はない。　　　　　　　　　　　　　　　　　　　　　　　45

　(5)　以上より，甲の上記絞首行為につき，甲に同意殺人罪が成立する。

2　甲は，乙が丙を殺した痕跡を消し去ろうとして，自宅に放火してこれを全焼させており，甲には「証拠隠滅罪（104条）」が成立する。

　　なぜなら，甲は「他人」たる妻が，丙を殺害したという「刑事事件」の「証拠」となる丙の死体を放火により減失させることで，これを「変造」したといえるからである。そして，甲にはこれについて故意に欠けるところはない。

⇐△「　」の中に罪名を書くという書き方はしないほうが無難である

⇐×「変造」ではなく「隠滅」である

3　また，甲の同じ行為は，死体損壊罪（190条）を構成し，甲には，同罪も成立する。なぜなら，甲の放火当時，丙はすでに死亡しており，甲の放火により丙の死体は，「損壊」されたといえるからである。また，甲に，この行為について故意にかけるところはない。　55

⇐○死体損壊の点も落とさず認定できている

4　最後に，甲がライターにより，自宅に火を放って，これを全焼させた行為について，甲に，他人所有の非現住建造物等放火罪（109条1項）が成立しないか。甲の自宅には，ローンが残っており，他人所有とみなされる（115条）。　　　　　　　　　　　60

⇐○他人所有であることを指摘できている

　(1)　まず，甲は，他人所有の非現住建造物等放火罪の故意を有しながら，現実には，甲の放火当時，乙は死亡しておらず，現住建造物等放火罪の結果を発生させている。しかし，甲にその故意が無いことから，甲には，重い後者の罪は成立しない（38条2項）。　65

⇐△この記載について，優秀答案における採点実感を参照

　(2)　では，甲の行為は，他人所有の非現住建造物等放火罪の客観的構成要件に該当するか。

　　ア　この点，法益保護の観点より，構成要件は，規範的，実質的に判断すべきであり，保護法益や侵害態様について重なり合いの認められる範囲で構成要件該当性を認めるべきである。　70

　　イ　これを本問についてみると，現住建造物等放火罪も他人所有の非現住建造物等放火罪も，保護法益は，社会の公共の安全と個人財産であり一致している。また，侵害態様も，建物に火を放つという点で共通する。よって，両罪は，他人所有の非現住建造物等放火罪の範囲で重なっているといえる。　75

⇐○規範に対応したあてはめができている

　　ウ　よって，甲の行為は，他人所有の非現住建造物等放火罪の客観的構成要件に該当する。

　(3)　以上より，甲の放火行為について，他人所有の非現住建造物放火罪が成立する。

5　罪数　　　　　　　　　　　　　　　　　　　　　　　80

　　甲には，①同意殺人罪，②証拠隠滅罪，③死体損壊罪，④他人所有の非現住建造物等放火罪が成立する。

　　そして，②，③，④は，同一の行為によりなされていることから，観念的競合となり（54条1項前段），これらと①とは併合罪（45条前段）となる。　　　　　　　　　　　　　　　85

　　　　　　　　　　　　　　　　　　　　　　　　以上

本問は，甲が，無理心中を図って子丙を殺害した妻乙から乙殺害の嘱託を受け，殺意をもって乙の首を絞め，乙が死亡したものと誤信し，乙及び丙それぞれの殺害に関する証拠を隠滅する目的で犯行現場である甲宅に放火し，甲宅を全焼させるとともに，乙と丙の遺体を焼損させたが，乙の死因は放火による一酸化炭素中毒であったという事案を素材として，事案を的確に分析する能力を問うとともに，行為者の行為の介在と因果関係，事実の錯誤，証拠隠滅罪等に関する理解とその事例への当てはめの適切さを問うものである。

優秀答案における採点実感 ▍▍

1 全体

全体をとおしてバランスよく検討すべき罪責を検討できている。論点を多少落としてはいるものの，主要な論点は網羅しており，十分なA評価答案であろう。また，論点について論述する際に，問題提起→規範定立→あてはめ→結論という法的三段論法がしっかりと守られている点が好印象である。以下，行為ごとに検討する。

2 設問

1 甲が乙の首を両手で締めた行為について

本問は，甲は「早く楽にして。」と述べる乙を殺害しようとしていることから，このような乙の発言が「嘱託」行為といえるかどうかが問題となる。しかし，優秀答案では，同意があるかどうかという点を検討しており，問題点を捉えられていない。問題文の事情から，乙のほうから甲に殺害を頼んでいることを適切に把握し，「嘱託」の問題であることに気づいてほしかった。

また，同意の問題として書くとしても，「承諾」（202条後段）という条文の文言を丁寧に引用して検討するべきであり，この点は残念である。今まで検討したことのない犯罪がでてきた場合には，条文の文言に問題文の具体的事実を丁寧にあてはめていくという姿勢を大切にしてほしい。

2 甲が甲宅にライターで点火した行為について

優秀答案は，本問が，自己の刑事事件の証拠と同時に他人の刑事事件の証拠も隠滅しようとしている場合であるという問題点を指摘できていない。この点は典型論点であるため，落とさないようにしたい。他方で，「他人」「刑事事件」「証拠」という条文の要件を，問題文の事実を拾い適切にあてはめている。この点は評価できるポイントであるから，参考にしてほしい。

また，他人所有の非現住建造物等放火罪（109条1項）の問題であることを，115条を明示したうえで適切に認定している点も好印象である。

しかし，優秀答案は，109条1項の罪責の検討のなかで現住建造物等放火罪（108条）を検討し，甲に現住建造物等放火罪の故意がないことを理由に現住建造物等放火罪の成立を否定している。そのような論述をしたいのであれば，109条1項の検討の前に，別途108条の検討をしたうえで，そのなかで論じるべきである。刑法の問題を解くうえでは，客観面をまず検討してから主観面を検討するという姿勢を怠らないよう注意してほしい。

以下の事例に基づき，甲及び乙の罪責について論じなさい（特別法違反の点を除く。）。

1　甲（40歳，男性）は，公務員ではない医師であり，A私立大学附属病院（以下「A病院」という。）の内科部長を務めていたところ，V（35歳，女性）と交際していた。Vの心臓には特異な疾患があり，そのことについて，甲とVは知っていたが，通常の診察では判明し得ないものであった。

2　甲は，Vの浪費癖に嫌気がさし，某年8月上旬頃から，Vに別れ話を持ち掛けていたが，Vから頑なに拒否されたため，Vを殺害するしかないと考えた。甲は，Vがワイン好きで，気に入ったワインであれば，2時間から3時間でワイン1本（750ミリリットルの瓶入り）を一人で飲み切ることを知っていたことから，劇薬を混入したワインをVに飲ませてVを殺害しようと考えた。

　甲は，同月22日，Vが飲みたがっていた高級ワイン1本（750ミリリットルの瓶入り）を購入し，同月23日，甲の自宅において，同ワインの入った瓶に劇薬Xを注入し，同瓶を梱包した上，自宅近くのコンビニエンスストアからVが一人で住むV宅宛てに宅配便で送った。劇薬Xの致死量（以下「致死量」とは，それ以上の量を体内に摂取すると，人の生命に危険を及ぼす量をいう。）は10ミリリットルであるが，甲は，劇薬Xの致死量を4ミリリットルと勘違いしていたところ，Vを確実に殺害するため，8ミリリットルの劇薬Xを用意して同瓶に注入した。そのため，甲がV宅宛てに送ったワインに含まれていた劇薬Xの量は致死量に達していなかったが，心臓に特異な疾患があるVが，その全量を数時間以内で摂取した場合，死亡する危険があった。なお，劇薬Xは，体内に摂取してから半日後に効果が現れ，ワインに混入してもワインの味や臭いに変化を生じさせないものであった。

　同月25日，宅配業者が同瓶を持ってV宅前まで行ったが，V宅が留守であったため，V宅の郵便受けに不在連絡票を残して同瓶を持ち帰ったところ，Vは，同連絡票に気付かず，同瓶を受け取ることはなかった。

3　同月26日午後1時，Vが熱中症の症状を訴えてA病院を訪れた。公務員ではない医師であり，A病院の内科に勤務する乙（30歳，男性）は，Vを診察し，熱中症と診断した。乙からVの治療方針について相談を受けた甲は，Vが生きていることを知り，Vに劇薬Yを注射してVを殺害しようと考えた。甲は，劇薬Yの致死量が6ミリリットルであること，Vの心臓には特異な疾患があるため，Vに致死量の半分に相当する3ミリリットルの劇薬Yを注射すれば，Vが死亡する危険があることを知っていたが，Vを確実に殺害するため，6ミリリットルの劇薬YをVに注射しようと考えた。そして，甲は，乙のA病院への就職を世話したことがあり，乙が甲に恩義を感じていることを知っていたことから，乙であれば，甲の指示に忠実に従うと思い，乙に対し，劇薬Yを熱中症の治療に効果のあるB薬と偽って渡し，Vに注射させようと考えた。

　甲は，同日午後1時30分，乙に対し，「VにB薬を6ミリリットル注射してください。私はこれから出掛けるので，後は任せます。」と指示し，6ミリリットルの劇薬Yを入れた容器を渡した。乙は，甲に「分かりました。」と答えた。乙は，甲が出掛けた後，甲から渡された容器を見て，同容器に薬剤名の記載がないことに気付いたが，甲の指示に従い，同容器の中身を確認せずにVに注射することにした。

　乙は，同日午後1時40分，A病院において，甲から渡された容器内の劇薬YをVの左腕に注射したが，Vが痛がったため，3ミリリットルを注射したところで注射をやめた。乙がVに注射した劇薬Yの量は，それだけでは致死量に達していなかったが，Vは，心臓に特異な疾患があったため，劇薬Yの影響により心臓発作を起こし，同日午後1時45分，急性心不全により死亡した。乙は，Vの心臓に特異な疾患があることを知らず，内科部長である甲の指示

に従って熱中症の治療に効果のあるB薬と信じて注射したものの，甲から渡された容器に薬剤名の記載がないことに気付いたにもかかわらず，その中身を確認しないままVに劇薬Yを注射した点において，Vの死の結果について刑事上の過失があった。

4　乙は，A病院において，Vの死亡を確認し，その後の検査の結果，Vに劇薬Yを注射したことが原因でVが心臓発作を起こして急性心不全により死亡したことが分かったことから，Vの死亡について，Vに対する劇薬Yの注射を乙に指示した甲にまで刑事責任の追及がなされると考えた。乙は，A病院への就職の際，甲の世話になっていたことから，Vに注射した自分はともかく，甲には刑事責任が及ばないようにしたいと思い，専ら甲のために，Vの親族らがVの死亡届に添付してC市役所に提出する必要があるVの死亡診断書に虚偽の死因を記載しようと考えた。

　　乙は，同月27日午後1時，A病院において，死亡診断書用紙に，Vが熱中症に基づく多臓器不全により死亡した旨の虚偽の死因を記載し，乙の署名押印をしてVの死亡診断書を作成し，同日，同死亡診断書をVの母親Dに渡した。Dは，同月28日，同死亡診断書記載の死因が虚偽であることを知らずに，同死亡診断書をVの死亡届に添付してC市役所に提出した。

答案構成用紙

① はじめに

　本問は，不能犯，間接正犯，因果関係といった総論のメインテーマを問う一方で，業務上過失致死罪から犯人隠避罪までバリエーションに富む犯罪の成否を検討させる各論の要素も含んだ問題であり，幅広い刑法の知識が要求されている。もっとも，合否を分けるのは，犯人隠避罪などの細かい犯罪をくまなくピックアップすることではなく，上記総論のメインテーマの部分をしっかり書けるかということである。本問を機に，だれもが書ける総論の論点が書けているかを確認してほしい。

② 設問

1　甲の罪責

(1)　ワイン瓶に劇薬Xを混入したうえでV宅宛に宅配便で送った行為について，甲が混入したXは致死量に満たないということから，上記行為の実行行為性の有無が問題となる。ここで，未遂犯と不能犯の区別が問題となる。この点について，抽象的危険説や具体的危険説など学説があるが，論理的に一貫して書けていれば，どの立場に立ってもよい。答案例は，具体的危険説に立っている。

　　また，上記行為では，甲がみずからワイン瓶をV宅に届けたわけではなく，宅配便を利用していることから，間接正犯の実行行為性が問題となる。再現答案ではこの点の検討を落としているものが散見された。宅配便で届けるという事案が出題された場合には間接正犯が問題となるのではないかということを疑うとよい。

　　さらに，ワイン瓶をVが受領していないことから，上記行為について実行の着手が認められるかが問題となる。この点については，利用者基準説（間接正犯における利用者の行為開始時点を実行の着手時期とする見解）と被利用者基準説（間接正犯における被利用者の行為開始時点を実行の着手時期とする見解）の対立があるところなので，どちらの立場でもよいが，自説がどちらであるのかは明示したほうがよいと思われる。判例（大判大正7年11月16日）は被利用者基準説に立っている。答案例は利用者基準説に立った。どちらの説に立つかによって，実行の着手の有無の結論が変わり，犯罪の成否も変わるので，ここはしっかり論じたい。

(2)　劇薬Yを乙に渡し，Vへの注射を依頼した行為について，甲は乙を利用していることから間接正犯となり，上記行為の実行行為性が問題となる。なお，この行為については，問題文の事実から，Vが死亡する危険性があったことがわかるので，不能犯は問題とならない。さらに，乙がVに劇薬Yを注射していることから，実行の着手の有無も問題とならない。

　　上記行為の実行行為性が認められるとした場合，V死亡の結果発生自体は認められるので，次に，上記行為とV死亡との間の因果関係の有無が問題となる。なぜなら，Vの死亡結果は，劇薬Yのみならず，Vの特異な心臓疾患という介在事情の影響も受けているからである。因果関係の有無の判断基準もさまざまであり，どの立場でも論理的に一貫して書けていれば問題ない。答案例は危険の現実化説に立った。危険の現実化説では，行為の危険性，介在事情の異常性と寄与度が判断要素となる。本問でいえば，劇薬Yを乙に渡したという行為の危険性，Vの抱える特異な心臓疾患の異常性とV死亡結果発生への寄与度を検討することになる。

2　乙の罪責

(1)　乙がVに劇薬Yを注射した行為について，問題文の事実から乙においてVに対する殺人罪の故意が認められないので，過失犯を検討することになる。具体的には，業務上過失致死罪の成否を検討することになる。同罪の構成要件である，「業務上」，「必要な注意を怠り」，「よって」，「死」亡させたといえるかの検討を落とさないようにしたい。「業務」のあてはめは，「業務」の定義を意識したあてはめ（社会生活上の事務，反復継続性，危害を加える危険性の3要素を盛り込んだあてはめ）をしてほしい。

　　本問では，「業務上」，「必要な注意を怠り」，「死」亡させた，の3つの構成要件該当性は争いがなく，乙の上記行為とV死亡との間の因果関係の有無，すなわち「よって」という構成要件該当性が問題となる。なぜなら，Vの死亡結果は，劇薬Yのみならず，Vの特異な心臓疾患という介在事情の影響も受けているからである。答案例は前述したように危険の現実化説に立っている。

死亡結果との因果関係を否定した場合には，上記行為に業務上過失致傷罪が成立することを忘れないようにしよう。

(2) C市役所に提出する死亡診断書に虚偽の記載をした行為に虚偽診断書作成罪，診断書をDに渡し，Dを道具としてC市役所に提出させた行為に，同行使罪が成立するところまではだれもが書けるところであろう。ここから更に，診断書を作成した行為が，もっぱら甲のために「他人の刑事事件に関する証拠を」「偽造」する行為といえることから，上記行為に証拠偽造罪が成立すること，同行為は，蔵匿以外の方法で官憲の発見・逮捕を免れさせる行為といえ，犯人隠避罪（103条後段）が成立することまで書けていれば上位答案となる。

【関連判例】
大判大正 7 年11月16日刑録24輯1352頁（判例シリーズ28事件）

【参考文献】
試験対策講座・刑法総論 6 章 3 節②，7 章 2 節③，17章 1 節③(3)，3 節②。刑法各論 1 章 4 節③【2】，6 章 4 節⑪・⑫，9 章 3 節②【2】・③。判例シリーズ28事件。条文シリーズ 2 編 7 章■ 4 節③，■5 節②2，43条■ 1 節①3(1)，■ 3 節①2，103条，104条，160条，161条，211条②1(2)。

答案例

第1　甲の罪責について
1　ワイン瓶に劇薬Xを混入したうえで，V宅宛に宅配便で送った
行為に殺人未遂罪（203条，199条）が成立するか。

(1)　まず，上記行為は，致死量に満たないXを混入するものであ
るが，殺人の実行行為たりうるか。　　　　　　　　　　　　　5

➡問題提起

ア　そもそも，実行行為性は，社会通念を基礎とした違法有責
行為類型たる構成要件該当性の問題であり，その有無は行為
時に一般人が認識しえた事実および行為者が特に認識してい
た事実を基礎に，一般人の観点から結果発生の現実的危険が
あったといえるか否かにより決する。　　　　　　　　　　　10

➡不能犯と未遂犯の区別，
　具体的危険説
➡規範定立

イ　本件で，甲は行為時にVの疾患の存在，およびVが1人で
ワイン1本を飲み切ることを知っていた。これらの事実を基
礎とすると，致死量に満たない8ミリリットルのXが入った
ワインをVに発送する行為には，疾患を有するVがこれを飲
んで死にいたる現実的危険がある。　　　　　　　　　　　15

➡あてはめ

ウ　したがって，上記行為は殺人の実行行為たりうる。

➡結論

(2)　もっとも，上記行為は宅配業者を利用しているが，他人を利
用する行為であっても実行行為性が認められるか。

➡問題提起

ア　この点について，他人を利用する場合でも，利用者が正犯
意思を有し，被利用者の行為を道具として一方的に支配・利　　20
用したような場合には，上記現実的危険が認められるから，
実行行為性が認められると考える。

➡規範定立

イ　本件では，甲にはV殺害の正犯意思が認められる。また，
宅配業者がXの存在に気づく余地はなく，ワイン瓶をそのま
まV宅に届けているから，宅配業者に規範的障害はない。そ　　25
うすると，一方的な支配・利用が認められる。

➡あてはめ

ウ　したがって，間接正犯として実行行為性が認められる。

➡結論

(3)　では，実行の着手が認められるか。Vがワイン瓶を受領して
いないことから問題となる。

➡問題提起

この点について，実行の着手時期は結果発生の現実的危険性　　30
を有する行為の開始時点であるところ，間接正犯において被利
用者の行為は因果経過にすぎないから，利用者の利用行為に現
実的危険性が認められる。そこで，利用行為の開始時点で実行
の着手が認められると考える。

➡規範定立，利用者基準
　説

本件では，甲がワインをV宅に発送した時点で利用行為を開　　35
始したといえ，この時点で実行の着手が認められる。

➡あてはめ
➡結論

(4)　よって，上記行為に殺人未遂罪が成立する。

2　劇薬Yを乙に渡し，Vへの注射を依頼した行為に殺人罪（199
条）が成立するか。

(1)　まず，上記行為は乙の行為を利用するものであるが，実行行　　40
為性が認められるか。前述の規範に従って判断する。

➡問題提起

本件で，甲にV殺害の正犯意思があり，また，乙に過失があ
るが，V殺害の認識はなく，この点について規範的障害がない
ため，一方的な支配・利用関係が認められる。

➡あてはめ

したがって，間接正犯として実行行為性が認められる。　　　45　　➡結論

（2）　もっとも，VはYだけでなく，自己の特異な心臓疾患が影響 ➡問題提起
　　して死亡しているところ，上記行為とV死亡結果との間に因果
　　関係は認められるか。

　　ア　因果関係は，行為者の実行行為に結果を帰属させることが ➡規範定立
　　　できるかという問題であるから，条件関係を前提に，行為の　50
　　　危険性が結果へと現実化したといえる場合に認められると解
　　　する。

　　イ　本件では，甲が上記行為を行わなければVの死という結果 ➡あてはめ
　　　は発生しなかったので条件関係がある。また，Vの特異な心
　　　臓疾患がV死亡に寄与しており，そもそも劇薬Yを人体に注　55
　　　射するという行為自体の危険性が高く，この危険性がV死亡
　　　という結果へと現実化したといえる。

　　ウ　したがって，因果関係も認められる。 ➡結論

（3）　よって，上記行為に殺人罪が成立する。

3　甲は殺人未遂罪と殺人罪の罪責を負い，包括一罪となる。　　　60　　➡罪数処理

第2　乙の罪責について

1　注射行為に業務上過失致死罪（211条前段）が成立するか。 ➡問題提起
　　まず，乙は医師という社会生活上の地位に基づき，注射を反復 ➡「業務」の定義を意識
継続して行い，注射は他人の生命・身体に危害を加えるおそれの 　　した認定
ある行為だから，注射行為は「業務」にあたる。　　　　　　　　65
　　次に，乙にはVの死の結果について刑事上の過失がある。
　　そして，乙の上記行為がなければVの死亡結果は発生しなかっ
たといえるから乙の上記行為とV死亡との間に条件関係が認めら
れ，また，前述のようなVの心臓疾患の異常性と寄与度を考慮し
ても，容器の中身を確認しないで人体に液体を注射すること自体　70
が生命を奪いかねない高度に危険な行為なので，この危険性がV
死亡という結果へと現実化したといえ，上記行為に「よって」V
が死亡したといえる。
　　よって，上記行為には業務上過失致死罪が成立する。 ➡結論

2　「公務所」たるC市役所に提出する死亡診断書に虚偽の記載を　75　➡虚偽診断書作成罪
した行為に，虚偽診断書作成罪（160条）が成立する。そして，
上記診断書をDに渡し，Dを道具としてC市役所に提出させた行 ➡同行使罪
為に，同行使罪が成立する（161条1項）。また，作成行為はもっ ➡証拠偽造罪
ぱら甲のために「他人の刑事事件に関する証拠を」「偽造」する
行為といえ証拠偽造罪（104条前段）が成立する。さらに，同行　80
為は，蔵匿以外の方法で官憲の発見・逮捕を免れさせる行為とい ➡犯人隠避罪
え，犯人隠避罪（103条後段）が成立する。

3　乙は，①業務上過失致死罪，②虚偽診断書作成罪，③同行使罪， ➡罪数処理
④証拠偽造罪，⑤犯人隠避罪の罪責を負う。⑤は④に吸収され，
②と③は手段目的の関係にあり牽連犯（54条1項後段），②と④　85
は一個の行為であり観念的競合（同項前段）となり，これと①は
併合罪（45条前段）となる。

　　　　　　　　　　　　　　　　　　　　　　　　　　　　以上

優秀答案

第1　甲の罪責
1　劇薬Ｘを注入したワインをＶ宅に送付した行為につき，殺人未遂罪（刑法（以下法令名省略）203条，199条）が成立するか。
(1)　まず，致死量が10ミリリットルに対し，8ミリリットルしか注入していない行為につき，殺人罪の実行行為が認められるか。不能犯の成否が問題となる。

⟸○問題提起OK

ア　この点について，実行行為とは，構成要件の結果発生を惹起する現実的危険性を有する行為である。そのため，行為者の主観も危険性に影響する。そこで，行為者及び一般人の認識を基準に，一般人が危険性を有すると判断するかにより判断する。

⟸○具体的危険説

イ　本件では，客観的には，致死量が10ミリリットルにもかかわらず，それに満たない，8ミリリットルを注入している。もっとも，甲はＶが心臓病を患っていることを認識し，致死量が4ミリであると認識している。そのため，殺人罪の実行行為性が認められる。
(2)　もっとも，甲の行為は宅配便で送ったにすぎない。このような配達員を利用する行為でも，実行行為が認められるか。間接正犯の実行行為性が問題となる。

⟸○問題提起OK。「配達員のような第三者を利用する行為」とすると，問題の所在がより明確

ア　この点について，実行行為は前述のように構成要件的結果発生の現実的危険性を有する行為といえる。他人を利用する行為といえども，①正犯意思があり，②他人を道具として利用する場合には実行行為が認められるといえる。

イ　本件では，甲には，Ｖを殺害するという意図があり，正犯意思が認められる（①）。また，配達員は毒薬が注入されていることに何ら気づかず，障害となるものがないため（②），実行行為が認められるといえる。

⟸○被利用者が犯罪事実に気づいていない事案では，「規範的障害がない」というフレーズが便利

(3)　次に，甲の行為は結果が発生していない未遂犯といえるため，実行の着手時期が問題となる。

⟸×実行の着手が認められてはじめて未遂犯が成立するので，この段階で未遂犯と断定することはできない

ア　この点について，実行行為とは，構成要件結果発生の惹起する危険性を有する行為といえるため，その時点で実行の着手があったといえる。

⟸△利用者基準説と被利用者基準説のどちらをとるか明示する

イ　本件では，宅配便を使用している。日本社会においては，宅配便で送付を依頼した場合，ほぼ確実に送付先に到達する。また，不在配達票がでていたとしても，保管され，送付先にとどくため，構成要件結果発生の危険を惹起するため，実行の着手があるといえる。

⟸○あてはめOK

(4)　また，甲にはＶを殺害する故意（38条1項）があったといえる。

⟸△正しくは「38条1項本文」

(5)　したがって，甲の上記行為に殺人未遂罪が成立する。
2　乙に対して，Ｖに劇薬を注入するよう容器を手渡した行為につき，殺人罪が成立するか。
(1)　甲は乙を利用した行為につき，実行行為が認められるか。
ア　間接正犯の実行行為性は前述の基準で判断する。
イ　この点について，甲にはＶを確実に殺害する意図で行って

⟸△①，②のナンバリングがほしい

おり，正犯意思が認められる。　　　　　　　　　　　　　　45

　　　そして，乙には薬の中身を確認しないという過失が認められるものの，規範的障害には当たらないため，道具として利用したといえる。そのため，実行行為性が認められる。

⬅△そもそも乙には犯罪事実の認識がなく，それゆえ規範的障害がないことを示す

　(2) 次に，甲に行為はVの死亡という結果発生に因果関係が認めれるか。因果関係の判断基準が問題となる。　　　　　　　50

⬅△Vに特異な心臓疾患があったという問題文の事実を引用するべき

　　ア　この点について，因果関係の機能は，社会通念上偶然に生じた出来事を排除し，処罰の適正化を図るものである。そこで，因果関係は，条件関係を前提に，結果が行為の危険性が現実化したものと認められるものといえる場合には認められると解する。そこでは，行為の危険性，介在事情の寄与度，　　55実行行為の介在事情への影響を考慮する。

　　イ　本件では，甲が乙に指示しなければ，Vは死亡することはなかったため，条件関係が認められる。そして，致死量が6ミリリットルであってもその半分の3ミリリットルの劇薬Xを注入する行為は危険性が非常に大きい。そして，心臓に特　　60異な疾患があるという介在事情があり，その寄与度は大きいものの，甲はそれを認識しており，劇薬の効果により，発生したといえる。そのため，結果は行為の危険性が現実化したといえ，因果関係が認められるといえる。

⬅○条件関係

⬅○行為の危険性
⬅○介在事情の寄与度

　(3) したがって，上記行為に殺人罪が成立する。　　　　　　65

3　以上より，甲には①殺人未遂罪②殺人罪が成立し，Vの生命という同一法益に対してのものであるため，包括一罪となり，かかる罪責を負う。

第2　乙の罪責

1　容器の中身を確認せず，Vに劇薬Yを注入した行為につき，業　　70務上過失致死（211条）が成立するか。

⬅△業務上過失致死罪の検討がやや冗長
⬅△正確には「211条前段」

　(1) まず，「業務」とは，社会生活上，継続繰り返し，行うものをいう。乙は，A病院の医師であり，社会生活上継続して，人の治療を行う。そして，注射行為も治療の一環としていえるため，業務上の行為といえる。　　　　　　　　　　　　　　75

　(2) 次に，過失があったといえるか。

　　ア　社会生活上有用な行為の犯罪の成立を否定するため，過失とは，予見可能性を前提とした結果回避義務違反といえる。

　　イ　乙は，勤務医であり，自らの治療行為を誤れば患者が死亡するとの予見が可能といえる。そして，自らがいかなる薬品　　80を注入するか確認する義務があり，それに違反したといえる。

　　　　そのため，過失があったといえる。

　(3) したがって，業務上過失致死罪が成立する。

⬅△因果関係の検討がない

2　次に，死亡診断書の作成につき，虚偽診断書作成罪（160条）が成立する。　　　　　　　　　　　　　　　　　　　　　85

⬅○しっかり拾えていて好印象

3　以上より，①業務上過失致死罪，②虚偽診断書作成罪が成立し，別個の行為となるため，併合罪（45条）となり，かかる罪責を負う。
　　　　　　　　　　　　　　　　　　　　　　　　　以上

⬅△正確には「45条前段」

　本問は，(1)医師甲が，劇薬Xを混入したワインをVに飲ませてVを殺害しようと考え，劇薬Xをワインの入った瓶に注入し，同瓶をV宅宛に宅配便で送ったが，V宅が留守であったため，Vが同瓶を受け取ることはなかったこと（Vの心臓には特異な疾患があり，そのことを甲は知っていた。また，劇薬Xの致死量は10ミリリットルであり，甲は致死量を4ミリリットルと勘違いしていたところ，Vを確実に殺害するため，8ミリリットルの劇薬Xを同瓶に注入したが，Vがその全量を摂取した場合，死亡する危険があった。），(2)甲が，Vに劇薬Yを注射してVを殺害しようと考え，医師乙に6ミリリットルの劇薬Yを渡してVに注射させたところ，Vが痛がったため，3ミリリットルを注射したところで注射をやめたが，Vは劇薬Yの影響により心臓発作を起こし，急性心不全により死亡したこと（乙は，甲から渡された容器に薬剤名の記載がないことに気付いたが，その中身を確認せずにVに劇薬Yを注射した。また，甲は，劇薬Yの致死量が6ミリリットルであること，心臓に特異な疾患があるVに3ミリリットルの劇薬Yを注射すれば，Vが死亡する危険があることを知っていたが，乙は，Vの心臓に特異な疾患があることを知らなかった。），(3)公務員ではない医師乙が，専ら甲のために虚偽の死因を記載したVの死亡診断書を作成し，Vの母親Dを介して，同死亡診断書をC市役所に提出したことを内容とする事例について，甲及び乙の罪責に関する論述を求めるものである。

　甲の罪責については，殺人未遂罪又は殺人予備罪，殺人罪の成否を，乙の罪責については，業務上過失致死罪，虚偽診断書作成罪及び同行使罪，証拠隠滅罪，犯人隠避罪の成否を検討する必要があるところ，事実を的確に分析するとともに，各罪の構成要件，離隔犯における実行の着手時期，未遂犯と不能犯の区別又は予備行為の危険性，間接正犯の成否，因果関係の有無等に関する基本的理解と事例への当てはめが論理的一貫性を保って行われていることが求められる。

優秀答案における採点実感 ▐▐▐

① 全体

　検討するべき事項をほぼすべて拾えていることもさることながら，論点の問題提起がどれも理想形であり，とても参考になる。抽象的に論点の名前だけをあげるのではなく，なぜその論点が登場するのかという点について，問題文の事実を示してから論証に入っているところは，ぜひ参考にしてほしい。

② 設問

1　甲の罪責

　不能犯，間接正犯，実行の着手，因果関係とすべてについて満遍なく論述できている。ただ，実行の着手時期の論点では，問題提起に誤りがみられる。問題点の正確な理解という点で問題提起の部分も配点があると思われるため，正確に論述してほしかった。

2　乙の罪責

　業務上過失致死罪の成否について，「業務」の定義が示されていたり，過失の意義について丁寧な論証がなされていたりするが，この2つよりも重要な乙の注射行為とV死亡との間の因果関係の検討を落としてしまっている。ある行為者の行為についての検討の際に登場したものと同じ論点が，他の行為者のところでも登場する可能性はあるので，答案の1か所で，ある論点を使って満足しないように注意してほしい。

　証拠偽造罪と犯人隠避罪を検討できなかったことは仕方がないが，虚偽診断書作成罪の検討ができたのであれば，同行使罪の検討はしてほしかった。行使罪も頻繁にセットで成立する犯罪なので，文書を偽造したという事案が出題された際には，注意されたい。

以下の事例に基づき，甲，乙及び丙の罪責について論じなさい（特別法違反の点を除く。）。

1　甲は，中古車販売業を営んでいたが，事業の運転資金にするために借金を重ね，その返済に窮したことから，交通事故を装って自動車保険の保険会社から保険金をだまし取ろうと企てた。甲は，友人の乙及び丙であれば協力してくれるだろうと思い，2人を甲の事務所に呼びだした。甲が，乙及び丙に対し，前記企てを打ち明けたところ，2人はこれに参加することを承諾した。3人は，更に詳細について相談し，①甲の所有する普通乗用自動車（以下「X車」という。）と，乙の所有する普通乗用自動車（以下「Y車」という。）を用意したうえ，乙がY車を運転して信号待ちのために停車中，丙の運転するX車を後方から低速でY車に衝突させること，②その衝突により，乙に軽度の頸部捻挫の怪我を負わせること，③乙は，医師に大げさに自覚症状を訴えて，必要以上に長い期間通院すること，④甲がX車に付している自動車保険に基づき，保険会社に対し，乙に支払う慰謝料のほか，実際には乙が甲の従業員ではないのに従業員であるかのように装い，同事故により甲の従業員として稼働することができなくなったことによる乙の休業損害の支払を請求すること，⑤支払を受けた保険金は3人の間で分配することを計画し，これを実行することを合意した。

2　丙は，前記計画の実行予定日である×月×日になって犯罪に関与することが怖くなり，集合場所である甲の事務所に行くのをやめた。甲及び乙は，同日夜，甲の事務所で丙を待っていたが，丙が約束した時刻になっても現れないので，丙の携帯電話に電話したところ，丙は，「俺は抜ける。」とだけ言って電話を切り，その後，甲や乙が電話をかけてもこれに応答しなかった。甲及び乙は，丙が前記計画に参加することを嫌がって連絡を絶ったものと認識したが，甲が丙の代わりにX車を運転し，その他は予定したとおりに前記計画を実行することにした。そこで，甲はX車を，乙はY車をそれぞれ運転して，甲の事務所を出発した。

3　甲及び乙は，事故を偽装することにしていた交差点付近に差し掛かった。乙は，進路前方の信号機の赤色表示に従い，同交差点の停止線の手前にY車を停止させた。甲は，X車を運転してY車の後方から接近し，減速した上，Y車後部にX車前部を衝突させ，当初の計画どおり，乙に加療約2週間を要する頸部捻挫の怪我を負わせた。甲及び乙は，乙以外の者に怪我を負わせることを認識していなかったが，当時，路面が凍結していたため，衝突の衝撃により，甲及び乙が予想していたよりも前方にY車が押し出された結果，前記交差点入口に設置された横断歩道上を歩いていたAにY車前部バンパーを接触させ，Aを転倒させた。Aは，転倒の際，右手を路面に強打したために，加療約1か月間を要する右手首骨折の怪我を負った。その後，乙は，医師に大げさに自覚症状を訴えて，約2か月間，通院治療を受けた。

4　甲及び乙は，X車に付している自動車保険の保険会社の担当者Bに対し，前記計画どおり，乙に対する慰謝料及び乙の休業損害についての保険金の支払を請求した。しかし，同保険会社による調査の結果，事故状況について不審な点が発覚し，保険金は支払われなかった。

1 はじめに

本問は，被害者の承諾や共同正犯など刑法総論の論点を中心とした問題である。構成要件該当性，違法性，責任と順序に沿って検討していく姿勢が大切である。

2 設問

1 甲の罪責

(1) Y車にX車を衝突させるという行為について，傷害罪（204条）の構成要件に該当することは問題はない。本問で問題となるのは，上記衝突行為には乙の同意があることから，違法性が阻却されないかという点である。この点，最決昭和55年11月13日では，「保険金を騙取するという違法な目的に利用するために得られた違法なもの」であることを理由に違法性阻却を認めなかった。しかし，この判例には，別に処罰されている詐欺の目的により傷害罪の成立を基礎づけることとなっており妥当でない，という批判がなされている。そこで，答案例では，詐欺目的による傷害行為であることのみならず，自動車を衝突させるという傷害行為の態様も考慮したうえで社会的相当性を検討した。

(2) また，甲は上記衝突行為を行った際，予期せずAにも傷害を負わせている。そこで，Aに対する傷害罪の成否を検討する。ここでは，甲は乙以外の者への傷害の認識はなく，Aに対する故意（38条1項本文）が認められないのではないかが問題となる。答案例では法定的符合説に立ったうえで，数故意犯説に立って検討している。

(3) さらに，甲が乙とともにBに対し保険金の支払を請求した行為について，詐欺未遂罪（250条，246条1項）の検討を要する。ここで注意をしてほしいのは詐欺未遂罪を検討する対象となる行為の特定である。火災保険の事案ではあるが，大判昭和7年6月15日は，保険金騙取の目的をもって家屋に放火したとしても，いまだ保険会社に対し保険金支払の請求をなしていないときは，詐欺の実行の着手とはならないと述べている。この判例に照らせば，甲がY車にX車を衝突させるという行為を行った段階では保険会社に対する詐欺罪の実行の着手は認められない。したがって，甲が乙とともにBに対し保険金の支払を請求した行為を捉えて詐欺未遂罪の検討をする必要がある。

2 乙の罪責

(1) まず，乙は甲とともに乙自身の身体を傷害する犯罪をなしていることから，乙やAに対する傷害罪の共同正犯を論じる余地がある。自己に対する傷害行為の共同正犯の成否という問題はほとんどの受験生が考えたことのない問題であろう。このような現場思考の問題においては，基本に立ち返って，共同正犯の要件に事実をあてはめていくことが無難であろう。答案例では，傷害罪の客体である「人の身体」（204条）とは他人の身体を意味するとして，自身の身体への傷害を計画した乙は，傷害罪の共同実行の意思がない，という見解に立った。また，答案例は，乙とAに対する傷害罪は甲と乙がともに実行していることを前提として論述しているが，傷害行為を直接行ったのは甲のみであると認定し共謀共同正犯の成否を検討しても問題はない。なお，実務上は，実行共同正犯の成立要件と共謀共同正犯の成立要件を特に区別していない（基本刑法Ⅰ322頁）。どちらの構成を採用するにしても，成立要件は正確に示して論じてほしい。

再現答案を複数読んだところ，乙には傷害行為の故意（38条1項本文）が認められないとするものや，実行共同正犯であるが自傷行為にあたり不可罰とするもの，自傷行為であっても保険金詐欺目的で共謀をなしている以上傷害罪の共謀共同正犯は認められるとするもの等，非常にバラエティに富んだ内容となっている。しかし，上記のような答案はいずれもA評価となっていることから，この論点の結論のみで点数に大きな差はつかないと考えてよい。いずれにしても全体のバランスを考えて，現場思考の問題はコンパクトに処理してほしい。

(2) なお，乙に詐欺未遂罪が成立するかどうかについては，保険会社のBに対し保険金の支払を請求したのは，甲および乙であるとされているので，実行共同正犯であることを前提としてよい。

3 丙の罪責

　丙について問題となるのは，乙やAに対する傷害罪，Bに対する詐欺未遂罪の共謀共同正犯につき離脱が認められるかという点である。従来の通説は，実行の着手前の離脱と着手後の離脱とに分け，着手前であれば離脱の意思の表明と他の共犯者の了承により離脱を認め，着手後には他の共謀者の実行行為を阻止して，当初の共謀に基づく実行行為が行われることのないようにすることを要する，という見解である。しかし，答案例では，紙面の都合上，一部実行全部責任の根拠から，相互利用補充関係の解消が認められるかという観点から論じた。さらに別の見解として，共犯の処罰根拠を，直接実行者を介した結果との因果性にあるとして，離脱行為によって離脱しようとした者の当初の行為と結果との因果性が遮断された場合には共犯関係の解消を認めるというものもある。これらのうちいずれの見解に立ってもよいであろう。いずれにしても，紙面との関係で規範部分をコンパクトに論じることが必要である。本問ではいずれの見解に立ったとしても結論に差はないであろう。

【関連判例】

最決昭和55年11月13日刑集34巻6号396頁（判例シリーズ6事件）
最判昭和53年7月28日刑集32巻5号1068頁（判例シリーズ15事件）
大判昭和7年6月15日刑集11巻859頁
最大判昭和33年5月28日刑集12巻8号1718頁（判例シリーズ29事件）
最決平成元年6月26日刑集43巻6号567頁（判例シリーズ40事件）

【参考文献】

試験対策講座・刑法総論8章2節③【3】，10章2節③【2】，19章1節④，21章4節②。判例シリーズ6事件，15事件，29事件，40事件。条文シリーズ204条，246条。
大塚裕史＝十河太朗＝塩谷毅＝豊田兼彦「基本刑法Ⅰ［第3版］」322頁。

第1　甲の罪責について
1　甲がみずから運転するX車を乙の運転するY車に衝突させ乙に
　怪我を負わせた行為に，傷害罪（204条）が成立しないか。

　(1)　まず，甲は車の衝突行為により乙に頸部捻挫という生理的機
　　能への障害を与えているため，「傷害した」といえる。　　　　　5　→構成要件該当性

　(2)　もっとも，上記傷害結果について被害者乙の承諾があるため，　→問題提起
　　上記行為の違法性が阻却されないか。

　　ア　そもそも，違法性の実質は，社会的相当性を逸脱した法益　→違法性の実質からの規
　　　侵害にある。そこで，被害者の有効な承諾がある行為につき，　　範定立
　　　承諾を得た動機・目的，侵害行為の手段，結果の重大性等諸　10
　　　般の事情に照らし，当該行為が社会的相当性を有する場合に
　　　は，違法性が阻却されると解する。

　　イ　これを本問についてみると，たしかに，乙に生じた結果は　→あてはめ
　　　軽度の頸部捻挫と比較的軽微であるが，上記行為により第三
　　　者Aにも傷害を与えており，第三者を巻き込んだ点で生じた　15
　　　結果は重大といえる。また，その動機・目的は保険金を騙取
　　　するという違法なものである。加えて，その手段は自動車と
　　　いう細かな操作が困難な物を用いており，さらに，一般に自
　　　動車の衝突の威力が大きいことから不安定かつ重大な危険を
　　　創出するものといえる。そうだとすれば，上記行為は社会的　20
　　　に相当な行為とはいえない。

　　ウ　したがって，違法性は阻却されない。　　　　　　　　　　　→三段論法の帰結

　(3)　よって，上記行為に乙に対する傷害罪が成立する。　　　　　→結論

2　乙と同様，Aにも傷害結果が生じたことにつき，上記行為に，
　Aに対する傷害罪が成立しないか。　　　　　　　　　　　　　25

　(1)　まず，上記行為は，路面が凍結していた状況でなされており，　→因果関係肯定の前提
　　衝突された車が滑って押し出され歩行者と接触する危険があっ
　　たといえる。そして，現に本問では，Y車が滑って押し出され
　　歩行者Aと接触し，Aに骨折という傷害結果が生じている。そ　→客観的構成要件該当性
　　のため，上記行為とAの傷害結果との間に因果関係が認められ，　30
　　甲はAを「傷害した」といえる。

　(2)　もっとも，甲は乙以外の者に怪我を負わせることを認識して　→問題提起
　　いなかったことから，故意が認められるかが問題になる。

　　ア　そもそも，故意責任の本質は反規範的人格態度に対する道
　　　義的非難であり，規範は構成要件のかたちで国民に与えられ　35　→規範定立
　　　ている。そのため，主観と客観が同一構成要件内で符合する
　　　かぎり故意は認められる。また，このように故意を抽象化す　→数故意犯説
　　　る以上，故意の個数は問題とならず，結果が発生した客体の
　　　個数分の故意犯が成立すると解する。

　　イ　これを本問についてみると，主観と客観は「人」を「傷　40　→あてはめ
　　　害」するという同一構成要件の範囲内で符合している。

　　ウ　したがって，甲に故意（38条1項本文）が認められる。　　→三段論法の帰結

　(3)　よって，上記行為にAに対する傷害罪が成立する。　　　　　→結論

3　甲が故意による事故を過失による事故と偽って保険金を保険会　→端的な認定

社に請求した行為は，このような偽りがなければ，保険会社は保　45
険金を支払わないといえることから，詐欺罪（246条1項）にお
ける欺罔行為にあたる。しかし，保険会社は錯誤に陥っていない
ため，上記行為に詐欺未遂罪（250条，246条1項）の共同正犯
（60条）が成立する。

4　よって，甲は①乙に対する傷害罪，②Aに対する傷害罪，③詐　50　➡罪数処理
欺未遂罪の共同正犯の罪責を負い，①と②は観念的競合（54条1
項前段）となり，これらと③は併合罪（45条前段）となる。

第2　乙の罪責について

1　乙は計画に合意し甲とともに上記各犯罪を行っていることから，
乙にその共同正犯（60条）が成立しないか。　　　　　　　　　55

(1)　そもそも，共同正犯の一部実行全部責任の根拠は，相互利用　➡一部実行全部責任の根
補充関係のもと，特定の犯罪を実現した点にある。そのため，　　拠から
共同実行の意思および事実があれば相互利用補充関係の形成が　➡規範定立
認められ，共同正犯が成立すると解する。

(2)　これを本問についてみると，まず，傷害罪における「人の身　60　➡あてはめ
体」とは他人の身体を意味するため，乙は自傷の意思を有する
にすぎず，①②について，特定の犯罪に関する共同実行の意思
はない。他方，③については，甲と乙は合意のうえ行っている
ため，共同実行の意思および事実がある。

(3)　したがって，乙は③についてのみ甲と共同正犯となる。　　65　➡三段論法の帰結

2　よって，乙は詐欺未遂罪の共同正犯の罪責を負う。　　　　　　　➡結論

第3　丙の罪責について

1　丙も甲・乙とともに犯行を計画していることから，上記各犯罪
について共謀共同正犯（60条）が成立しないか。

(1)　まず，丙は甲・乙と上記犯罪について計画しているものの，　70　➡問題提起
丙は共謀後に「俺は抜ける。」と言っていることから，共犯関
係からの離脱が認められないか。

ア　この点について，共謀共同正犯の処罰根拠たる相互利用補　➡規範定立
充関係が解消された場合に，共犯関係からの離脱が認められ
ると解する。　　　　　　　　　　　　　　　　　　　　　　75

イ　これを本問についてみると，本件犯行は甲が主導したもの　➡あてはめ
であり，丙の立場は従属的であったこと，丙の役割は甲によ
り代替可能であることから，丙の与えた心理的因果性は小さ
いといえる。そうだとすれば，上記発言により丙の与えた心
理的因果性は除去されたものといえる。また，丙は，物理的　80
因果性を何ら与えていない。

ウ　したがって，丙の共犯関係からの離脱が認められる。　　　　➡三段論法の帰結

(2)　よって，丙に上記各犯罪の共謀共同正犯は成立しない。

2　以上より，丙は何ら罪責を負わない。　　　　　　　　　　　　　➡結論

以上　85

第1　甲の罪責
　1　甲が自己の運転するX車をY車に衝突させ，Y車を運転していた乙に頸部捻挫の怪我を負わせた行為は，傷害罪（204条）の構成要件に該当する。

　　　もっとも，甲が上記方法により乙に怪我を負わせることについて乙は承諾している。そこで乙の承諾により，違法性が阻却されないかが問題となる。

　　　思うに，違法性の本質とは，社会倫理規範を逸脱した法益侵害である。そこで，被害者の承諾が社会的にみて相当といえる場合には，違法性が阻却されると考える。

　　　本問において，甲が乙に車の衝突による怪我を負わせる行為は，交通事故を装って保険金をだまし取るための手段である。このような行為は社会的にみて相当とはいえない。

　　　したがって，乙の承諾によっても違法性は阻却されない。

　　　よって，甲の行為には乙に対する傷害罪が成立し，その罪責を負う。そして後述するように，乙との共同正犯となる（60条，204条）。

　2　甲がX車をY車に衝突させた際，前方にY車が押し出されたため，横断歩道上を歩いていたAを転倒させ，右手首骨折の怪我を負わせた行為は，傷害罪の客観的構成要件に該当する。

　　　もっとも，これは，甲が予想していたよりも前方にY車が押し出されたためである。そうすると，甲にはAを傷害することについて故意（38条1項）がなく，過失運転致傷罪（自動車の運転により人を死傷させる行為等の処罰に関する法律5条）が成立するにとどまるのではないか。甲にA傷害について故意が認められるかが問題となる。

　　　そもそも，故意責任の本質は，規範に直面したにも関わらず，あえて犯罪行為にでたことに対する道義的非難である。

　　　そして，傷害罪における規範とは，およそ人を傷害してはならないというものである。そうすると，およそ人の範囲で抽象化されるから，故意の数は問題とならないと考える。

　　　したがって，Aの傷害についても甲の故意が認められる。

　　　よって，甲にはAに対する傷害罪（204条）が成立し，その罪責を負う。これも乙との共同正犯（60条，204条）となる。

　3　甲がX車に付している自動車保険の保険会社担当者Bに対して，乙に対する慰謝料等について保険金の支払いを請求した行為は，保険金を交付させるために欺罔行為を開始したといえるから，詐欺罪（246条1項）の実行に着手したといえる。

　　　しかし，保険会社による調査の結果，不審な点が発覚したため，結局保険金は支払われてはいない。

　　　したがって，甲には詐欺未遂罪が成立し，甲はその罪責を負う。これも乙との共同正犯（60条，250条，246条1項）となる。

　4　以上より，甲には①乙に対する傷害罪，②Aに対する傷害罪及び③保険金についての詐欺未遂罪が成立する。①と②の罪は社会

5

10

15

20

25

30

35

40

←〇争いのないところを端的に述べている

←△論証が十分でない

←△保険金詐欺目的以外の側面からも検討したい

←〇問題提起OK

←△正確には「38条1項本文」

←△論証が不十分である。主観と客観がどの程度符合していれば故意が認められるか，複数の結果が発生した場合故意犯はいくつ成立するかの2点について，明確に規範を立てるべき

観念上１個の行為によるから，観念的競合（54条１項前段）とな　45
　る。
　　　そして，これと③の罪とは併合罪（45条前段）となる。
第２　乙の罪責
　　　乙は甲の計画に参加を承諾し，相談したうえで，甲の上記①から　50
　③の犯罪を甲と互いに利用補充して実行している。
　　　したがって，乙にも①から③の罪について，甲との共同正犯（60
　条）が成立し，その罪責を負う。
第３　丙の罪責
　　　丙も乙とともに甲の計画に参加を承諾し，さらに相談しているか　55
　ら共謀があったといえる。
　　　しかし，丙は計画実行日になって集合場所に行くのをやめ，かか
　ってきた電話にも「俺は抜ける」とだけ告げて電話を切っているか
　ら，丙には共犯からの離脱の表明があったといえる。
　　　そして，甲と乙は結局丙抜きで計画どおり犯罪を実行しているか　60
　ら，丙の離脱を事実上承諾したといえる。
　　　したがって，丙には何ら罪責を負わない。
　　　　　　　　　　　　　　　　　　　　　　　　　　　　　　　　以上

⬅️△本問の問題意識を捉えられていない

⬅️△何かしら規範を立ててほしい

⬅️△「丙は何ら……」であろう。読み返す時間をとれるようにしてほしい

本問は，甲，乙及び丙が，故意に人身事故を発生させ，保険金をだまし取ろうと企てたが，丙は，犯罪に関与することを恐れて実行行為に参加せず，甲，乙が故意に人身事故を惹起して，乙及び通行人Aに傷害結果を生じさせ，乙の慰謝料及び休業損害について保険金請求を行ったものの保険金は支払われなかったという事案を素材として，事案を的確に分析する能力を問うとともに，被害者の承諾，方法の錯誤，共謀の意義，共犯関係からの離脱，傷害罪における「人」の意義等に関する基本的理解とその事例への当てはめが論理的一貫性を保って行われているかを問うものである。

優秀答案における採点実感 ▐▐▐

① 全体

答案用紙にして３頁ほどの短い答案であるが，Ａ評価を得ている。このような短い答案でもＡ評価を得られることを知り，どの程度の内容を書くことができれば相対的に上位の答案を書くことができるのかを学んでほしい。優秀答案では，思考過程で示したような難解な問題点にいっさい触れていない。記述しているのはだれでも書くことのできるであろうＡランクの論点ばかりである。難解な問題であればあるほど，受験生の多くが書いてくる論点を書き漏らすことなく記述することが大切である。

② 設問

1 甲の罪責

(1) 甲が乙に頸部捻挫の怪我を負わせた行為について

乙の承諾により違法性が阻却されないかという点につき端的に論述している点は好印象である。しかし，社会的相当性の有無の判断を，保険金詐欺目的であることのみをもって行っており，この点は十分な論述とはいえない。自動車を衝突させるという手段自体の社会的相当性にも言及することができるとよかった。

(2) 甲がAに右手首骨折の怪我を負わせた行為について

甲にAに対する傷害についての故意が認められるかという論点についての論証が十分ではない。主観と客観がどの程度符合していれば故意が認められるか，複数の結果が発生した場合故意犯はいくつ成立するかの２点について，明確に規範を立てるべきである。

また，事実の錯誤について故意責任の本質から論じているが，その後の「傷害罪における規範とは，およそ人を傷害してはならないというものである。」という記述の前に，規範は構成要件のかたちで与えられていると述べておくとよりよい論証になるであろう。

2 乙の罪責

思考過程で示したように，自己に対する傷害行為についての共同正犯の成否という問題が存在する。しかし，この答案では，この点についていっさい検討することなく，相互利用補充関係にあることのみを根拠に共同正犯の成立を認めている。この部分の記載ではほとんど加点されないと考えられる。しかし，自己に対する傷害行為についての共同正犯の成否という論点は非常に難解で，ほとんどの受験生が正確に処理することができていない。そのような難解な部分に固執するのではなく，この答案のように基本的な論点を丁寧に押さえることができれば，十分Ａ評価を得ることができるのである。

3 丙の罪責

規範を示すことなく共犯関係からの離脱について検討している。時間がなくこのような記載となったことは推察できるが，なるべく規範を立てたうえであてはめを行うべきであるということは忘れないでほしい。

第24問　平成31年予備試験論文問題

　以下の事例に基づき，甲の罪責について論じなさい（Aに対する詐欺（未遂）罪及び特別法違反の点は除く。）。

1　不動産業者甲は，某月1日，甲と私的な付き合いがあり，海外に在住し日本国内に土地（以下「本件土地」という。時価3000万円）を所有する知人Vから，Vが登記名義人である本件土地に抵当権を設定してVのために1500万円を借りてほしいとの依頼を受けた。

　甲は，同日，それを承諾し，Vから同依頼に係る代理権を付与され，本件土地の登記済証や委任事項欄の記載がない白紙委任状等を預かった。

　甲は，銀行等から合計500万円の借金を負っており，その返済期限を徒過し，返済を迫られている状況にあったことから，本件土地の登記済証等をVから預かっていることやVが海外に在住していることを奇貨として，本件土地をVに無断で売却し，その売却代金のうち1500万円を借入金と称してVに渡し，残金を自己の借金の返済に充てようと考えた。

　そこで，甲は，同月5日，本件土地付近の土地を欲しがっていた知人Aに対し，「知人のVが土地を売りたがっていて，自分が代理人としてその土地の売却を頼まれているんです。その土地は，Aさんが欲しがっていた付近の土地で，2000万円という安い値段なので買いませんか。」と言い，Aは，甲の話を信用して本件土地を購入することとした。

　その際，甲とAは，同月16日にAが2000万円を甲に渡し，それと引き換えに，甲が所有権移転登記に必要な書類をAに交付し，同日に本件土地の所有権をAに移転させる旨合意した。甲は，同月6日，A方に行き，同所で，本件土地の売買契約書2部の売主欄にいずれも「V代理人甲」と署名してAに渡し，Aがそれらを確認していずれの買主欄にも署名し，このように完成させた本件土地の売買契約書2部のうち1部を甲に戻した（甲のAとの間の行為について表見代理に関する規定の適用はないものとする。）。

2　その後，Vは，同月13日，所用により急遽帰国したが，同日，Aから本件土地に関する問い合わせを受けたことで甲の行動を知って激怒し，同月14日，甲を呼び付け，甲に預けていた本件土地の登記済証や白紙委任状等を回収した。その際，Vは，甲に対し，「俺の土地を勝手に売りやがって。今すぐAの所に行って売買契約書を回収してこい。明後日までに回収できなければ，お前のことを警察に通報するからな。」と怒鳴った。

　甲は，同月14日，Aに会いに行き，本件土地の売買契約書を回収させてほしいと伝えたが，Aからこれを断られた。

3　甲は，自己に対して怒鳴っていたVの様子から，同売買契約書をAから回収できなかったことをVに伝えれば，間違いなくVから警察に通報され，逮捕されることになるし，不動産業（宅地建物取引業）の免許を取り消されることになるなどと考え，それらを免れるには，Vを殺すしかないと考えた。

　そこで，甲は，Vを呼び出した上，Vの首を絞めて殺害し，その死体を海中に捨てることを計画し，同月15日午後10時頃，電話でVに「話がある。」と言って，日本におけるVの居住地の近くにある公園にVを呼び出し，その頃，同所で，Vの首を背後から力いっぱいロープで絞めた。

　それによりVは失神したが，甲は，Vが死亡したものと軽信し，その状態のVを自車に載せた上，同車で前記公園から約1キロメートル離れた港に運び，同日午後10時半頃，同所で，Vを海に落とした。その時点で，Vは，失神していただけであったが，その状態で海に落とされたことにより間もなく溺死した。

1 はじめに

本問では，横領罪，背任罪，有印（無印）私文書偽造罪，同行使罪の成否といった各論の内容と，因果関係，因果関係の錯誤といった総論の内容の両方が問われている。いずれも基本的な内容ではあるものの，論じるべきことが多岐にわたるのでコンパクトに論述していく必要がある。

2 設問（甲の罪責）

1 Aと本件土地の売買契約を締結した行為について

(1) 不動産業者である甲がV所有の本件土地をVに無断でAに売却していることから，上記行為について業務上横領罪の成否を検討することになる。ここで，背任罪の成否も問題となるが，横領罪と背任罪は法条競合の関係に立ち，より重い横領罪が優先的に成立する（大判明治43年12月16日）ことから，本問でもまずは業務上横領罪の成否の検討をすることになる。そして，同罪の成立が否定された場合にはじめて背任罪を検討することになる。

答案上では，出題趣旨でも指摘されているが，横領罪と背任罪の関係に一言触れてから業務上横領罪の検討に入ることが必要である。また，当然のことながら，業務上横領罪の成立を否定した場合には，忘れずに背任罪の成否を検討する必要がある。再現答案のなかには，横領罪と背任罪の関係を指摘して業務上横領罪の成立を否定するところまで書けているにもかかわらず，背任罪の成否の検討を忘れて「何ら犯罪は成立しない」としてしまうものが散見されたので，注意が必要である。

(2) 業務上横領罪の成否の検討について，「業務上」，「自己の占有する」，「他人の物」，「横領」という4つの客観的構成要件を1つも落とさず検討しなければならない。本問では特に，「自己の占有する」と「横領」が問題となる。

まず，「自己の占有する」について，本問にかぎったことではないが，「占有」は委託信任関係に基づくことが必要であることを示してほしい。さらに，本問では，甲は，Vから本件土地の登記済証や委任事項欄の記載がない白紙委任状等を預かっただけであり，本件土地を事実上「占有」しているわけではないことから，本件土地を甲が「占有」しているか，「占有」に法律上の占有が含まれるかという問題が存在する。三段論法にする必要はないが，「占有」には法律上の占有も含まれるということは一言示す必要がある。

次に，上記行為が「横領」といえるかが問題となるが，既遂に達していないため「横領」とはいえない。判例（最判昭和30年12月26日）は，不動産の横領の場合には，所有権侵害の実質的危険性が生じる所有権移転登記の完了時点で既遂に達するとしている。本問では，Aへの所有権移転登記が未了なので，上記行為は「横領」といえない。

最後に，横領罪には未遂処罰規定が存在しないことから，業務上横領罪は不成立となる。誤って未遂犯を成立させないよう注意されたい。

(3) 業務上横領罪を不成立としたので，ここからは上記行為について背任罪の成否を検討することになる。背任罪の成否の検討は各論色の強い答案となるが，総論の体系を意識した順番で構成要件を検討することが求められる。背任罪について規定する247条の構成要件を，総論の体系に従って並べると，「他人のためにその事務を処理する者」（主体），「任務に背く行為」（実行行為），「財産上の損害」（結果），「自己……の利益を図り又は本人に損害を加える目的」（目的犯における目的）の順になるので，この順で検討してほしい。また，「自己……の利益を図り又は本人に損害を加える目的」の認定の前に背任罪の故意（38条1項本文）の認定が必要である。

2 「V代理人甲」と署名した上で本件土地の売買契約書2部を作成した行為について

(1) 上記行為につき，有印私文書偽造罪の成否を検討することになる。ここでも構成要件を落とさず検討しなければならないが，特に上記行為が「偽造」にあたるかが問題となる。「偽造」とは，文書の名義人と作成者の人格の同一性を偽ることをいう（最判昭和59年2月17日）。そして，名義人とは，一般人が文書から認識する意思や観念の主体をいう。作成者とは，文書に意思や観念を表示させた者をいう（観念説，通説）。本問における名義人と作成者を検討することになるが，作

成者は甲であることに争いはないので，名義人の特定がメインテーマとなる。本問のように，代理・代表権限を有しない者が，代理・代表形式の文書を作成した場合の名義人について，判例（最決昭和45年9月4日）は，効果帰属主体である本人が名義人であるとしている。判例の立場からすると，本問の名義人は，本人たるVということになる。判例とは異なる立場で論述してもかまわない。

(2) もっとも，甲は「V代理人甲」という自己の署名を使用しているのであって，Vという「他人の……署名を使用」していないことから，有印私文書偽造罪は成立しない。

(3) 本件の契約書を真正な文書としてAに認識させる意図があり，「行使の目的」は認められるので，無印私文書偽造罪が成立する。「行使の目的」という構成要件のあてはめの際は，定義を一言示しておくとよい。

3 上記契約書をAに渡して確認させた行為に偽造私文書行使罪が成立することもセットで落としてはならない。

4 Vの首を絞めた行為について

(1) 上記行為に殺人罪が成立するかを検討することになるが，上記行為の後のVを海へ落とすという行為によりVが溺死しており，Vの首を絞めた行為によってVが死亡したわけではないため，Vの首を絞めた行為とVの溺死との間の因果関係が問題となるのに加えて，甲はこの因果の経過を意図していたわけではないため，因果関係の錯誤も別途問題となる。

(2) 因果関係の有無の判断基準について，いかなる学説に立ってもよい。答案例は危険の現実化説に立っている。因果関係の有無の判断基準について一般的に受験生が採るであろう学説のいずれにしても，本問では因果関係が肯定されると思われる。

(3) ここまで論述が進んでくると，試験時間も答案のスペースもかなり圧迫されているはずである。それにもかかわらず，因果関係の有無や因果関係の錯誤といった，通常は三段論法によってしっかり論述するテーマが続くため，途中答案になるおそれがある。そのような場合の答案作成戦略として，答案例のように，規範とあてはめをいっぺんに書いてしまう方法を参考にしておくとよい。

5 Vを海へ落とすという行為について

(1) Vを海へ落とした時点では甲はVが死亡しているものと考えており，甲に殺人罪の故意が認められない結果，同行為に殺人罪は成立しない（38条2項参照）。

(2) では，Vを海へ落とす行為に死体遺棄罪が成立するかが問題となる。甲は主観的には死体遺棄罪の故意であり，客観的には殺人罪を実現させている。ここで抽象的事実の錯誤の論点が登場し，Vを海へ落とす行為が死体遺棄罪の客観的構成要件に該当するかが問題となる。殺人罪と死体遺棄罪との重なり合いを検討させる問題は頻出なので，これを機にパターンとしておさえておくと，今後，類題で気づきやすいであろう。

(3) 死体遺棄罪の成立が否定された場合には，忘れず過失致死罪の成否の検討をしてほしい。

【関連判例】
大判明治43年12月16日刑録16輯2214頁
最判昭和30年12月26日刑集9巻14号3053頁
最判昭和59年2月17日刑集38巻3号336頁（百選Ⅱ94事件）
最決昭和45年9月4日刑集24巻10号1319頁（判例シリーズ88事件）

【参考文献】
試験対策講座・刑法総論8章2節③【4】・④，刑法各論4章6節②・③，4章7節②，6章4節③【2】。判例シリーズ5事件，73事件，88事件。条文シリーズ38条②1(6)(c)・(d)，2編17章総説⑥4(1)，159条，161条，190条，210条，247条，253条。

第1　Aと本件土地の売買契約を締結した行為について
　1　上記行為に業務上横領罪（刑法253条。以下「刑法」法名省略）が成立するか。横領罪と法条競合の関係にある背任罪（247条）の成否も問題となるが，法定刑の重い横領罪が優先的に成立するから，まず，業務上横領罪の成否を検討する。　5

　　(1)　本件土地はV所有の財物であり，「他人の物」にあたる。また，甲は登記名義人Vから本件土地への抵当権設定を依頼され，所有権移転登記に必要な書類を預かっており，登記名義の移転を可能とする法的地位にあるため，本件土地の法律上の占有を有し，この占有は，Vを代理して抵当権を設定する旨の委任契約（民法643条）という委託信任関係に基づくから，本件土地は「自己の占有する」物にあたる。加えて，この占有は不動産業という委託を受けて財物を保管する職業に基づくから，「業務上」の占有といえる。

　　(2)　甲は抵当権設定という委託の任務に背いて，売買契約締結という所有者でなければできないような処分を行う不法領得の意思に基づき売買契約を締結し，この意思を外部に発現させているため，上記行為は「横領」にあたりうる。　15

　　　　もっとも，不動産の横領は，所有権侵害の実質的危険性が生じる所有権移転登記の完了時点が既遂時期と解されるところ，　20
本件ではAへの所有権移転登記が未了なので業務上横領罪は既遂とならず，また，同罪には未遂犯処罰規定はないので，上記行為に業務上横領罪は成立しない。

　2　では，上記行為に背任罪（247条）が成立するか。
　　(1)　甲は，上記委任契約に基づき，Vの利益のために本件土地への抵当権設定と1500万円の借入れというVの財産上の事務を処理する者だから，「他人のためにその事務を処理する者」にあたる。そして，上記行為は，抵当権設定という委託の趣旨に反するうえ，Vの所有権を侵害し，Vに実質的に不利益な行為だから，「任務に背く行為」にあたる。もっとも，Aへの所有権　30
移転登記が未了であるうえ，所有権移転期日も未到来であり，Vによる所有権行使が事実上困難となるという実害は生じていないため，経済的見地からVの全体財産の減少という「財産上の損害」は発生していない。また，甲は同罪の故意（38条1項本文）があるうえ，売却代金のうち500万円を自己の借金返済　35
にあてる意図だから「自己……の利益を図……る目的」も認められる。

　　(2)　よって，上記行為に背任未遂罪（250条，247条）が成立する。
第2　「V代理人甲」と署名したうえで本件土地の売買契約書2部を作成した行為に有印私文書偽造罪（159条1項）が成立するか。　40

　1　売買契約書は「権利，義務……に関する文書」にあたる。
　2　代理人作成の書面は法的効果が本人に帰属する形式の文書であり，保護法益たる文書に対する公共の信用は，本人が責任を引き受ける意思を有するとの点に生じるから，上記契約書において，

右段注記：
→問題提起

→「他人の物」
→「自己の占有する」

→「業務上」

→横領罪の既遂時期

→結論
→問題提起
→「他人のためにその事務を処理する者」

→「財産上の損害」

→「自己……の利益を図……る目的」

→結論
→問題提起

→「権利，義務……に関する文書」

→保護法益

一般人が文書から認識する意思や観念の主体たる名義人は，本人　　45　→名義人
　たるVとなる。そして，上記契約書において，文書に意思や観念
　を表示させた者である作成者は，甲である。したがって，甲は上　　　→作成者
　記契約書の名義人と作成者の人格の同一性を偽ったといえ，上記　　　→「偽造」
　行為は「偽造」にあたる。
　３　もっとも，甲は「V代理人甲」という自己の署名を使用してお　　50
　り，Vという「他人の……署名を使用」していない。
　４　よって，上記行為に有印私文書偽造罪は成立しない。　　　　　　　→結論
第３　甲は，上記行為により「権利，義務……に関する文書」を「偽　　　→「権利，義務……に関
　造」しているうえ，偽造文書たる上記契約書を真正文書としてAに　　　　する文書」
　認識させる意図という「行使の目的」を有するので，上記行為に無　　55　→「偽造」
　印私文書偽造罪（同条３項）が成立する。　　　　　　　　　　　　　　→「行使の目的」
第４　上記契約書をAに渡して確認させた行為は，偽造文書たる上記
　契約書を真正文書として認識させるものとして「行使」にあたり，　　　→「行使」
　同行為に偽造私文書行使罪（161条１項）が成立する。
第５　Vの首を絞めた行為に殺人罪（199条）が成立するか。　　　　　60
　１　首をロープで力いっぱい絞める行為は死亡の現実的危険を有し，　　　→実行行為性
　同罪の実行行為にあたる。また，甲がVを海に落とした行為によ　　　　→結果
　ってVが溺死しているが，実行行為がなければVは死亡しておら　　　　→条件関係
　ず，条件関係はある。そして，実行行為と介在事情は犯行とその　　　　→因果関係
　隠ぺいの関係にあり，密接に関連し，行為者による被害者の遺棄　　65
　は通常ありうるから，実行行為の危険がVの死亡に現実化したと
　いえ，因果関係が認められる。
　２　また，甲は介在事情ではなく実行行為のみでVを殺害する主観　　　→因果関係の錯誤
　だが，ロープでの首の絞やくで死亡するとの因果経過には因果関
　係があるうえ，上記のとおり客観的因果経過にも因果関係があり　　70
　主観と客観が同一構成要件の範囲内で符合するから，故意は阻却
　されず，上記実行行為に殺人罪が成立する。
第６　Vを海へ落とすという死亡結果発生の現実的危険を有する行為
　により，Vの死亡結果が発生しているが，甲は上記行為の時点でV
　がすでに死亡したと認識しており，殺人罪の故意が認められないか　　75
　ら，上記行為に同罪は成立しない（38条２項）。
第７　では，上記行為に死体遺棄罪（190条）が成立するか。
　　同罪と殺人罪の保護法益は，それぞれ死者への敬けん感情と人の　　　→抽象的事実の錯誤
　生命の安全であって異なっており，両罪の間に構成要件の実質的重
　なり合いはないから，上記行為に死体遺棄罪の客観的構成要件該当　　80
　性は認められず，上記行為に同罪は成立しない。
第８　もっとも，Vの生存の看過という「過失」によりVを死亡させ
　ており，上記行為に過失致死罪（210条）が成立する。
第９　以上より，甲の各行為に①背任未遂罪，②無印私文書偽造罪，　　　→罪数処理
　③同行使罪，④殺人罪，⑤過失致死罪が成立し，②と③は牽連犯　　85
　（54条１項後段），④と⑤は包括一罪となり，それらと①が併合罪
　（45条前段）となり，甲はその罪責を負う。
　　　　　　　　　　　　　　　　　　　　　　　　　　　　以上

第1　甲の本件土地所有権をAに移転させる旨合意した行為に業務上
横領罪（刑法（以下法令名省略）253条）が成立するか。なお，背
任罪（247条）の成立も問題となるが，両者は法上競合の関係に立
ち，業務上横領罪が成立する場合には，重い同罪のみが成立するこ
とから，まず同罪の成立を検討する。 ⬅×「法条競合」が正しい

5

(1)　まず，本件土地の所有者はVであるから，「他人の物」に当たる。

(2)　次に，甲は，Vより本件土地の登記済証や委任事項の記載のな
い白紙委任状を預かっており，実際上，甲は本件土地を自由に処
分できる立場にあったといえる。したがって，甲に法律上の占有
が認められ，本件土地は「自己の占有する」ものといえる。 ⬅△(2)の冒頭で「占有」には法律上の占有も含まれること，および，「占有」は委託信任関係に基づいている必要があることを指摘する

10

(3)　また，甲は不動産業者であるから，「業務上」本件土地を占有
するものといえる。 ⬅△「業務上」の定義を意識したあてはめをするとよい

(4)　さらに，「横領」とは，不法領得の発現たる一切の行為をいい，
委託の任務に背いて所有者ではなければできないような処分をす
る行為をさす。そして，甲はあくまで抵当権の設定という目的の
ために代理権を付与されているから，本件土地の売買をすること
は委託の任務に背いており，また，所有権の移転の合意という行
為は所有者でなければできない処分であるといえる。

15

したがって，上記行為は「横領」に当たる。

(5)　以上より，上記行為に業務上横領罪が成立する。 ⬅×所有権移転登記がされた時を既遂時期とするのが一般的

20

第2　甲の本件土地売買契約書に「V代理人甲」と署名した行為に，
有印私文書偽造罪（159条1項）が成立しないか。 ⬅×正しくは，「無印私文書偽造罪」

(1)　まず，甲はAに渡す目的で署名をしているから，「行使の目的」
を有していたといえる。また，売買契約書であるから，「権利
……に関する文書」に当たる。 ⬅△構成要件のあてはめはそれぞれナンバリングを変える

25

(2)　次に，「偽造」とは，文書の名義人と作成者の人格の同一性を
偽る行為をいう。そして，文書の名義人とは，文書から理解され
るところの意思の主体をいうところ，本件の文書は土地の売買契
約書であり，かかる文書から理解される「V代理人甲」とは，本
件土地売買について代理権を有するところの甲を指すと解される。 ⬅△各論の検討でも実行行為→結果→因果関係→故意の順で検討

⬅△保護法益から論じる

30

そうだとすると，文書の名義人は土地売買について代理権を有す
るところの「V代理人甲」であり，現実の作成者は土地売買につ
いて代理権を有さない「V代理人甲」であるから，甲は文書の名
義人と作成者の同一性を偽ったものといえる。 ⬅△作成者の定義も加えたい

したがって，上記行為は「偽造」に当たる。

35

(3)　そして，文書の名義人を上記のように解する以上，甲は，土地
売買について代理権を有する「V代理人甲」という「他人の……
署名を使用」したといえる。 ⬅×「他人の……署名」ではない

(4)　よって，上記行為に有印私文書偽造罪が成立する。

第3　甲の上記文書をAに交付した行為につき，偽造私文書行使罪 40
（161条1項）が成立する。 ⬅△行使の定義を示す

第4　甲のVの首を絞めた行為につき，強盗殺人罪（240条，236条2
項）が成立しないか。 ⬅×2項強盗が成立する可能性は乏しく検討不要

この点について，不動産業の免許は，法的地位であり，「財産上

不法の利益」とはいえないから，同罪は成立しないと解する。　　　　　　　　45

第5　甲のVの首を絞めた行為につき，殺人罪（199条）が成立しな
いか。

（1）　まず，人の首をロープで力いっぱい占める行為は，人の死とい
う結果発生の現実的危険性を有する行為であるから，殺人罪の実
行行為に当たる。　　　　　　　　　　　　　　　　　　　　　　50

（2）　もっとも，本件では，Vを海に放棄するという甲自身の介在行
為によって結果が発生していることから，上記行為とVの死の間
に因果関係が認められるか否かが問題となる。

ア　この点について，因果関係が偶然な結果を排斥して適正な処
罰範囲を確保する機能を有する。そこで，因果関係は，①条件　55
関係を前提として，②行為と介在事情の結果への因果的寄与度
を考慮して，行為の危険性が結果へと現実化したといえる場合
に認められると解する。

イ　これを本件につき見ると，犯人がその後に被害者の死体を遺
棄しようとする介在事情は想定され得るものであり，異常なも　60
のとはいえず，かかる行為の危険性を行為に含めることができ
ると考える。そうだとすれば，Vの溺死という結果は，甲の行
為の持つ危険性が現実化したものといえる。

ウ　したがって，因果関係が認められる。

（3）　もっとも，因果関係は客観的構成要件要素として故意の対象　65
（38条1項）となるところ，甲の予定していた因果経過を経てい
ないため，故意が認められないとも思える。しかし，甲の主観，
客観両方において行為とVの死との間に法的因果関係が認められ，
構成要件の範囲内で符合しているため，甲は規範に直面し反対動
機が形成可能であったといえるから，甲の故意（38条1項）が認　70
められると解する。

（4）　したがって，上記行為に殺人罪が成立する。

第6　以上より，甲の行為に，①業務上横領罪，②詐欺未遂罪，③有
因私文書偽造罪，④同行使罪，⑤殺人罪が成立する。そして，②〜
④は手段と結果の関係にあるから牽連犯（54条1項前段）となる。　75
また，①と②は一つの行為によってなされているから観念的競合
（54条1項後段）となり，それと⑤は併合罪（45条1項前段）とな
る。したがって，甲はかかる罪責を負う。

以上

（右側注釈）

⇦○行為の実行行為性に
争いはないのでこの程
度で十分と思われる

⇦△上記行為の結果とし
てVが死亡したことを
明示する
⇦○問題文の事実からの
問題提起OK

⇦△せっかく規範で①②
としたのであるから，
あてはめも①と②に分
けるべき

⇦△正確には「38条1項
本文」
⇦○コンパクトな論証OK

⇦△「有印」が正しい

⇦×牽連犯は54条1項後
段，観念的競合は54条
1項前段
⇦△正確には「45条前
段」

　本問は，甲が，(1)Vから本件土地に対する抵当権設定の代理権しか付与されていなかったのに，Aに本件土地を売る旨の売買契約書2部に「V代理人甲」と署名した上，その内容をAに確認させるなどしたこと，(2)Vに無断で本件土地の売買契約をAと締結したこと，(3)(2)に関して，逮捕を免れるなどのために，Vを殺害してその死体を海中に捨てることを計画し，実際にVの首を絞めたが，それにより失神したVが死亡したものと軽信し，その状態のVを海に落とし溺死させたことを内容とする事例について，甲の罪責に関する論述を求めるものである。

　(1)については，本件土地の売買契約書の作成権限が与えられていなかった甲による同契約書の作成が代理権限の逸脱に当たることを前提に，有印私文書偽造罪・同行使罪の成否について，文書の名義人に関する擬律判断を含め，その構成要件該当性を検討する必要がある。

　また，(2)については，主に論ずべき点として，横領罪と背任罪の関係を踏まえて，本件土地に関する（横領罪における）占有が甲に認められるか，それが認められるとした場合に甲の行為が「横領」と評価できるか（既遂時期），仮に横領罪の成立が否定された場合に背任罪の成否を検討すべきかについて，本事例における事実関係を基に検討する必要がある。

　(3)については，行為者が第1行為（Vの首を絞める行為）により死亡結果が発生すると予見していたのに，実際は結果が発生せず，第2行為（失神したVを海に落とした行為）により死亡結果が発生した場合（いわゆる遅すぎた構成要件の実現）の殺人既遂罪の成否に関し，第1行為と死亡結果との因果関係の有無及び因果関係の錯誤の処理，並びに，第2行為の擬律（抽象的事実の錯誤，過失致死罪の成否）について，また，第1行為と第2行為を1個の行為（一連の実行行為）と捉えた場合は，1個の行為と評価する根拠について，それぞれ検討する必要がある。

　いずれについても，各構成要件等の正確な知識，基本的理解や，本事例にある事実を丁寧に拾って的確に分析した上，当てはめを行う能力が求められる。

優秀答案における採点実感 ‖‖

1 全体

　全体的にメリハリのある答案になっている。特に，多少の誤りはありつつも，構成要件のあてはめの際には構成要件の定義を示していることは好印象である。また，答案の終盤にあっても因果関係の有無の判断基準の論証を書く余裕を残しており，高い答案構成能力がうかがえる。

2 設問（甲の罪責）

1　Aと本件土地の売買契約を締結した行為について，横領罪と背任罪の関係をふまえたうえで業務上横領罪の構成要件を検討している点がよいが，本問が不動産の横領事案であることに着目できず，業務上横領罪を成立させてしまったところがもったいなかった。

2　無印私文書偽造罪・同行使罪について，有印私文書偽造罪としてしまってはいるものの，名義人・作成者・「偽造」について論述できている。名義人の検討では文書偽造の罪の保護法益をふまえた論述をしてほしかった。

3　Vの首を絞めた行為についての殺人罪の成否も丁寧に検討できていてよい。特にコンパクトに仕上げている点は参考になる。ただ，時間や答案スペースの制約もあったのであろうが，Vを海へ落とした行為についても何かしら論述できると，なおよかった。

　　以下の事例に基づき，甲及び乙の罪責について論じなさい（住居等侵入罪及び特別法違反の点を除く。）。

1　甲は，新たに投資会社を立ち上げることを計画し，その設立に向けた具体的な準備を進めていたところ，同会社設立後の事業資金をあらかじめ募って確保しておこうと考え，某年7月1日，知人のVに対し，同年10月頃の同会社設立後に予定している投資話を持ち掛け，その投資のための前渡金として，Vから現金500万円を預かった。その際，甲とVの間では，前記500万円について，同会社による投資のみに充てることを確認するとともに，実際にその投資に充てるまでの間，甲は前記500万円を甲名義の定期預金口座に預け入れた上，同定期預金証書（原本）をVに渡し，同定期預金証書はVにおいて保管しておくとの約定を取り交わした。同日，甲は，この約定に従い，Vから預かった前記500万円をA銀行B支店に開設した甲名義の定期預金口座に預け入れた上，同定期預金証書をVに渡した。なお，同定期預金預入れの際に使用した届出印は，甲において保管していた。

2　甲は，約1年前に無登録貸金業者の乙から1000万円の借入れをしたまま，全く返済をしていなかったところ，同年7月31日，乙から返済を迫られたため，Vに無断で前記定期預金を払い戻して乙への返済に流用しようと考えた。そこで，同年8月1日，甲は，A銀行B支店に行き，同支店窓口係員のCに対し，「定期預金を解約したい。届出印は持っているものの，肝心の証書を紛失してしまった。」などとうその話をして，同定期預金の払戻しを申し入れた。Cは，甲の話を信用し，甲の申入れに応じて，A銀行の定期預金規定に従って甲の本人確認手続をした後，定期預金証書の再発行手続を経て，同定期預金の解約手続を行い，甲に対し，払戻金である現金500万円を交付した。甲は，その足で乙のところへ行き，受け取った現金500万円を乙に直接手渡して，自らの借入金の返済に充てた。なお，この時点で，乙は，甲が返済に充てた500万円は甲の自己資金であると思っており，甲がVから預かった現金500万円をVに無断で自らへの返済金に流用したという事情は全く知らないまま，その後数日のうちに甲から返済された500万円を自己の事業資金や生活費等に全額費消した。

3　同年9月1日，Vは，事情が変わったため甲の投資話から手を引こうと考え，甲に対し，投資のための前渡金として甲に預けた500万円を返してほしいと申し入れたところ，甲は，Vに無断で自らの借入金の返済に流用したことを打ち明けた。これを聞いたVは，激怒し，甲に対し，「直ちに500万円全額を返してくれ。さもないと，裁判を起こして出るところに出るぞ。」と言って500万円を返すよう強く迫った。甲は，その場ではなんとかVをなだめたものの，Vから1週間以内に500万円を全額返すよう念押しされてVと別れた。その後すぐに，甲は，乙と連絡を取り，甲がVから預かった現金500万円をVに無断で乙への返済金に流用したことを打ち明けた。その際，乙が，甲に対し，甲と乙の2人でV方に押し掛け，Vを刃物で脅して，「甲とVの間には一切の債権債務関係はない」という内容の念書をVに無理矢理作成させて債権放棄させることを提案したところ，甲は，「わかった。ただし，あくまで脅すだけだ。絶対に手は出さないでくれ。」と言って了承した。

4　同月5日，甲と乙は，V方を訪れ，あらかじめ甲が用意したサバイバルナイフを各々手に持ってVの目の前に示しながら，甲が，Vに対し，「投資話を反故にした違約金として500万円を出してもらう。流用した500万円はそれでちゃらだ。今すぐここで念書を書け。」と言ったが，Vは，念書の作成を拒絶した。乙は，Vの態度に立腹し，念書に加え現金も取ろうと考え，Vに対し，「さっさと書け。面倒かけやがって。迷惑料として俺たちに10万円払え。」と言って，Vの胸倉をつかんでVの喉元にサバイバルナイフの刃先を突き付けた。Vは，このまま甲らの要求に応じなければ本当に刺し殺されてしまうのではないかとの恐怖を感じ，甲らの要求どおり，「甲とVの間には一切の債権債務関係はない」という内容の念書を作成

して，これを甲に手渡した。

　　そこで，甲がV方から立ち去ろうとしたところ，乙は，甲に対し，「ちょっと待て。迷惑料の10万円も払わせよう。」と持ち掛けた。甲は，乙に対し，「念書が取れたんだからいいだろ。もうやめよう。手は出さないでくれと言ったはずだ。」と言って，乙の手を引いてV方から外へ連れ出した上，乙から同ナイフを取り上げて立ち去った。

5　その直後，乙は，再びV方内に入り，恐怖のあまり身動きできないでいるVの目の前で，その場にあったV所有の財布から現金10万円を抜き取って立ち去った。

答案構成用紙

① はじめに

本問は，詐欺罪，横領罪，強盗利得罪，強盗罪といった典型的な財産犯の理解を問うとともに，共犯関係という総論の内容も同時に問うものである。論述する内容からしてそれぞれのパートをコンパクトに書く必要があるうえ，共犯関係の論述は，共謀の有無や共謀の射程など，試験の現場で時間のないなか考えると混乱してしまいそうなものばかりであるので，注意が必要である。

② 設問（甲の罪責）

1 甲が，A銀行B支店で，うその話をして預金の払戻しを申し入れ，Vから預かった金銭500万円の払戻しを受けた行為（甲の単独犯）

(1) 甲がVから預かった500万円をVに無断で払戻しを受けているので，上記行為についてVに対する横領罪の成否を検討することになる。「自己の占有する」，「他人の物」，「横領」という3つの構成要件をそれぞれ検討する。

「他人の物」という構成要件について，Vから預かっている物が500万円という金銭であって，民法上は金銭の所有と占有が一致するため，Vから預かった500万円が「他人の物」といえるかが問題となる。預かった金銭を横領したという事案が出題された場合には必ず書く話なので，忘れないようにしたい。

「自己の占有する」という構成要件については，2つポイントがある。まず，横領罪における「占有」は委託信任関係に基づいていることが必要であるから，答案上でも委託信任関係が認められるかを丁寧に検討することになる。本問では，甲が預かった金銭は投資のみに使途が限定されており，これを流用してはならないということが甲V間で明らかにされていたのであるから，甲V間に委託信任関係が認められる。次に，「占有」は，事実上の占有にかぎらず，法律上の占有も含まれると解されるところ，本問では，甲に金銭の法律上の占有が認められるかを検討することになる。ここでは，甲に500万円について正当な払戻権限が認められることを認定する必要がある。

「横領」という構成要件については，問題なく認められる。

(2) 上記行為に，A銀行B支店に対する詐欺罪が成立しないかが問題となる。刑法の問題では，1つの行為が複数の被害者に対する複数の犯罪を構成する場合があるので，注意が必要である。ここでは，上記行為が「欺」く行為＝交付の判断の基礎となる重要な事項を偽る行為といえるかを検討することになる。上記のように，甲は500万円について正当な払戻権限を有している一方で，証書を紛失したという虚偽を述べている。証書を紛失したという虚偽を述べたことをどう評価するかで結論が分かれる。

2 甲と乙がVに債権放棄の念書を書かせた行為（甲乙の共犯）

(1) 甲の上記行為では，Vは念書作成を拒絶しており，乙の上記行為を受けてVは念書を作成しているので，犯罪の実現に一番近い乙の上記行為を先にピックアップして強盗利得罪の単独犯の成否を検討し，後から甲の上記行為について乙との間での強盗利得罪の共同正犯の成否を検討すると書きやすいと思われる。また，債権放棄の念書を書かせることによって甲と乙が得られる利益は，返還請求を免れるというものであるから，検討するべき犯罪は間違えずに強盗利得罪をセレクトしてほしい。

(2) 強盗利得罪の成否の検討では，「暴行又は脅迫」の要件の理解がもっとも重要となる。強盗罪（236条1項）にいう「暴行又は脅迫」と同様に，強盗利得罪の「暴行又は脅迫」も，相手方の反抗を抑圧するに足りる程度の不法な有形力行使であることが必要であるが，これに加えて，「暴行又は脅迫」が確実かつ具体的な利益移転に向けられている必要がある。なお，本問では，Vが債権放棄の念書を作成していることから問題とはならないが，強盗利得罪において，相手方の処分行為は不要とするのが判例（最判昭和32年9月13日）である。

(3) 次に，甲の上記行為に強盗利得罪の共同正犯が成立するかを検討することになる本問では，甲も乙も上記行為という実行行為に関与しているので，共謀共同正犯が問題となる事案ではなく，

いわゆる練馬事件（最大判昭和33年５月28日）にいう３要件をあげる必要はない。甲乙間の共謀と，共謀に基づく実行行為を検討すればよい。甲乙間に，Ｖを刃物で脅して債権放棄の念書を作成させることの共謀が認められることは問題ない。一方で，共謀に基づく実行行為が存在するかは検討を要する。当初，甲と乙はＶに手をださない旨合意していたにもかかわらず，乙は，Ｖの胸倉をつかんでＶの喉元にサバイバルナイフの刃先を突き付けてしまっている。この乙の行為が，共謀の射程内にあれば共謀に基づく実行行為といえるため，共謀の射程内にあるかどうかの判断をすることになる。共謀の射程内といえるかは，当初の共謀行為の因果性が結果に及んでいるかにより判断される。具体的には，物理的因果性と心理的因果性に着目する。また，共謀の際に明示的に排除されていたか，他の共犯者が予想することができたかなども判断要素となる。なお，この部分の検討は，答案上では必ずしも問題提起→論証→あてはめという三段論法の体裁をとる必要はなく，認定ですませるだけでよい。

３ 乙が，Ｖにナイフを突き付け，現金10万円を取得した行為

(1) 上記行為にでたのは乙なので，まずは乙について成立する犯罪を検討し，後から甲との間で上記行為についての共犯が成立するかを検討するという流れが書きやすい。

(2) ここで，乙は，Ｖの胸倉をつかんでＶの喉元にサバイバルナイフの刃先を突き付けた後に，甲とともに一度Ｖ方の外に出て，再びＶ方に戻ってきたときに現金10万円を取得しているところ，乙がＶにナイフを突き付けた行為（以下「第１行為」という）と現金10万円を取得した行為（以下「第２行為」という）を１個の行為とみるか別個の行為とみるかにより処理が変わる。

１個の行為とみた場合には，第１行為が強盗罪の「脅迫」，第２行為が同罪の「強取」にあたる結果，乙の上記行為に強盗罪が成立する。一方で，別個の行為とみた場合には，第１行為が強盗罪の「脅迫」にあたることは共通するが，別個の行為である「強取」にあたる第２行為は考慮できないので，第１行為に強盗未遂罪が成立することになる。そして，第２行為については窃盗罪が成立すると考えることになる。

問題文の事実から，第１行為と第２行為との間に時間的場所的接着性が認められ，乙の意思の連続も認められるので，両者を１個の行為とみるのが自然であろう。なお，ここまで答案を進めてくると，答案用紙の残りスペースや試験時間に余裕はないので，第１行為と第２行為の関係性については，書くとしてもコンパクトにしたほうがよい。

(3) 次に，乙の上記行為についての甲との共同正犯の成否を検討することになる。ここでも上記と同様に，まずは共謀と共謀に基づく実行行為の有無を検討する。前述のように，甲乙間ではＶを刃物で脅して債権放棄の念書を作成させるということの共謀は存在していた。したがって，乙の上記行為が当初の強盗利得罪の共謀の射程内にあれば，共謀に基づく実行行為が存在することになり，強盗罪の共同正犯が成立することになる。また，ここで共謀の射程内とはいえないとした場合には，甲乙間に新たに強盗罪の共謀が認められるかを検討することになるが，問題文に書かれた甲の態度からすれば，新たな共謀は認められないであろう。

【関連判例】
最判昭和32年９月13日刑集11巻９号2263頁（判例シリーズ57事件）
最大判昭和33年５月28日刑集12巻８号1718頁（判例シリーズ29事件）

【参考文献】
試験対策講座・刑法総論19章２節⑤，21章４節②，刑法各論４章３節②【2】・③【2】，４節②【2】，６節②【2】。判例シリーズ29事件，57事件。条文シリーズ60条②(5)，１編11章■７節，236条②，246条②２，252条②２。

答案例

第1　甲が，A銀行B支店で，うその話をして預金の払戻しを申し入れ，Vから預かった金銭500万円の払戻しを受けた行為

1　Vに対する横領罪（252条1項）が成立しないか。 → 問題提起

(1)　まず，民法上，金銭の所有と占有は一致するが，甲が預かった金銭は投資のみに使途が限定されており，これを流用してはならないという委託者Vの意思はなお刑法上保護されるため，当該金銭はVという「他人の物」にあたる。 → 「他人の物」

5

(2)　次に，甲は，当該金銭が預金された口座の預金証書を有していないが，同口座の名義人は甲であり，預入れに使用した届出印をみずから保管している以上，甲は，同支店における本人確認手続等を経て預金証書の再発行を受け，当該金銭を容易に引き出せる地位にあったといえる。また，甲は，現に適切な本人確認手続等を経て預金証書の再発行を受けている。そのため，甲は，当該金銭の正当な払戻権限を有し，これをVとの委託信任関係に基づき「占有」していた。 → 「占有」

10

15

(3)　そして，上記行為は，自己の借金返済目的のもので，上記使途の定めに反するため，委託の任務に背いて権限がないのに所有者でなければできないような処分をする意思たる不法領得の意思の発現行為といえ，「横領」にあたる。 → 「横領」

(4)　よって，甲の上記行為に横領罪が成立する。 → 結論

20

2　A銀行B支店に対する詐欺罪（246条1項）が成立しないか。 → 問題提起

(1)　「欺」く行為とは，交付の判断の基礎となる重要な事項を偽る行為をいうところ，甲は，証書紛失の事実を偽っているが，上述のとおり正当な払戻権限を有しているため，同支店は，甲に対して占有をとどめる正当な利益をもたず，証書紛失の事実は払戻金交付の判断の基礎となる重要な事項といえないため，「欺」く行為は認められない。 → 「欺」く行為

25

(2)　よって，甲の上記行為に詐欺罪は成立しない。 → 結論

第2　甲と乙が，Vに債権放棄の念書を書かせた行為

1　乙の上記行為に，強盗利得罪（236条2項）が成立しないか。 → 問題提起

30

(1)　まず，乙がVの胸倉をつかんで喉元にナイフを突き付け，念書を書くように脅した行為は，社会通念上Vの反抗を抑圧するに足りる程度のものとして，「脅迫」にあたりうる。 → 「脅迫」

もっとも，処罰範囲限定のため，「脅迫」は確実かつ具体的な利益移転に向けられたものであることが必要と解されるが，Vによる当該念書の作成により，Vの甲に対する500万円の返還請求権は放棄されるため，上記行為は，甲がVからの返還請求を免れるという確実かつ具体的な利益移転に向けられたものとして，「脅迫」にあたる。 → 確実かつ具体的な利益移転

35

(2)　そして，上記「脅迫」により，上記返還請求を免れるという「財産上不法の利益」を甲に得させている。 → 「財産上不法の利益」

40

(3)　よって，乙の上記行為に強盗利得罪が成立し，後述のように甲と共同正犯（60条）となる。 → 結論

2　甲の上記行為に，強盗利得罪の共同正犯（60条，236条2項） → 問題提起

が成立しないか。甲は，乙の提案を了承し，乙と共にVに念書を 45
作成させていることから，共同正犯の成否が問題となる。
(1) そもそも，共同正犯における一部実行全部責任の原則の根拠
は，相互利用補充関係のもと，特定の犯罪を実現した点にある → 規範定立
から，共謀と，共謀に基づく実行行為が存在すれば，共同正犯
が成立すると解する。 50
(2) これを本件についてみると，甲は，Vを刃物で脅して債権放 → あてはめ
棄の念書を作成させるという乙の提案を了承しているため，甲 → 共謀
乙間に強盗利得罪の共謀が認められる。
次に，乙の上記脅迫について，上記共謀では，Vに手をださ → 共謀に基づく実行行為
ない旨の合意があったものの，乙はVを傷つけてはおらず，手 55
をだしたとはいいがたいため，なお，上記共謀の内容に沿う行
為といえる。さらに，ナイフをVの目の前に示して脅したのみ
ではVが念書を作成しなかった以上，上記共謀の目的を達成す
るために，ナイフを至近距離で突き付けるなどのより強度な脅
迫手段にでることも，上記共謀から通常想定されるといえる。 60
そのため，乙の上記脅迫は，共謀に基づく実行行為といえる。
(3) よって，甲の上記行為に強盗利得罪の共同正犯が成立する。 → 結論
第3 乙が，Vにナイフを突き付け，現金10万円を取得した行為
1 乙の上記行為に，強盗罪（236条1項）が成立しないか。 → 問題提起
上記行為は，現金という「財物」の奪取にも向けられた「脅 65
迫」であり，乙は，これを手段としてVのもとから当該現金を抜
き取り，「強取」しているため，強盗罪が成立する。 → 結論
2 甲において，強盗罪の共同正犯（60条，236条1項）が成立し → 問題提起
ないか。
(1) 甲乙間の上記共謀は，あくまでVに債権放棄させるという強 70 → 共謀に基づく実行行為
盗利得罪を内容とするものであり，財物を強取するという強盗 の検討
罪は内容となっていない。また，乙が甲に現金取得をもち掛け
た際，甲はこれを拒絶しているため，上記共謀において，当初
から財物の強取は予定していなかったといえる。さらに，甲は
乙の手を引いてV方から外へ連れ出したうえ，乙からナイフを 75
取り上げて立ち去っており，これをもって共謀に基づく行為は
終了したといえる。そのため，強盗罪との関係において，乙の
上記脅迫は，甲乙間の上記共謀に基づく行為とは認められない。
また，甲は，乙の上記もち掛けを拒絶しているため，甲乙間 → 新たな現場共謀の有無
に新たな現場共謀が成立したともいえない。 80
(2) よって，甲において，強盗罪の共同正犯は成立しない。 → 結論
第4 罪数について → 罪数処理
以上より，甲は横領罪と強盗利得罪の共同正犯の罪責を負い，両
者は被害法益の実質的同一性から包括一罪となる。乙は強盗利得罪
の共同正犯と強盗罪の罪責を負い，両者は同一被害者に対する同一 85
機会のものとして包括して強盗罪一罪となる。
以上

第1　A銀行B支店で定期預金証書の再発行を受けた甲の行為

　　甲に，Cに対する詐欺罪（刑法（以下略）246条1項）が成立するか。

　　甲は，Cに対して定期預金証書を紛失したとの虚偽の事実を述べている。当該事実は，Cが定期預金証書を再発行するに当たって判 5 断の基礎となる重要な事項であることから，かかる虚偽の事実を述べたことは，「欺」く行為である。そしてCは錯誤に陥り，定期預金証書という「財物」を甲に対して交付している。甲には故意が認められることから，甲には詐欺罪が成立する。

第2　乙に対して現金500万円を渡した甲の行為

　1　甲にVに対する横領罪（252条1項）が成立するか。 10

　2　甲名義の定期預金口座に預け入れられた500万円については，甲V間で，同500万円は甲が今後設立する会社による投資のみに充てることが確認されるとともに，定期預金証書はVが保管しておくとの約定が交わされていることから，甲V間には，投資に充 15 てられるまでは，当該預金の所有権はVに留保するとの合意があったものと考えられる。よって，同預金は，甲にとって「他人の物」である。

　3　横領罪の「占有」は，濫用のおそれのある占有を意味するものと考えられることから，事実上の占有のみならず，預金の占有の 20 ような法律上の占有も含むと解する。

　　では，上記預金は甲の占有下にあったといえるか。

　　確かに，本問においては定期預金証書をVが保管していたことから，上記現金は甲の占有下にはなかったようにも思える。しかし，実際の社会生活においては，預金名義人が届出印を所持して 25 いた場合，銀行窓口で預金証書の再発行を受け，預金を引き出すことが可能であることから，当該名義人が預金を占有しているといえる。本問において，甲は預金名義人でありかつ届出印を所持していた。よって，上記預金は甲の占有下にあったといえる。

　4　そして，同預金を引き出し，乙に渡すという行為は，所有者で 30 あるVでなければできない行為であり，不法領得意思の実現といえる。

　5　よって，甲にはVに対する横領罪が成立する。

第3　Vに対して債権放棄の念書を書かせ甲に手渡させた甲・乙の行為

　1　甲及び乙に2項強盗罪（236条2項）の共同正犯（60条）が成 35 立するか。

　　共同正犯の処罰根拠は，法益侵害の共同惹起にある。そこで①共謀が成立し，②共謀に基づく犯罪の共同実行があれば，共同正犯が成立すると解する。

　2　本問において，乙が甲に対して，二人でV方に押し掛け，Vを 40 刃物で脅し，無理やり債権譲渡の念書を作成させる旨提案したところ，甲は「わかった」と了承していることから，共謀の成立が認められる（①充足）。そして，同共謀に基づき，両者はV方を訪れ，サバイバルナイフを各々手にもってVの目の前に示しなが

（右欄の注記）

⇐△500万円の払戻しを受けた行為を実行行為とすべき

⇐×犯罪は人の「行為」に成立する（以下同様）。また，預金の占有はA銀行B支店にある

⇐×甲が払戻しを受けた時点で500万円に対するVの所有権の侵害は観念できるので，乙に対して甲が500万円を渡した行為は不可罰的事後行為

⇐○法律上の占有の指摘OK

⇐△占有が委託信任関係に基づくことを指摘する

⇐○問題文の事実の引用OK

⇐△「委託信任関係に基づく」というフレーズがほしい

⇐△「横領」にあたることを指摘する

⇐△正確には「強盗利得罪」

⇐○共謀の認定OK

⇐○共謀に基づく実行行為OK

ら，甲がVに対し，債権放棄の念書を書くよう迫った。しかし，　45
この時点では，Vが念書の作成を拒絶していることに鑑み，甲・
乙の「脅迫」は相手の反抗を抑圧するに足りる程度には達してい
ないと考えられる。その後，乙がVに対し「さっさと書け。……
10万円払え。」と言って，Vの胸倉をつかんでVの喉元にサバイ
バルナイフの刃先を突き付けた時点では，Vは「本当に刺殺されて　50
しまうのではないか」との恐怖を感じていることからみて，甲・
乙の脅迫は反抗を抑圧するに足りる程度に達していたものと考え
る。そして，乙による当該脅迫は，当初の共謀により犯意を強化
された結果の行為と考えられるので，共謀の射程内であると解す
る。当該脅迫の結果，Vは債権放棄の念書を作成させられ，同念　55
書を甲に手渡していることから，甲は「財産上不法の利益を得」，
乙は甲という「他人に」財産上不当の利得を「得させた」といえ
る。

左余白注釈
⬅△「暴行又は脅迫」は確実かつ具体的な利益移転に向けられていることを指摘する
⬅○共謀の射程の検討OK

　　　よって，甲・乙には，2項強盗罪の共同正犯が成立する。
　3　この後，後述のとおり，乙はV所有の財布から現金10万円を奪　60
っている。しかし，甲は，上述の念書を得た後，乙が「10万円も
払わせよう」と述べた際，乙に対し「念書が取れたんだからいい
だろう。……言ったはずだ」と言って，乙の手を引いてV方から
外へ連れ出した上，乙からナイフを取り上げて立ち去ったことか
ら，甲は当初の共謀の因果性を解消させたといえる。よって，乙　65
の後述の行為について甲は罪責を負わない。

⬅△甲乙間に新たな共謀が存在しないことにも触れるべき

第4　Vの財布から現金10万円を奪った乙の行為
　1　乙に強盗罪（1項）が成立するか。乙がVを脅迫した後，いっ
たんV方を離れ，再度V方に戻ってから現金を奪っていることか
ら，脅迫と財物奪取との間に因果関係が認められるか問題となる。　70

⬅△正確には「同条1項」
⬅○強盗罪の成立を丁寧に検討できている

　2　行為者が被害者に対して反抗を抑圧するに足りる程度の脅迫を
加えた後に，いったん被害者から離れたとしても，時間的に接着
した時点で被害者のもとに戻り，当初の脅迫により反抗を抑圧さ
れた被害者の状態を利用して財物を奪取した場合には，脅迫と財
物奪取との間には因果関係が認められ，強盗罪が成立すると解す　75
る。
　3　本問において，上記第3で検討したとおり，乙はVに対して犯
行を抑圧するに足りる程度の脅迫を加えた。その後，いったんV
から離れたものの，「直ちに」という時間的に接着した時点でV
の元に戻り，当初の脅迫により反抗を抑圧されたVの状態を利用　80
して10万円を奪っている。
　　　よって，乙には強盗罪が成立する。
第5　結論
　　　以上より，甲は，詐欺罪，横領罪，2項強盗罪の共同正犯の罪責
を負う。これらは併合罪（45条）である。乙は，2項強盗罪の共同　85
正犯と1項強盗罪の罪責を負う。これらはいずれもVの財産権に対
する侵害であることから包括一罪となる。

⬅△正確には「45条前段」

　　　　　　　　　　　　　　　　　　　　　　　　　　　以上

フッター

本問は，(1)甲が，Vから投資のための前渡金として預かった現金500万円を，Vとの約定により甲名義の定期預金口座に預け入れて保管していたところ，Vに無断で前記定期預金を解約し，その払戻金を自らの借入金の返済に充てて流用したこと，(2)その後，Vから前記500万円の返還を迫られた甲が乙と共にV方を訪れ，各々手に持ったサバイバルナイフをVの目の前に示したり，乙がVの胸倉をつかんでVの喉元に同ナイフの刃先を突き付けたりして，「甲とVの間には一切の債権債務関係はない」という内容の念書をVに無理矢理作成させたこと，(3)その際，乙がVに迷惑料として10万円の支払を要求したところ，甲は，これを制止し，乙をV方から外へ連れ出した上，同ナイフを取り上げて立ち去ったものの，その直後に乙がV方内に戻り，Vの下から現金10万円を持ち去ったことを内容とする事例について，甲及び乙の罪責に関する論述を求めるものである。

(1)については，甲には銀行に対する正当な払戻権限があることを踏まえて，甲における現金500万円に対する横領罪の成否について，預金の占有に関する擬律判断を含め，その構成要件該当性を検討し，(2)及び(3)については，甲及び乙における念書及び現金10万円に対する強盗罪の成否について，各構成要件該当性のほか，甲・乙間における共謀に基づく共同正犯の成立範囲や共犯関係の解消の有無を検討する必要があるところ，事実を的確に分析するとともに，横領罪及び強盗罪の各構成要件，共犯者による過剰行為がなされた場合の共同正犯の成否等に関する基本的理解と具体的事例への当てはめが論理的一貫性を保って行われていることが求められる。

優秀答案における採点実感 ||||

① 全体

検討すべき犯罪を検討できており，全体的にメリハリのある答案にはなっているものの，詐欺罪，共犯関係，強盗罪の検討のところで理解が不正確なところや，書く必要のないことまで書いてしまっているという点で，もったいない答案になっている。そうであってもA評価になったのは，問題文の事実を多く引用しているためだと思われる。この点は是非参考にしてほしい。また，通常の刑法の答案は，行為者ごとに行為をピックアップする体裁をとるが，この答案は，行為ごとにまとめるという体裁をとっているのが参考になる。書きづらさを感じた場合の対処法として，行為ごとに書くという選択ができるようにしておこう。

② 設問

1　A銀行B支店で定期預金証書の再発行を受けた甲の行為ではなく，500万円の払戻しを受けた行為について，詐欺罪の成否を検討すべきであった。

2　乙に対して現金500万円を渡した甲の行為については，構成要件ごとに定義を示しながらメリハリをつけてあてはめができていてよい。もっとも，不法領得意思の現れである横領行為は，甲がA銀行B支店で500万円の払戻しを受けた行為と捉えるべきであろう。

3　Vの財布から現金10万円を奪った乙の行為について，「暴行又は脅迫」と被害者の処分行為との因果関係の有無を三段論法のかたちで論じているが，ここまでする必要はないだろう。

以下の事例に基づき，Vに現金50万円を振り込ませた行為及びD銀行E支店ATMコーナーにおいて，現金自動預払機から現金50万円を引き出そうとした行為について，甲，乙及び丙の罪責を論じなさい（特別法違反の点を除く。）。

1　甲は，友人である乙に誘われ，以下のような犯行を繰り返していた。
　　①乙は，犯行を行うための部屋，携帯電話並びに他人名義の預金口座の預金通帳，キャッシュカードおよびその暗証番号情報を準備する。②乙は，犯行当日，甲に，その日の犯行に用いる他人名義の預金口座の口座番号や名義人名を連絡し，乙が雇った預金引出し役に，同口座のキャッシュカードを交付して暗証番号を教える。③甲は，乙の準備した部屋から，乙の準備した携帯電話を用いて電話会社発行の電話帳から抽出した相手に電話をかけ，その息子を装い，交通事故を起こして示談金を要求されているなどと嘘を言い，これを信じた相手に，その日乙が指定した預金口座に現金を振り込ませた後，振り込ませた金額を乙に連絡する。④乙は，振り込ませた金額を預金引出し役に連絡し，預金引出し役は，上記キャッシュカードを使って上記預金口座に振り込まれた現金を引き出し，これを乙に手渡す。⑤引き出した現金の7割を乙が3割を甲がそれぞれ取得し，預金引出し役は，1万円の日当を乙から受け取る。

2　甲は，分け前が少ないことに不満を抱き，乙に無断で，自分で準備した他人名義の預金口座に上記同様の手段で現金を振り込ませて，その全額を自分のものにしようと計画した。そこで，甲は，インターネットを通じて，他人であるAがすでに開設していたA名義の預金口座の預金通帳，キャッシュカードおよびその暗証番号情報を購入した。

3　某日，甲は，上記1の犯行を繰り返す合間に，上記2の計画に基づき，乙の準備した部屋から，乙の準備した携帯電話を用いて，上記電話帳から新たに抽出したV方に電話をかけ，Vに対し，その息子を装い，「母さん。俺だよ。どうしよう。俺，お酒を飲んで車を運転して，交通事故を起こしちゃった。相手のAが，『示談金50万円をすぐに払わなければ事故のことを警察に言う。』って言うんだよ。警察に言われたら逮捕されてしまう。示談金を払えば逮捕されずにすむ。母さん，頼む，助けてほしい。」などと嘘を言った。Vは，電話の相手が息子であり，50万円をAに払わなければ，息子が逮捕されてしまうと信じ，50万円をすぐに準備する旨答えた。甲は，Vに対し，上記A名義の預金口座の口座番号を教え，50万円をすぐに振り込んで上記携帯電話に連絡するように言った。Vは，自宅近くのB銀行C支店において，自己の所有する現金50万円を上記A名義の預金口座に振り込み，上記携帯電話に電話をかけ，甲に振込みをすませた旨連絡した。

4　上記振込みの1時間後，たまたまVに息子から電話があり，Vは，甲の言ったことが嘘であると気づき，警察に被害を申告した。警察の依頼により，上記振込みの3時間後，上記A名義の預金口座の取引の停止措置が講じられた。その時点で，Vが振り込んだ50万円は，同口座から引き出されていなかった。

5　甲は，上記振込みの2時間後，友人である丙に，上記2及び3の事情を明かしたうえ，上記A名義の預金口座から現金50万円を引き出してくれれば報酬として5万円を払う旨もちかけ，丙は，金欲しさからこれを引き受けた。甲は，丙に，上記A名義の預金口座のキャッシュカードを交付して暗証番号を教え，丙は，上記振込みの3時間10分後，現金50万円を引き出すため，D銀行E支店（支店長F）のATMコーナーにおいて，現金自動預払機に上記キャッシュカードを挿入して暗証番号を入力したが，すでに同口座の取引の停止措置が講じられていたため，現金を引き出すことができなかった。なお，金融機関は，いずれも，預金取引に関する約款等において，預金口座の譲渡を禁止し，これを預金口座の取引停止事由としており，譲渡された預金口座を利用した取引に応じることはなく，甲，乙及び丙も，これを知っていた。

① はじめに

本問は振り込め詐欺をめぐる詐欺罪の成否，および，窃盗未遂罪の成否について問う問題である。各論点の学説はさまざまであるが，どの説を採ろうとも甲乙丙の罪責について筋のとおった論述が求められる。問題文に「Vに現金50万円を振り込ませた行為」「現金自動預払機から現金50万円を引き出そうとした行為」について分けて検討するよう指示があることから，答案においても甲の罪責，乙の罪責という順番で検討するよりも，行為ごとに検討するほうが，問いに答えるという点で妥当であろう。

② 設問

1 Vに現金50万円を振り込ませた行為について

(1) まず，甲については，詐欺罪の成否が問題となる。詐欺罪の成立には，欺罔行為による錯誤の惹起，錯誤に基づいた交付行為，交付行為により物・利益の移転がなされたことが必要である。本問でも，この要件に具体的事実をコンパクトにあてはめていくことが必要である。「欺」く行為とは，財産的処分行為の判断の基礎をなす重要な事実を偽ることをいう。親であるVにとって，息子が逮捕されかねないという事実は，財物を交付するかを決定するうえで重要な事実にあたるといえる。また，「欺」く行為により，Vは錯誤に陥り，A名義の銀行口座に現金50万円を振り込んでいる。

　　ここで問題となるのは，犯人が被害者を欺罔して自己の管理する預金口座に金銭を入金させる行為は，1項詐欺と2項詐欺のいずれに問擬すべきかである。答案例では，詐欺罪の「交付させた」の要件で検討しているが，はじめに検討してもかまわない。この論点につき，犯人が取得するのは銀行に対する債権にすぎないとして，2項詐欺が成立するにとどまるという見解もある。しかし，答案例では，1項詐欺が成立するという見解に立った。この見解は，自己が管理する預金口座に金銭を振り込ませることで，当該金銭を自由に処分することができる状態になり，金銭の交付があったと同視できると考える見解である。

　　もっとも，本問では，Vが金銭を振り込んだ口座はAという他人名義の口座であり，甲名義の口座ではないという事情がある。他人名義の口座であることを銀行に秘匿したまま払戻しを行うことは，窓口で係員に対し払戻しを申告する場合には詐欺罪，ATMを利用し払戻しをする場合には窃盗罪が成立しうることから，法的に許されていないといえる。そのため，口座に振り込まれた金銭を自由に処分できる可能性は肯定できず，金銭の交付があったと同視することができないことから，1項詐欺罪は既遂に達しているとはいえないのではないかが問題となる。

　　しかし，他人名義の預金口座からの金銭の払戻しが詐欺や窃盗にあたるとはいえ，犯人が預金通帳（および印鑑）やキャッシュカード（および暗証番号）を有してさえいれば，その金銭を払い戻すことは現実的にはさほど困難なことではないから，特段の事情がないかぎり，振込みの時点で金銭を自由に処分できる状態になったとして1項詐欺罪は既遂に達すると考えてよい（大阪高判平成16年12月21日参照）。

　　以上より，Vが50万円を口座に入金した時点において現金の占有が移転しており，詐欺罪は既遂となる。

(2) 次に，乙につき，上記行為について詐欺罪の共謀共同正犯が成立しないかが問題となる。共謀の射程については，共謀共同正犯の要件のなかの"共謀に基づく実行行為といえるか"という枠組みで論じるのが論理的であるが，時間がなければ端的に"甲の行為は，当初の甲乙の共謀の射程が及ばず，詐欺罪の共謀共同正犯は成立しないのではないか"と問題提起をしてもかまわない。

　　共謀の射程は，当初の共謀行為の因果性が結果に及んでいるかという問題であると解されている（橋爪21～22頁）。本問においても，具体的事実に即して，共謀に基づく因果性が現実の犯罪結果に及んでいるといえるかを検討する必要がある。答案例では，共謀の射程は及んでいるという結論としたが，当初の共謀と異なり，甲がみずから預金通帳，キャッシュカード，暗証番号を準備していること，分け前が乙には与えられないことを重視し，当初の共謀の因果性が結果に及ん

でいないと認定することもできるであろう。また，共謀の射程が及ばないという結論をとった場合，甲の詐欺罪について幇助犯が成立しないか検討する必要がある。

2　現金自動預払機から現金50万円を引き出そうとした行為について

まず，50万円を引き出そうとした丙の罪責について検討する。本問では先行する甲の振り込め詐欺のうちの引出し行為に関与したのであるから，詐欺罪の承継的共同正犯について検討した受験生もいるかもしれない。しかし，承継的共同正犯の問題は，先行者により構成要件該当行為の一部が行われた後に，その事情を知りながら構成要件的結果の実現に対する加功を開始した後行者について，加功前の事実をも含めた共犯の罪責を問いうるかという問題である。本問では，上述のように，甲のVに対する詐欺罪はVがA名義の口座に振り込ませた時点において既遂に達していると考えることから，丙の引出し行為は詐欺罪の構成要件該当行為にあたらない。そのため，承継的共同正犯を論じる余地はない。

次に，丙について窃盗罪を検討する際には，だれに対する侵害行為かを認定することが重要である。本問であれば，D銀行E支店長Fに対する窃盗未遂罪の検討を行うことになる。そして，丙が現金自動預払機にキャッシュカードを挿入した時点ですでに同口座の取引の停止措置が講じられていたため，不能犯にあたり実行行為性が認められないのではないかが問題となる。行為時に，一般人が認識しえた事情および行為者が特に認識していた事情を基礎として，一般人の観点から危険の有無を判断する見解（具体的危険説）に立った場合，A名義の口座に取引の停止措置が講じられているという事情が一般人にとって認識しえたかどうかの評価が重要になるであろう。

丙に窃盗未遂罪の成立を認めた場合には，次に甲に窃盗未遂罪の共謀共同正犯が成立するか，検討を要する。甲は利益の9割を得ようとするなど，共謀共同正犯が成立することは明らかであるから，コンパクトにまとめることが必要である。

なお，答案例では，乙に窃盗未遂罪の共謀共同正犯が成立するかを検討しているが，先述した甲の詐欺罪について乙の共謀共同正犯の成立を否定する場合，論述する重要性は低い。

このように，それぞれの答案の筋に合わせて，各論点について答案に書く分量の比重が変わってくる。そのため，答案構成段階において，何をどの程度書くかを決定しておく必要がある。

【関連判例】
大判昭和2年3月15日刑集6巻89頁
大阪高判平成16年12月21日判タ1183号333頁
最大判昭和33年5月28日刑集12巻8号1718頁（判例シリーズ29事件）
広島高判昭和36年7月10日高刑14巻5号310頁（百選Ⅰ67事件）
最判昭和37年3月23日刑集16巻3号305頁（判例シリーズ22事件）

【参考文献】
試験対策講座・刑法総論19章2節⑤，21章4節②【3】。判例シリーズ22事件，29事件。条文シリーズ235条，246条。
橋爪隆「共謀の射程と共犯の錯誤」法学教室359号20〜25頁。

第1　Vに現金50万円を振り込ませた行為について
　1　甲の罪責について
　　　Vに対し，その息子を装い，現金50万円を振り込ませた甲の行
　　為に詐欺罪（246条1項）が成立しないか。 ➡問題提起
　(1)　まず，母親たるVにとって，息子が逮捕されかねないという　　5 ➡欺罔行為
　　　事実は，財物を交付するかを決定するうえで重要な事実である
　　　から，この点を偽る甲の行為は，財産的処分行為の基礎をなす
　　　重要な事実を偽る行為たる「欺」く行為にあたる。
　(2)　次に，Vは錯誤に陥り，A名義の口座に現金50万円を振り込 ➡錯誤とそれに基づく交
　　　んでおり，錯誤に基づく交付行為が認められる。　　　　　　10 　付行為
　(3)　そして，甲はA名義の口座の預金通帳，キャッシュカードお ➡財物の移転
　　　よびその暗証番号（以下「預金通帳等」という）を有している
　　　から，振り込まれた現金を自由に処分できる状態にある。その
　　　ため，現金の振込みは，現金の交付と同視でき，交付行為に基
　　　づく財物の移転があったといえる。　　　　　　　　　　　　15
　(4)　以上より，上記行為に詐欺罪が成立し，後述のとおり，乙と ➡結論
　　　の共同正犯となる。
　2　乙の罪責について
　　　乙が詐欺罪の共謀共同正犯（60条）となるか。 ➡問題提起
　(1)　共同正犯における一部実行全部責任の原則の根拠は，相互利　20 ➡規範定立
　　　用補充関係のもと，特定の犯罪を実現した点にある。そこで，
　　　①共謀，②共謀に基づく実行行為および③正犯意思があれば，
　　　共謀共同正犯が成立すると解する。
　　ア　まず，乙と甲には詐欺につき共謀があった（①）。 ➡共謀の認定
　　イ　次に，上記共謀に基づく実行行為があるか。上記共謀の射　25 ➡問題提起
　　　　程が及ぶかが問題となる。
　　　(ア)　そもそも，共同正犯は自己の関与と因果性がある限度で ➡規範定立
　　　　　結果への責任を負うから，共謀の射程が及ぶかは，共謀と
　　　　　結果惹起との間の因果性の有無により判断する。
　　　(イ)　これを本問についてみると，たしかに，甲は，上記共謀　30 ➡あてはめ
　　　　　と異なり，他人名義の預金通帳等をみずから用意したうえ，
　　　　　乙に無断で利益を独占しようとしている。しかし，甲は，
　　　　　乙の準備した部屋で乙の準備した携帯電話と電話帳を用い，
　　　　　上記共謀に基づく詐欺を何度も成功させてきた乙考案の犯
　　　　　罪スキームに即して，詐欺を行っている。そうだとすれば，35
　　　　　上記共謀と結果惹起との間には物理的・心理的因果性があ
　　　　　るといえる。
　　　(ウ)　よって，本問では上記共謀の射程が及び，上記共謀に基 ➡共謀に基づく実行行為
　　　　　づく実行行為があるといえる（②）。 　の認定
　　ウ　また，乙は自己の犯罪として行う意思で甲と上記共謀を形　40 ➡正犯意思の認定
　　　　成していることから，上記共謀に基づく詐欺についても正犯
　　　　意思を有しているといえる（③）。
　(2)　そして，乙は甲が電話をした者に対し詐欺を行うことを認識 ➡故意の認定
　　　して上記共謀を形成している以上，詐欺に関する故意について

も欠けるところはない。 45

（3）　以上より，乙は詐欺罪の共謀共同正犯となる。 →結論

3　丙の罪責について

　　詐欺罪はVが現金を振り込んだ時点で既遂に達しているため， →全体のバランスに配慮した記述
その後加功した丙は詐欺につき罪責を負わない。

第2　現金自動預払機から現金50万円を引き出そうとした行為について 50

1　丙の罪責について

　　丙の上記行為に窃盗未遂罪（243条，235条）が成立しないか。 →問題提起

（1）　まず，現金自動預払機の中の現金50万円は，「他人」たる支 →端的な認定
店長Fの占有する「財物」にあたる。

（2）　次に，約款等が他人の口座を用いた取引には応じないとして 55
いた以上，A名義の口座から現金を引き出し，その占有を移転 →問題提起
しようとすることは，Fの意思に反するものである。もっとも，
取引停止措置により，現金の占有移転は不可能であったため，
丙の行為が同罪の実行行為といえるか。

　ア　そもそも，実行行為性は，行為者が認識していた事情およ 60 →規範定立
び一般人が認識しえた事情を基礎に，行為の時点で一般人か
らみて構成要件的結果発生の現実的危険が認められるかで判
断すべきであると解する。

　イ　これを本問についてみると，取引停止措置を丙は認識して →あてはめ
おらず，一般人も認識できなかった。そうだとすると，丙が 65
キャッシュカードを入れ暗証番号を入力した時点で，一般人
からみてFの意思に反する占有移転の現実的危険が認められ，
丙の行為は同罪の実行行為といえる。

（3）　しかし，現金を引き出すことができなかった丙は，現金を →未遂犯が成立すること
「窃取した」とはいえず，上記行為に窃盗未遂罪が成立し，後 70
述のとおり，甲と共同正犯となる。

2　甲の罪責について

　　甲は，利益を9割得ようとする等，自己の犯罪として行う意思 →甲が共謀共同正犯となること
で（③），窃盗を共謀し，同共謀に基づき丙に実行させている
（①②）から，窃盗未遂罪の共謀共同正犯となる。 75

3　乙の罪責について

　　甲と乙には窃盗につき共謀があった（①）が，甲は，上記共謀 →共謀の認定
と異なり，犯行の要となる預金引出し役をみずから用意したうえ， →共謀に基づく実行行為でないこと
丙への報酬を除き利益の独占を図っている。そのため，甲は上記
共謀とは別の犯罪として窃盗を計画しているといえ，上記共謀と 80
結果惹起との間には物理的・心理的因果性がなく，上記共謀の射
程は及ばない。

　　よって，共謀に基づく実行行為があるとはいえず（②不充足），
乙は窃盗未遂罪の共謀共同正犯とならない。

第3　罪数について 85

　　以上より，甲は詐欺罪および窃盗未遂罪の共同正犯の罪責を負い， →罪数処理
両者は併合罪（45条前段）となる。また，乙は詐欺罪の共同正犯，
丙は窃盗未遂罪の共同正犯の罪責を負う。　　　　　　　　以上

第1　Vに50万円を振り込ませた行為

　1　甲の罪責

　　Vに対する詐欺既遂罪（刑法246条1項，以下，法令名省略）を検討する。

　　(1)　甲は，そのような事実がないにもかかわらず，息子が逮捕を免れるには50万円が必要とVを「欺い」ている。なお，甲の嘘は，息子という点ではなく，息子の逮捕を免れるための示談金50万円という財産上の処分に向けられているので，詐欺罪の欺罔行為と考える。

　　(2)　かかる欺罔行為により，Vは錯誤に陥り，50万円という「財物」を「交付」している。本件で，現金は引き出されていないが，A口座に振り込まれれば，甲は自由に引き出せるので，この時点で交付と考える。

　　(3)　以上より，詐欺既遂罪が成立する。

　2　乙の罪責

　　(1)　この点について，乙は，同様の犯行を甲と繰り返していた。しかし，本件では，甲は乙に「無断で」行っており，乙との場合とは異なり「全額」取得しようとしている。また，詐欺による利益確保に決定的である口座が異なる。すると，本件は共謀によるものとは認められず，共謀共同正犯は成立しない。

　　(2)　しかし，幇助犯（62条1項，246条1項）とならないか。

　　　　甲が電話をかけた部屋や携帯電話は乙が用意したものである。よって，物理的に正犯の実行行為を容易にしている。また，繰り返し行っていたので，心理的にも容易にしている。よって客観的構成要件該当性は認められる。

　　　　しかし，甲は乙に「無断で」行っているので，乙は甲が本件行為をやったことさえ認識していない。したがって，幇助の故意がない。

　　　　以上より，幇助犯も成立しない。

　3　丙の罪責

　　丙が甲から誘われたのは，振込みがなされた後である。すなわち，詐欺罪は既遂であった。

　　したがって，丙は正犯にも共犯にもならず，罪責を負わない。

第2　ATMから引き出そうとした行為

　1　丙の罪責

　　(1)　窃盗目的でATMコーナーに入ったことは，D銀行の意思に反する建造物への侵入といえ建造物侵入罪（130条前段）が成立する。

　　(2)　預金口座の譲渡を禁止しているという取引実態からは，他人名義の口座から現金を引き出そうとした場合，直ちには応じないというのが銀行の意思である。

　　　　そうすると，現金を引き出す行為は，かかる銀行の意思に反し現金を自己の事実上の支配に置こうとするもので，「窃取」に当たる。よって，窃盗罪（235条）の客観的構成要件に当た

▶△問題文の事実を十分に拾えていない

▶×共謀共同正犯の要件を示すべき

▶×本問では問われていない

▶△「窃取」の定義を先に示すほうが丁寧である

　そして，丙は甲から事情を聞いていながら行っているので，窃盗罪の故意も認められる。また，50万円獲得に何もしていないのに5万円という一般人の日当よりかなり多額な報酬をもらえること，振り込め詐欺の利益を確実にするために，引き出す行為は重要な役割であることから，丙に正犯意思が認められる。50

　以上より，丙は窃盗罪の罪責を負う。

２　甲の罪責

　甲は，丙に事情を話し自ら持ちかけている。また，口座は自分が用意したものである。よって，心理的物理的に丙と利用補充関係が認められるから，本件行為について「共謀」があるといえる。55

（1）　丙がATMに入った点について，建造物侵入罪の共同正犯が　　　　　　⇦×本問では問われて
　　成立する（60条，130条前段）。　　　　　　　　　　　　　　　　　　　　ない

（2）　丙が現金を引き出した点について，窃盗罪の共同正犯が成立する（60条，235条）。

３　乙の罪責　　　　　　　　　　　　　　　　　　　　　　　　　60

　乙は引き出し行為について，全く関知していないので，共謀関係がない。よって罪責を負わない。

第3　まとめ

１　甲は，①詐欺既遂罪②建造物侵入罪③窃盗罪の罪責を負い，②③は手段と結果の関係にあるので牽連犯（54条1項後段）となる。65
これと①は併合罪（45条前段）となる。

２　乙は罪責を負わない。

３　丙は，①建造物侵入罪②窃盗罪の罪責を負い，これらは牽連犯となる。

　　　　　　　　　　　　　　　　　　　　　　　　　　以上　70

本問は，乙と共に振り込め詐欺を繰り返していた甲が，利益を独占するため，乙に無断で，それまでと同様の方法で別の被害者をだまし，現金50万円を甲が予めキャッシュカード等を入手していた他人名義の預金口座に振り込ませることに成功し，甲からの依頼を受けた丙が，同口座から現金を引き出そうとしたが，直前に同口座が凍結されたため引出しが失敗に終わったという事案を素材として，事案を的確に分析する能力を問うとともに，詐欺罪の客体，実行行為及びその既遂時期，共謀共同正犯の成立要件，窃盗未遂罪の成否等に関する基本的理解とその事例への当てはめが論理的一貫性を保って行われているかを問うものである。

優秀答案における採点実感 ▐▐▐

① 全体

全体をとおして簡潔に筋を外さず処理しており，読みやすい。特に各論の検討において，条文から離れない姿勢が答案全体をとおして表れており好印象である。

② 設問

1 Vに現金50万円を振り込ませた行為について

詐欺罪の構成要件の検討は端的にまとめられており，非常に読みやすい。他方で，本問では甲の預金口座ではなくA口座であるという事情を拾えているものの，他人名義の口座である点でどのように処理すべきかを論じておらず，残念である。

また，乙の罪責の検討の際，甲との詐欺罪の共謀共同正犯の成否については，あてはめをより充実させるべきであった。問題文を読むと，乙が甲に対して犯行を行うための部屋を提供し，犯行の方法についてのノウハウを提供しているという事情が存することから，このような事情も考慮したうえで共謀共同正犯の検討を行うべきであったといえる。

2 現金自動預払機から現金50万円を引き出そうとした行為について

問題文は「現金自動預払機から現金50万円を引き出そうとした行為」についての罪責の検討を求めているのであって，窃盗目的でATMコーナーに入った行為の検討を求めているのではない。問題文の問いに答えるという姿勢が大切であると認識してほしい。

丙の窃盗罪の検討においては，時間のない場合には優秀答案のような書き方でもかまわないが，できるかぎり「窃取」の定義を示し，問題文の事実を定義にあてはめるという書き方にすべきである。

また，共謀共同正犯の問題であれば，①共謀，②共謀に基づく実行行為，③正犯意思について要件を定立したうえで検討したほうが読みやすい。優秀答案では「心理的物理的に丙と利用補充関係が認められるから，本件行為について『共謀』があるといえる。」などと述べるにとどまっているが，一言でよいので正犯意思の認定を行うと，よりよい答案になる。

以下の事例に基づき，甲及び乙の罪責について論じなさい（特別法違反の点を除く。）。

1　甲（28歳，男性，身長178センチメートル，体重82キログラム）は，V（68歳，男性，身長160センチメートル，体重53キログラム）が密輸入された仏像を密かに所有していることを知り，Vから，売買を装いつつ，代金を支払わずにこれを入手しようと考えた。具体的には，甲は，代金を支払う前に鑑定が必要であると言ってVから仏像の引渡しを受け，これを別の者に託して持ち去らせ，その後，自身は隙を見て逃走して代金の支払を免れようと計画した。甲は，偽名を使って自分の身元が明らかにならないようにして，Vとの間で代金や仏像の受渡しの日時・場所を決めるための交渉をし，その結果，仏像の代金は2000万円と決まり，某日，ホテルの一室で受渡しを行うこととなった。甲は，仏像の持ち去り役として後輩の乙を誘ったが，乙には，「ホテルで人から仏像を預かることになっているが，自分にはほかに用事があるから，仏像をホテルから持ち帰ってしばらく自宅に保管しておいてくれ。」とのみ伝えて上記計画は伝えず，乙も，上記計画を知らないまま，甲の依頼に応じることとした。

2　受渡し当日，Vは，1人で受渡し場所であるホテルの一室に行き，一方，甲も，乙を連れて同ホテルに向かい，乙を室外に待たせ，甲一人でVの待つ室内に入った。甲は，Vに対し，「金は持ってきたが，近くの喫茶店で鑑定人が待っているので，まず仏像を鑑定させてくれ。本物と確認できたら鑑定人から連絡が入るので，ここにある金を渡す。」と言い，2000万円が入っているように見せ掛けたアタッシュケースを示して仏像の引渡しを求めた。Vは，代金が準備されているのであれば，先に仏像を引き渡しても代金を受け取り損ねることはないだろうと考え，仏像を甲に引き渡した。甲は，待機していた乙を室内に招き入れ，「これを頼む。」と言って，仏像を手渡したところ，乙は，準備していた風呂敷で仏像を包み，甲からの指示どおり，これを持ってそのままホテルを出て，タクシーに乗って自宅に帰った。乙がタクシーで立ち去った後，甲は，代金を支払わないまま同室から逃走しようとしたが，Vは，その意図を見破り，同室出入口ドア前に立ちはだかって，甲の逃走を阻んだ。

3　Vは，甲が逃げないように，護身用に持ち歩いていたナイフ（刃体の長さ約15センチメートル）の刃先を甲の首元に突き付け，さらに，甲に命じてアタッシュケースを開けさせたが，中に現金はほとんど入っていなかった。Vは，甲から仏像を取り返し，又は代金を支払わせようとして，その首元にナイフを突き付けたまま，「仏像を返すか，すぐに金を準備して払え。言うことを聞かないと痛い目に合うぞ。」と言った。また，Vは，甲の身元を確認しようと考え，「お前の免許証か何かを見せろ。」と言った。

4　甲は，このままではナイフで刺される危険があり，また，Vに自動車運転免許証を見られると，身元が知られて仏像の返還や代金の支払を免れることができなくなると考えた。そこで，甲は，Vからナイフを奪い取ってVを殺害して，自分の身を守るとともに，仏像の返還や代金の支払を免れることを意図し，隙を狙ってVからナイフを奪い取り，ナイフを取り返そうとして甲につかみ掛かってきたVの腹部を，殺意をもって，ナイフで1回突き刺し，Vに重傷を負わせた。甲は，すぐに逃走したが，部屋から逃げていく甲の姿を見て不審に思ったホテルの従業員が，Vが血を流して倒れているのに気付いて119番通報をした。Vは，直ちに病院に搬送され，一命を取り留めた。

5　甲は，身を隠すため，その日のうちに国外に逃亡した。乙は，持ち帰った仏像を自宅に保管したまま，甲からの指示を待った。その後，乙は，甲から電話で，上記一連の事情を全て打ち明けられ，引き続き仏像の保管を依頼された。乙は，先輩である甲からの依頼であるのでやむを得ないと思い，そのまま仏像の保管を続けた。しかし，乙は，その電話から2週間後，金に困っていたことから，甲に無断で仏像を500万円で第三者に売却し，その代金を自己の用途に費消した。

1 はじめに

本問は，参考となる判例が複数組み合わされており，判例を勉強しているものにとっては，容易に論点を発見することができたであろう。もっとも，典型論点ではあるが，時間と分量との関係から，淡々と処理することが必要となる。

2 設問

1 甲の罪責

(1) 甲がVから仏像を受け取り，乙に頼みホテルの部屋から持ち出した行為について

上記行為について，1項詐欺罪（246条1項）を検討することになる。

窃盗罪と詐欺罪のどちらを検討するのかは，処分行為の有無による。つまり，相手方の錯誤に基づいて財物の占有・利益を移転させるという処分行為があるのであれば，詐欺罪を検討し，なければ窃盗罪を検討することになる。そして，処分行為があるといえるためには，処分意思に基づく処分の事実が必要となる。

具体的な罪責の検討に先立って窃盗罪と詐欺罪のどちらを検討するかという問題提起をする方法と，犯罪の構成要件のなかで検討していく方法があるが，答案例では，詐欺罪の「交付」要件のなかで認定している。

詐欺罪の検討は，構成要件を1つずつ認定していくことが重要となるが，冗長にならないようにメリハリをつける必要がある。答案例のように，禁制品の財物性，不法原因給付物の財産的損害について，端的に論述をすべきである。

なお，不法原因給付物と詐欺罪の関係については，自己の見解を固めておく必要がある。後述のように，不法原因給付物と横領罪の関係でも同様の問題が生じるため，論理一貫した見解を示さなくてはならないからである。

また，最初に検討する罪責について書きすぎてしまう受験生が多いが，答案例のように淡々と処理することが重要となる。本問でいえば，詐欺罪について書きすぎないように注意してほしい。

(2) 甲がナイフでVの腹部を刺した行為について

上記行為について，2項強盗殺人未遂罪を検討していくことになる。ここでは正当防衛の可否について論述することが中心的論点となるが，まず強盗殺人未遂の構成要件に該当することをしっかりと認定すべきである。そのうえで，違法性阻却事由としての正当防衛を検討していく。刑法においては，体系的に論述していくことが重要となる。

構成要件該当性の認定においては処分行為の要否が重要論点となる。強盗罪は，詐欺罪等の交付罪と異なり，奪取罪であり，処分行為は不要である。もっとも，2項強盗においては，犯罪成立範囲が拡大しすぎることになりうるため，1項強盗罪における財物移転と同視できる利益の移転が必要とされる。答案例では，この論点につき，「暴行」の認定のなかで処理している。条文に沿って検討していくなかで論点を処理しており，参考としてほしい。この部分では，Vにとって，甲の身元が判明していないという事実を忘れずに使用してほしい。

次に問題となるのは，殺意がある場合に240条後段に該当するかという点である。もっとも，この点について，通説は殺意のある場合にも強盗殺人罪の成立を肯定しており，簡潔に記述すれば十分である。

構成要件に該当することが認定できたら，違法性が阻却されないか正当防衛の可否に言及することとなる。

急迫不正の侵害は問題なく認められる。防衛の意思については，甲が仏像の返還や代金の支払を免れることを意図していることの指摘が必要である。もっとも，自己の身を守ろうとしていることは明白であるため結果的に防衛の意思は認められる。本問で検討してほしいのは防衛行為の相当性である。甲とVの体格，腹部を1度刺したという事実，ナイフを奪い反撃したという状況等の事実を拾い，評価して結論をだしてほしい。答案例では，結論として相当性を否定し，過剰防衛とした。

なお，本件侵害は先行する詐欺行為をきっかけとするものである。本件侵害がそもそも自招侵害

にあたるかを端的に指摘したうえで違法性が阻却されないか検討することになる。自招侵害については，最高裁判例（最決平成20年5月20日）もでている部分であり，論証を準備しておくべきところである。その際に，自招侵害であることが，急迫性の要件を否定するのか，正当防衛の前提要件となるのか，自分の考えを整理しておく必要がある。この点につき判例は，正当防衛の前提要件として検討していると考えられる。答案例では，紙面の都合上，自招侵害について省略している。

もっとも，本問では，想定以上の反撃がなされており，上記判例に従えば自招侵害を理由に正当防衛が否定されることはないため，簡単に触れれば足りる。

最後に，しっかりと罪数まで書くことも重要である。詐欺罪後の強盗罪をどのように処理するかについて，判例（最決昭和61年11月18日）を参考に混合的包括一罪として処理すればよい。

この罪数処理については平成27年予備試験口述試験でも問われており，学習しておく必要がある。

2　乙の罪責

乙の罪責については，甲の罪責の記述量との関係からコンパクトにまとめることが重要である。条文に沿って最低限の記述を行い，途中答案を防ぐ必要がある。

⑴　まず，知情後の盗品等保管罪の成否を論じることとなる。問題文に知情の時期について記載があることから，それに着目し，問題意識を正確に示してほしい。この点については判例（最決昭和50年6月12日）もあり，多くの受験生が書ける部分であるため，落としてはいけない。

⑵　次に，横領罪（252条1項）を検討することとなる。条文に沿って，「自己の占有する」「他人の物」「横領」について，あてはめることとなる。

ここでは，不法原因給付と横領について理解しておくことが必要となる。不法原因給付物は民法708条本文によって返還請求ができない。その結果として，受託者は自由に不法原因給付物を処分しうるのであるから，横領罪は成立しないのではないかという点が問題となる。要件との関係では，「他人の物」の検討のなかで書くことになる。答案例では，民法と刑法は区別され，刑法上の占有も保護に値することから，「他人の物」であることは否定されないとしている。

そのうえで，「占有」要件において，詐欺犯人からの保管委託が，横領罪の要件である委託信任関係といえるかを検討する必要がある。答案例では，財産犯とはいえ他人からの委託信任関係は保護すべきであるとして，横領罪の成立を肯定する見解に立っている。肯定，否定どちらでもよいが，自分なりの考えをしっかり準備しておく必要がある。

【関連判例】
最判平成元年11月13日刑集43巻10号823頁（判例シリーズ9事件）
最決昭和61年11月18日刑集40巻7号523頁（判例シリーズ56事件）
最判昭和32年9月13日刑集11巻9号2263頁（判例シリーズ57事件）
最判昭和25年7月4日刑集4巻7号1168頁（判例シリーズ66事件）
最判昭和23年6月5日刑集2巻7号641頁（判例シリーズ69事件）
最決昭和50年6月12日刑集29巻6号365頁（判例シリーズ79事件）
最決平成20年5月20日刑集62巻6号1786頁（百選Ⅰ26事件）

【参考文献】
試験対策講座・刑法総論11章2節，刑法各論4章3節③・⑥，4節②，6節②，8節②・④。判例シリーズ9事件，56事件，57事件，66事件，69事件，79事件。条文シリーズ36条，130条，236条，240条，243条，246条，252条，256条。

答案例

第1　甲の罪責について

1　甲が乙を利用して仏像を持ち出した行為につき詐欺罪（246条1項）が成立しないか。 → 問題提起

（1）　まず，代金支払意思があるように装う行為は，売主Vの財産的処分行為の基礎をなす重要な事実を偽る行為といえ，「欺」5く行為にあたる。 → 欺罔行為

（2）　次に，乙が仏像を室外に持ち出した時点で仏像の占有は甲に移転しているところ，Vは鑑定人が待つ近くの喫茶店まで仏像を持ち出すことを許しているから，このような占有移転はVの意思に基づくものといえ，「交付」が認められる。10 → 交付行為

（3）　また，密輸入された仏像は禁制品であるが，法的手続なく没収されない点で財産的価値があり，「財物」にあたる。 → 財物性

（4）　さらに，密輸入された仏像の売却は不法原因給付（民法708条本文）にあたり返還請求権を欠くが，正当な根拠なく物を第三者に交付すべき理由はなく，このような場合も刑法上保護に15値し，財産的損害がある。 → 財産的損害

（5）　したがって，詐欺罪が成立する。 → 結論

2　甲がナイフでVの腹部を刺した行為につき強盗殺人未遂罪（刑法243条，240条後段。以下「刑法」法名省略）が成立しないか。 → 問題提起

（1）　まず，刃体の長さが約15センチメートルもあり殺傷能力の高20いナイフで，身体の枢要部たる腹部を刺す行為は，相手方の反抗抑圧に足るといえる。そして，Vの処分行為を欠くが，被害者の意思を抑圧する強盗罪は被害者の処分行為を予定していないから，被害者の処分行為は不要である。 → 反抗抑圧に足ること

→ 強盗罪において処分行為が不要なこと

もっとも，処罰範囲限定のため，「暴行」にあたるというに25は確実かつ具体的な利益移転に向けられている必要があるところ，甲は偽名の使用等により身元を隠しており，Vを殺せば仏像返還ないし代金支払請求を完全に免れるから，甲の行為は確実かつ具体的な利益移転に向けられているといえる。 → 暴行が確実かつ具体的な利益移転に向けられていること

したがって，甲の上記行為は「暴行」にあたる。30 → 結論

（2）　次に，密輸入された仏像は禁制品であり返還請求権を欠くが，前述のとおり，禁制品が財物にあたり，刑法上保護に価する以上，その返還を免れる利益も「財産上不法の利益」にあたる。 → 財産上の利益

（3）　そうすると，甲は「強盗」にあたる。そして，Vは死亡していないところ，第一次的保護法益が生命であり未遂既遂は殺害35の点で判断すべきであるから，未遂にとどまる。また，甲は殺意を有しているところ，「よって」の文言がないことから，240条後段は殺意ある場合にも適用される。そのため，甲の行為は強盗殺人未遂罪の構成要件に該当する。 → 強盗殺人罪における既遂と未遂の区別

→ 殺人につき故意ある場合にも成立すること

（4）　もっとも，甲はVからナイフを突き付けられていることから，40正当防衛（36条1項）が成立しないか。 → 問題提起

ア　まず，甲はVからナイフを突き付けられ，生命侵害の危険が切迫しているから，「急迫」性が認められる。 → 「急迫」性

イ　次に，仏像取返しのためにナイフを突き付けるVの行為は → 「不正」

目的達成に適当な限度を超え，Ｖの侵害は「不正」といえる。　45

　　　ウ　また，甲は仏像の返還等を免れることを意図してはいるが，自分の身を守ろうとする意図も有しており，防衛の意思を有するといえる。したがって，「防衛するため」といえる。　⇒防衛意思

　　　エ　さらに，「やむを得ずにした」とは，防衛行為として必要かつ相当であることをいうところ，甲は防衛しなければＶに　50　⇒防衛行為の必要性
刺される危険があったから，防衛の必要性はある。しかし，　⇒防衛行為の相当性
Ｖよりも体格のよい甲はナイフを振り回して威嚇すれば侵害を排除しえたのにただちに突き刺しているから，必要最小限度の防衛とはいえず，防衛の相当性を欠く。そのため，「やむを得ずにした」とはいえない。　55

　　　オ　したがって，正当防衛は成立しない。もっとも，過剰防衛　⇒三段論法の帰結
（同条２項）が成立する。

　　(5)　よって，強盗殺人未遂罪が成立する。　⇒結論

　３　以上より，甲は①詐欺罪②強盗殺人未遂罪の罪責を負う。①と　⇒罪数処理
②は包括一罪となる。また，②につき刑が減免されうる。　60

第２　乙の罪責について

　１　乙の仏像保管行為につき盗品等保管罪（256条２項）が成立し　⇒問題提起
ないか。

　　(1)　まず，甲による仏像の詐取に詐欺罪が成立している。そのた　⇒盗品等保管罪の客体に
め，仏像は「財産に対する罪に当たる行為によって領得された　65　　あたること
物」といえる。

　　(2)　次に，仏像が詐欺により領得されたことを乙が知ったのは保　⇒途中知情の場合も保管
管開始後だが，盗品等保管罪は追求権侵害を本質とするところ，　　にあたること
この場合にも追求権侵害が認められるため，乙の知情後の保管
も「保管」にあたる。　70

　　(3)　したがって，知情後の保管行為につき盗品等保管罪が成立す　⇒結論
る。

　２　仏像を売却した行為に横領罪（252条１項）が成立しないか。　⇒問題提起

　　(1)　まず，甲が乙に仏像を委託したのは不法原因給付であり返還　⇒「他人の物」にあたる
請求権を欠くため「他人の物」といえるか問題となるも，刑法　75　　こと
上給付者の所持も保護に値するから，仏像は「他人の物」といえる。

　　(2)　次に，乙が保管を委託された仏像は詐取されたものであるた
め，盗品の保管の委託は刑法上保護されないのではないか。
この点，複雑な財産秩序保護のため他人からの委託信任関係　80
は保護する必要があると解する。そのため，犯罪行為の委託も
刑法上保護に値し，仏像は「自己の占有する」物（252条１
項）といえる。

　　(3)　また，乙の行為は，仏像の保管という委託の趣旨に反し所有　⇒「横領」にあたること
者でなければできない行為といえ，「横領」にあたる。　85

　　(4)　したがって，横領罪が成立する。　⇒結論

　３　以上より，乙は盗品等保管罪および横領罪の罪責を負う。そし　⇒罪数処理
て，両者は併合罪（45条前段）となる。　　　　　　　　　　　以上

優秀答案

1　甲の罪責について

(1)　甲が仏像を鑑定したいと言って仏像の引き渡しを求めた行為に詐欺罪（246条1項）が成立するか。

ア　では，仏像が密輸入されたものであるところ，上記行為が財産上の損害に向けられた「欺」く行為にあたるといえるか。　　　5

(ア)　まず，盗品の犯人といえどもこれを交付する理由はないため，財産上の損害は発生するといえ，上記行為は財産上の損害に向けられたといえる。

(イ)　「欺」く行為とは，相手方が真実を知っていたならば処分行為をしなかったであろう重要な事実を偽ることをいう。V　10は甲が真実は仏像の鑑定をするためではなく持ち逃げする意図なのだと知っていたならば引き渡すことをしなかったであろうといえ，重要な事実を偽ったといえる。

(ウ)　したがって，上記行為は財産上の損害に向けられた「欺」く行為にあたる。　　　15

イ　そしてVは上記行為によって「錯誤」に陥り，これを甲に引渡して「交付」しており財産上の損害が発生している。

ウ　したがって，甲の上記行為に詐欺罪が成立する。

(2)　甲がVの腹部をナイフで刺した行為に強盗殺人未遂罪（243条，240条後段）が成立するか。　　　20

ア　「強盗」（236条2項）にあたるか。

甲はナイフで腹部を刺すという人の身体に向けた不法な有形力の行使たる「暴行」を行っているところ，かかる暴行はVの処分行為に向けられる必要があるといえるか。

(ア)　強盗罪は，人の犯行を抑圧し，その状態を利用する犯罪類　25型であるため，被害者の処分行為は予定されておらず，「暴行又は脅迫」は処分行為に向けられている必要はない。もっとも，処罰範囲を限定するため，「暴行又は脅迫」は確実かつ具体的な利益移転に向けられていることを要すると解する。

(イ)　本件についてこれを見るに，甲は偽名を用いて行動してい　30たため，Vは甲の素性について知らなかった。そうだとすれば，甲が逃げてしまえばVは甲が誰であるかを知らないために代金の支払いを請求することができず，甲は事実上返済を免れる。したがって，甲の上記暴行は確実かつ具体的な財産利益の移転に向けられているといえる。　　　35

(ウ)　よって，甲は「財産上不法の利益を得」るために「暴行」したといえ「強盗」にあたる。

イ　もっとも，甲は殺意を有しているところ，かかる場合にも240条後段の適用があるといえるか。

この点，同条は刑事学上，強盗の機会に死傷結果の生ずるこ　40との多いことにかんがみて規定されたものであり，殺意を有する場合は立案者が想定した典型類型にあたると考えられる。また，同条は「よって」の文言を用いていない。したがって，殺意を有する場合にも同条後段の適用があると解する。

（右側欄外の注記）

←△「では」から文章が始まっており不自然

←○コンパクトに論じられている

←△窃盗との区別を意識できていない

←△強盗の「暴行」が単なる有形力行使ではなく，相手方の反抗抑圧に足りる暴行であることを指摘し，あてはめられるとなおよかった

←○事実を適切に拾えている

ウ　また，既遂未遂は同条が生命身体を第一次的保護法益として　45
　　　いることに鑑みて，生命身体侵害の有無を基準とすべきと考え
　　　る。そして，本件では，Vは死亡していないため未遂となる。
　エ　もっとも，甲がVを刺したのはVがナイフをもって甲の首も
　　　とに刃先をぶつけてきたためである。そこで正当防衛（36条1
　　　項）が成立し違法性が阻却されないか。　　　　　　　　　　　50
　　　　まず，甲の身体に対する切迫した危険が認められるため「急
　　　迫不正の侵害」があるといえる。もっとも，甲はVを殺害して
　　　その代金返還を免れることを明確に意図してVを刺突しており，
　　　もはや急迫不正の侵害を認識しつつこれを避けようとする単純
　　　な心理状態たる「防衛の意思」があったとは認められない。　　55
　　　　したがって，正当防衛は成立せず違法性は阻却されない。
　オ　よって，甲の上記行為に強盗殺人未遂罪が成立する。
(3)　以上より，甲の行為に詐欺罪と強盗殺人未遂罪が成立し，同一
　　法益に向けられているため，包括一罪となり，甲はかかる罪責を
　　負う。　　　　　　　　　　　　　　　　　　　　　　　　　　60
2　乙の罪責
(1)　まず，乙は甲の計画を知らなかったために，かかる計画に関す
　　る詐欺罪及び強盗殺人未遂罪については罪責を負わない。
(2)　では，乙が甲から事情を打ち明けられた後も保管行為を継続し
　　た行為に盗品等保管罪（256条2項）が成立するか。　　　　　　65
　ア　まず，仏像は甲の詐欺行為によって領得されたものであり
　　　「盗品……領得された物」にあたる。
　イ　では「保管」したといえるか。開始時には仏像が「盗品……
　　　領得された物」と知らなかったため問題となる。
　　　　この点，同罪の本質は事後従犯的性格にあり，事情を知った　70
　　　後も保管行為を継続することにおいて事後従犯的性格について
　　　異なるところはない。そのため，事情を知った後も保管を継続
　　　する行為は「保管」にあたるといえる。
　ウ　よって，乙の上記行為に盗品等保管罪が成立する。
(3)　次に，甲の仏像売却行為に横領罪（252条1項）が成立するか。　75
　ア　まず，「他人の物」たる仏像を「占有」しているといえるか。
　　　「占有」は委託信任関係に基づく必要があるところ，盗品の犯
　　　人との間にも委託信任関係が成立するか。
　　　　この点，権利関係が複雑な現代においては，盗品犯との間の
　　　委託信任関係も保護することが財産秩序の維持につながる。そ　80
　　　のため，盗品の犯人との間にも委託信任関係は成立する。
　イ　そして，仏像を売却する行為は所有者でなければできず，不
　　　法領得意思の一切の発現行為たる「横領」をしたといえる。
　ウ　よって，乙の上記行為に横領罪が成立する。
(4)　以上より，乙の行為に盗品等保管罪と横領罪が成立し，両罪は　85
　　社会通念上別個の行為であるため併合罪（45条前段）となり，乙
　　はかかる罪責を負う。

　　　　　　　　　　　　　　　　　　　　　　　　　　　以上

⇦△「自分の身を守ると
ともに」と書いてある
ので，判例に従えば，
防衛の意思は否定され
ないだろう

⇦○「保管」（256条2
項）の文言にひきつけ
られており，好印象で
ある

⇦○十分な論述である

　本問は，甲が，Ｖに嘘を言い，同人所有の仏像を，事情を知らない乙を介して入手した際，Ｖからナイフを突き付けられて仏像の返還や代金の支払を要求されたため，自分の身を守るとともに仏像の返還や代金の支払を免れる意図で，殺意をもって，Ｖから奪い取ったナイフで同人の腹部を刺したが殺害に至らず，その後，甲の依頼を受けた乙が，仏像を保管中，甲に無断でこれを売却した，という事案を素材として，事案を的確に分析する能力を問うとともに，詐欺罪，強盗殺人未遂罪，正当防衛，盗品等保管罪，横領罪それぞれの成立要件等に関する基本的理解と事実の当てはめが，論理的一貫性を保って行われているかを問うものである。

優秀答案における採点実感 |||

1 全体

　法的三段論法を貫いており，非常に読みやすい文章となっている。本問は論点が非常に多く，検討が不十分になってしまっているところもあるが，70分というかぎられた時間のなかで作成された現実的な答案として，参考になるだろう。

2 設問

1 甲の罪責

　詐欺罪について，財産上の損害の有無を，欺罔行為の枠組みのなかでコンパクトに論じており，詐欺罪の構造についての正確な理解がうかがわれて，好印象である。欺罔行為の定義についても正確である。しかし，どの時点で占有の終局的な移転があったか，その移転が被欺罔者の意思に基づくかについての論述がなく，ここではあまり得点を稼げないだろう。

　強盗殺人未遂罪については，処分行為の要否，故意ある場合の適用の可否，既遂時期というような，検討を落としがちな論点についても丁寧に論じられており，基本的な理解がうかがえる。しかし，正当防衛の成否について，攻撃の意思があることからただちに防衛の意思を否定している点には注意が必要である。もっとも，正当防衛の検討を落としている答案もいくつかあったので，相対的にみれば，このような結論にしてしまってもダメージは少ないだろう。

　なお，建造物侵入についての論述がないが，この部分は配点が高くないと考えられるため，時間の関係上省略したとしても問題はないと思われる。

2 乙の罪責

　答案例では言及していない，詐欺罪および強盗殺人未遂罪の共犯関係にまで言及しており，丁寧な印象を受ける。

　盗品等保管罪については，条文の文言を引用しながら丁寧に論じられている。途中知情の論点も「保管」の文言のなかで，同罪の本質にさかのぼった論述がなされており，ここでも基本的な理解がうかがえる。

　横領罪についても，後半部分で時間がないと思われるにもかかわらず十分な論述がなされており，申し分ない。

以下の事例に基づき，甲の罪責について論じなさい（特別法違反の点を除く。）。

1　甲（28歳，男性，身長165センチメートル，体重60キログラム）は，2年前に養子縁組によって氏を変更し，当該変更後の氏名（以下「変更後の氏名」という。）を用いて暴力団X組組員として活動を始めた。甲は，自営していた人材派遣業や日常生活においては，専ら当該変更前の氏名（以下「変更前の氏名」という。）を用いていた。

2　甲は，X組と抗争中の暴力団Y組の組長乙を襲撃する計画を立てていたところ，乙が，交際中のA宅に足繁く通っているとの情報を入手した。甲は，A宅を監視する目的で，A宅の向かいにあるB所有のマンション居室（以下「本件居室」という。）を借りるため，某月1日，Bに会い，「部屋を借りたい。」と申し込んだ。Bは，暴力団員やその関係者とは本件居室の賃貸借契約を締結する意思はなく，準備していた賃貸借契約書にも「賃借人は暴力団員又はその関係者ではなく，本物件を暴力団と関係する活動に使いません。賃借人が以上に反した場合，何らの催告も要せずして本契約を解除することに同意します。」との条項（以下「本件条項」という。）を設けていた。Bは，甲に対し，本件条項の内容を説明した上，身分や資力を証明する書類の提示のほか，家賃の引落しで使用する口座の指定を求めた。

　甲は，自己がX組組員であり，A宅を監視する目的で本件居室を使用する予定である旨告げれば，前記契約の締結ができないと考え，Bに対し，X組組員であることは告げず，その目的を秘しつつ本件居室を人材派遣業の事務所として使用する予定である旨告げた。甲は，Bに変更後の氏名を名乗れば，暴力団員であることが発覚する可能性があると考え，Bに対し，変更前の氏名を名乗った上，養子縁組前に取得し，氏名欄に変更前の氏名が記載された正規の有効な自動車運転免許証を示した。また，甲は，養子縁組前に開設し，口座名義を変更していない預金口座の通帳に十分な残高が記帳されていたため，Bに対し，同通帳を示し，同口座を家賃の引落しで使用する口座として指定した。甲は，同日，前記契約書の賃借人欄に現住所及び変更前の氏名を記入した上，その認印を押し，同契約書をBに渡した。Bは，甲が暴力団員やその関係者でなく，本件居室を暴力団と関係する活動に使うつもりもない旨誤信し，甲との間で上記契約を締結した。この際，甲には家賃等必要な費用を支払う意思も資力もあった。

　なお，前記マンションが所在する某県では，暴力団排除の観点から，不動産賃貸借契約には本件条項を設けることが推奨されていた。また，実際にも，同県の不動産賃貸借契約においては，暴力団員又はその関係者が不動産を賃借して居住することによりその資産価値が低下するのを避けたいとの賃貸人側の意向も踏まえ，本件条項が設けられるのが一般的であった。

3　乙の警護役であるY組組員の丙（20歳，男性，身長180センチメートル，体重85キログラム）は，同月9日午前1時頃，A宅前路上に停めた自動車に乗り，A宅にいた乙を待っていたところ，前記マンション敷地から同路上に出てきた甲を見掛けた。その際，丙は，甲のことを，風貌が甲と酷似する後輩の丁と勘違いし，甲に対し，「おい，こんな時間にどこに行くんだ。」と声を掛けた。これに対し，甲は，無言で上記路上から立ち去ろうとした。これを見た丙は，丁に無視されたと思い込み，同車から降りて甲を追い掛け，「無視すんなよ。こら。」と威圧的に言い，上記路上から約30メートル先の路上において，甲の前に立ち塞がった。丙は，その時，甲が丁でないことに気付くとともに，暴力団員風で見慣れない人物であったことから，その行動を不審に思い，乙に電話で報告しようと考え，着衣のポケットからスマートフォンを取り出した。他方，甲は，丙が取り出したものがスタンガン（高電圧によって相手にショックを与える護身具）であると勘違いし，それまでの丙の態度から，直ちにスタンガンで攻撃され，火傷を負わされたり，意識を失わされたりするのではないかと思

い込み，同日午前1時3分頃，自己の身を守るため，丙に対し，とっさに拳でその顔面を1回殴ったところ，丙は，転倒して路面に頭部を強く打ち付け，急性硬膜下血腫の傷害を負い，そのまま意識を失った。なお，甲は，丙の態度を注視していれば，丙が取り出したものがスマートフォンであり，丙が直ちに自己に暴行を加える意思がないことを容易に認識することができた。

甲は，同日午前1時4分頃，丙が身動きせず，意識を失っていることを認識したが，丙に対する怒りから，丙に対し，足でその腹部を3回蹴り，丙に加療約1週間を要する腹部打撲の傷害を負わせた。

丙は，同日午前9時頃，搬送先の病院において，前記急性硬膜下血腫により死亡したが，甲の足蹴り行為により死期が早まることはなかった。

答案構成用紙

1 はじめに

　本問では，暴力団員が暴力団員であることなどを秘して賃貸借契約を締結したこと，およびスタンガンで攻撃されると誤信して防衛行為にでたことについて，有印私文書偽造罪，同行使罪，詐欺利得罪，傷害致死罪の成否が問われている。刑法総論と各論との両方をバランスよく答えることが求められるため，論述量も膨大になりやすいので，すべてを三段論法の形式で書くのではなく，定義を意識したあてはめを意識し，効率性を重視するとよい。また，あてはめで差がつくので，論証を長々と書くのではなく，あてはめに注力してほしい。

2 設問（甲の罪責）

1 変更前の氏名を本件居室の賃貸借契約書（以下，「本件契約書」という）に記入した行為についての有印私文書偽造罪の成否

(1) 本件契約書は，甲B間の賃貸借契約関係を示す処分証書であるから，「権利，義務……に関する文書」にあたる。

(2) 甲は本件契約書に変更前の氏名を記入している。変更前の氏名は，甲が自営の人材派遣業や日常生活で使用していた氏名であり，甲の通称である。ここで，通称の使用が「偽造」にあたるかが問題となる。

　　この点について判例（最判昭和59年2月17日）は，通称使用が有形偽造にあたる場合があることを肯定している。この判例では，名義人の検討にあたり，文書の性質が考慮されているから，答案上でも，本件契約書の性質を考慮に入れていることを明示してほしい。文書の性質から，私文書偽造罪の保護法益である文書に対する公共の信用が当該文書のどの部分に生じていると考えられるのかを論述して名義人を検討することになる。もっとも，前述したように，「通称使用が『偽造』にあたるか。『偽造』の意義と関連して問題となる。」というように問題提起をして，名義人，作成者，「偽造」の定義を示して論証してからあてはめをして，というように三段論法をしていると答案のスペースと時間がなくなっていくので，問題提起をするにしても事例の問題提起にとどめ，定義を意識したあてはめをしたほうがベターと思われる。

(3) 「偽造」該当性の検討を終えて満足するのではなく，「他人の印章……を使用」，「行使の目的」という構成要件の検討も落とさないでほしい。

2 本件契約書をBに渡した行為についての偽造私文書行使罪の成否

　有印（無印）私文書偽造罪が問題となる事案では，同行使罪まで成立する事案でないか忘れずに検討するべきである。これら2つは往々にしてセットで登場する。

3 X組組員であることを告げず，また，真の使用目的を秘して本件居室の賃貸借契約を締結した行為についての詐欺利得罪の成否

(1) まず，検討する犯罪として間違えずに2項詐欺をセレクトする必要がある。甲が締結した賃貸借契約から得られる利益は，財産的価値を有する有体物たる「財物」ではないので，1項詐欺は検討の余地がない。再現答案のなかにも，1項詐欺を検討しているものが散見された。

(2) 次に，上記行為が「欺」く行為といえるかを検討する。「欺」く行為とは，交付の判断の基礎となる重要な事項を偽る行為をいう（最決平成22年7月29日）。答案ではこの定義を示したうえで，あてはめにおいて，甲が秘していた上記事項が交付の判断の基礎となる重要な事項といえるかを，問題文の事情を使って認定していくことになる。

　　また，自身がX組員であることを告げずに甲がBに本件賃貸借契約の締結を申し込む行為は，挙動による欺罔行為である。挙動による欺罔行為とは，明示的に虚偽の事実を述べなくても，行為者の言動が相手方の錯誤を生じさせるような性質をもっているものをいう（基本刑法Ⅱ239頁）。答案上でも，甲による申込みに本件条項該当性を否定する意思表示が包含されることを認定する必要がある。

(3) 「欺」く行為の検討で満足せずに，甲の上記行為に基づいてBが錯誤に陥り，この錯誤に基づいてBが甲と賃貸借契約を締結し，これによってBに財産上の損害が生じて甲が「財産上不法の

利益を得」たことまで示す必要がある。なお，「財産上不法の利益を得」にいう「不法の」とは，利益そのものが不法なのではなく，利益の獲得手段が違法であるためにその利益が不法なものになるという意味である。

4　甲が丙の顔面を拳で殴って丙を転倒させた行為についての傷害致死罪の成否

(1)　成立する犯罪を検討する前提として，甲が丙の顔面を拳で殴った行為（以下，「第1行為」という）と，甲が丙の腹部を3回蹴った行為（以下，「第2行為」という）が1個の行為なのか別個の行為なのか，どちらと考えるかが問題となる。

　　後述するように，誤想防衛の成否が問題となるところ，1個の行為と考えた場合には，意識を失った丙に対して更に甲は第2行為という攻撃を加えているのであるから，誤想防衛の成否の検討における「やむを得ずにした行為」の要件が充足されず，誤想過剰防衛が成立することになる。その結果，第1行為および上記行為とあわせて1個の行為とみなされる第2行為に傷害致死罪が成立し，続けて誤想過剰防衛の場合の36条2項の準用の可否の論点へと流れる。一方で，別個の行為と考えた場合には，第1行為のみについて誤想防衛の成否が問題となる。そして，これとは独立して，第2行為に犯罪が成立するかを検討することとなる。

　　ここで，正当防衛（誤想防衛）の「やむを得ずにした行為」という要件の充足の検討における，防衛行為（防衛行為と追撃行為）の一体性の判断が問題となるが，この点について判例（最決平成20年6月25日）は，①両行為の時間的場所的接着性，②相手方の侵害の継続，③行為者の防衛の意思の有無の3点に着目している。答案上では，論証→あてはめというように三段論法のかたちを1つひとつしていくと試験時間や答案のスペースを圧迫するため不要だが，これら3点の判断要素を意識した認定は必要である。

　　さらに，防衛行為の一体性の判断を答案上のどこで示すかが悩ましいが，構成要件の検討に入る前（冒頭）に書く方法，第1行為の「やむを得ずにした行為」という要件のあてはめの後に書く方法，第2行為の検討の後に書く方法，一体性が認められる場合には冒頭に書いて一体性が認められない場合は第2行為の検討の後に書くというように書き分ける方法など，さまざまな方法が考えられる。いずれでも問題ないため，自分が書きやすい方法でよいであろう。なお，防衛行為の一体性の判断は，多くの受験生が書くので，必ず答案上で言及すべきである。

(2)　本問の第1行為と第2行為の一体性について，第1行為後に丙が意識を失っており丙の侵害が終了していることに加え，甲は当初の防衛の意思ではなく，丙に対する怒りから第2行為にでており，防衛の意思はないので，第1行為と第2行為との間に時間的場所的接着性が認められるとしても，別個の行為と考えるのが大多数と思われる。

(3)　あとは，第1行為について正当防衛，誤想防衛の検討をすることになる。誤想防衛の成立を肯定して責任故意を阻却した場合には，忘れずに第1行為について過失致死罪の検討をする必要がある。

5　丙の腹部を3回蹴った行為（第2行為）について傷害罪が成立することに問題はない。

【関連判例】

最判昭和59年2月17日刑集38巻3号336頁（百選Ⅱ94事件）

最決平成22年7月29日刑集64巻5号829頁（百選Ⅱ50事件）

最決平成20年6月25日刑集62巻6号1859頁（百選Ⅰ27事件）

【参考文献】

試験対策講座・刑法総論11章2節②・③，刑法各論4章4節②【2】(2)・③，6章4節③。条文シリーズ36条，2編17章総説⑥5，159条，161条，204条，205条，210条，246条。

大塚裕史＝十河太朗＝塩谷毅＝豊田兼彦「基本刑法Ⅱ［第2版］」239頁。

答案例

第1　変更前の氏名を本件居室の賃貸借契約書（以下，「本件契約書」という）に記入した行為に有印私文書偽造罪（刑法159条1項。以下「刑法」法名省略）が成立するか。

　1　本件契約書は「権利，義務……に関する文書」にあたる。

　2　本件契約書に記入された氏名が，甲が自営の人材派遣業や日常生活で使用していた変更前の氏名で甲の通称であるところ，通称を使用するという上記行為が「偽造」にあたるか。 5

　　(1)　同罪の保護法益たる文書に対する公共の信用は，本件契約書に本件条項の記載があるという文書の性質上，暴力団員以外の者が作成した点に生じるので，本件契約書における一般人が文書から認識する意思や観念の主体たる名義人は，暴力団員ではない甲である。一方で，本件契約書における文書に意思や観念を表示させた者である作成者は，暴力団員である甲である。 10

　　(2)　したがって，甲は上記契約書の名義人と作成者の人格の同一性を偽ったといえ，上記行為は「偽造」にあたる。 15

　3　変更後の氏名を使用する甲は，変更前の氏名を記入してその認印を押していることから「他人の印章……を使用」している。

　4　同罪の故意（38条1項本文）に加え，甲は本件契約書を真正な文書として使用する目的を有するから「行使の目的」もある。

　5　よって，有印私文書偽造罪が成立する。 20

第2　本件契約書をBに渡した行為に偽造私文書行使罪（161条1項）が成立する。

第3　X組組員であることを告げず，また，真の使用目的を秘して本件居室の賃貸借契約を締結した行為に，詐欺利得罪（246条2項）が成立するか。 25

　1　上記行為が，処分の判断の基礎となる重要な事項を偽る行為たる「欺」（同条1項）く行為にあたるか。

　　(1)　本件では，たしかに甲は家賃等必要な費用を支払う意思も資力もあった。しかし，本件契約書には，記載が推奨されていたうえに設けられるのが一般的であった本件条項が存在したのであるから，賃貸借契約締結の相手方が暴力団員であるか，また，本件居室が暴力団と関係する活動に使われるかは，同契約締結という処分の判断の基礎となる重要な事項であったといえる。本件条項の説明を受けながら同契約の締結を申し込む行為には，本件条項に該当する事実がないことを表明する意思表示が包含されるといえ，甲はこれらの事項を挙動により偽っている。 30 35

　　(2)　したがって，上記行為は「欺」く行為にあたる。

　2　上記行為によりBは錯誤に陥り，Bは賃貸借契約締結という処分行為をし，甲は「財産上不法の利益を得」ている。

　3　甲に詐欺罪の故意と不法領得の意思に欠けるところはない。 40

　4　よって，上記行為に詐欺利得罪が成立する。

第4　甲が丙の顔面を拳で殴って丙を転倒させた行為に傷害致死罪（205条）が成立するか。

　1　上記行為により丙は急性硬膜下血腫という「傷害」を負い，丙

右側注釈

➡有印私文書偽造罪

➡「権利，義務……に関する文書」
➡問題提起

➡保護法益

➡名義人の認定

➡作成者の認定

➡「偽造」の認定
➡結論

➡「他人の印章……を使用」

➡「行使の目的」

➡偽造私文書行使罪

➡詐欺利得罪

➡問題提起

➡あてはめ

➡結論
➡「財産上不法の利益を得」

➡故意および不法領得の意思

➡傷害致死罪

➡構成要件該当性

は「死亡」している。上記行為の後に介在する甲の足蹴り行為は　45
丙の死期を早めなかったから，因果の流れから排除でき，上記行
為に「よって」丙は死亡したといえる。甲には傷害罪の故意が認
められる。結果的加重犯においては重い結果発生につき過失は不
要と解する。よって上記行為は同罪の構成要件に該当する。

2　丙はスマートフォンを取り出しただけで，甲に，法益侵害が現　50　➡違法性阻却事由
に切迫していたとはいえず，「急迫不正の侵害」（36条1項）は存
在しないから，正当防衛は成立せず，違法性は阻却されない。

3　そうだとしても，甲は丙にスタンガンで攻撃されると誤信して　　　➡責任故意（誤想防衛の
いたことから，責任故意が阻却されないか。　　　　　　　　　　　　　検討）
　　　　　　　　　　　　　　　　　　　　　　　　　　　　　　　　　➡問題提起
　(1)　この点について，故意責任の本質は反規範的人格的態度に対　55　➡違法性阻却事由を基礎
する道義的非難にあり，違法性阻却事由を基礎づける事実を誤　　　　づける事実の錯誤
信している場合，行為者は規範に直面しているといえないから，
事実の錯誤として責任故意が阻却されると解する。

　(2)　これを本件についてみると，甲は，上述のように誤信してお　　　➡あてはめ
り，甲の主観では「急迫不正の侵害」が存在する。また，甲は　60　➡「急迫不正の侵害」
自己の身を守るために上記行為をしたので，「自己……の権利　　　➡「自己……の権利を防
を防衛するため」にあたる。防衛の意思も認められる。そして，　　　衛するため」
自分よりも15センチメートルも身長が高く，25キログラムも体　　　➡防衛の意思
重が重い丙が，甲の主観ではスタンガンという凶器で攻撃して　　　➡「やむを得ずにした行
いるのであるから，甲においてなんらかの防衛行為に出る必要　65　　為」
性もあり，上記行為は防衛の手段として最小限度といえるので，
上記行為は「やむを得ずにした行為」にあたる。

　　　たしかに，上記行為と後述の丙の腹部を蹴った行為との間に　　　➡行為の一体性
時間的場所的接着性があるが，甲は丙に対する怒りから後者の
行為にでているため，当初の防衛の意思との連続性は認められ　70
ない。さらに上記行為後に丙が意識を失ったことを甲は認識し
ていたので，甲の主観において侵害は終了している。したがっ
て，上記行為と後述の行為は別個の行為であり，上記行為はな
お「やむを得ずにした行為」にあたる。

　(3)　よって，甲は違法性阻却事由を誤信しているといえ，責任故　75　➡結論
意が阻却される結果，上記行為に傷害致死罪は成立しない。

4　もっとも，甲は注視していれば，丙が取り出したものがスマー　　　➡過失致死罪
トフォンであり，丙がただちに暴行を加える意思がないことを容
易に認識することができたから，上記行為に過失致死罪（210
条）が成立する。　　　　　　　　　　　　　　　　　　　　　　　80

第5　丙の腹部を3回蹴った行為につき，甲は丙に加療1週間を要す　　　➡傷害罪
る腹部打撲の「傷害」を負わせたので傷害罪（204条）が成立する。

第6　以上より，甲の行為に①有印私文書偽造罪，②同行使罪，③詐　　　➡罪数処理
欺利得罪，④過失致死罪，⑤傷害罪が成立する。①と②は目的と手
段の関係にあるので牽連犯（54条1項後段）となり，これと③も同　85
様に牽連犯となる。⑤は④と同一法益に対するものとして④に吸収
され，①②③と併合罪（45条前段）になる。甲はこれらの罪責を負
う。　　　　　　　　　　　　　　　　　　　　　　　　　　　　以上

1　X組組員であることを告げずに変更前の氏名を名乗りBと賃貸借
　契約を締結した行為に詐欺罪（246条2項）が成立するか。

⬅△正確には「詐欺利得罪」

(1)　「欺」く行為とは，交付の判断の基礎となる重要な事実を偽る
　行為をいうところ，上記行為は「欺」く行為にあたるか。

⬅○定義と問題提起OK

　　甲には必要な費用を支払う意思も資力もあったため，支払意思，
　能力は偽っていない。 　5

⬅○問題文の事実をくまなく拾おうとする姿勢がうかがえて好印象

　　本件条項には賃借人は暴力団員でないこと，物件を暴力団と関
　係する活動に使わないことが定められており，本件マンションの
　ある某県では本件条項が設けられるのが一般的であったことから， 10
　賃借人は暴力団員でないことは賃貸借契約を締結する上で重要で
　あったといえる。そのため暴力団員である場合にはその旨を告げ
　る信義則（民法1条2項）上の義務があり，甲はかかる義務に違
　反している。よって上記行為は不作為による「欺」く行為にあた
　る。

⬅○信義則上の告知義務の認定OK

(2)　上記行為によりBは錯誤に陥り，賃借権という「財産上不法の 15
　利益」を得た。

(3)　よって上記行為に詐欺罪が成立する。

2　契約書の賃借人欄に変更前の氏名を記入し認印を押した行為に有
　印私文書偽造罪（159条1項）が成立するか。

⬅○有印私文書偽造罪の成立をコンパクトに論じられている

(1)　契約書は「権利……に関する文書」である。 　20

　　同罪の保護法益は文書に対する公共の信頼であるところ，本件
　条項により甲が暴力団員でないことに信頼が生じるため，名義人
　は変更前の氏名の甲であり，作成者はX組組員の甲である。よっ
　て名義人と作成者の同一性を偽ったといえ，「偽造」にあたる。

　　そして前の氏名たる「他人の印章若しくは署名を使用」し，真 25
　正なものとして認識させる目的たる「行使の目的」もある。

⬅△「他人の印章若しくは署名を使用」とするのではなく，どちらなのかを明らかにすべき

(2)　よって上記行為に有印私文書偽造罪が成立する。

3　契約書をBに渡した行為は，真正なものとして認識させる行為で
　あるため「行使」にあたり，かかる行為に有印私文書行使罪が成立
　する。 　30

⬅×正しくは「偽造私文書行使罪（161条1項）」

4　丙の顔面を殴った行為に傷害致死罪（205条）が成立するか。

(1)　上記行為は実行行為にあたり，死亡結果が発生している。上記
　行為と死亡の間には甲による足蹴り行為が介在しているものの，
　それにより死期が早まることはなく，上記行為により死因が形成
　されているため，危険が現実化したといえ因果関係が認められる。35

⬅○構成要件該当性をコンパクトに書いている
⬅△できれば条文の「傷害」をだしたあてはめを書くとよい

(2)　もっとも，甲は自己の身を守るために上記行為を行っていると
　ころ，正当防衛（36条1項）が成立し違法性が阻却されないか。

　　丙はスマートフォンを取り出しただけであり甲に暴行を加える
　意思はなかったため，「急迫不正の侵害」があったとはいえない。

⬅○問題文の事実の引用OK
⬅○正当防衛成立の効果の指摘OK
⬅△正当防衛不成立という帰結を明示OK

(3)　甲は丙がスタンガンを取り出したと誤信していたところ，違法 40
　性阻却事由に関する錯誤があり，責任故意が阻却されないか。

　ア　故意責任の本質は反規範的人格態度に対する道義的非難であ
　　り，規範は構成要件の形で一般に与えられている。そこで，違
　　法性阻却事由に関する錯誤がある場合，規範に直面したとはい

えないため，責任故意が阻却されると解する。 　　　　　　　　　45

　イ　本件についてみると，甲は乙を襲撃する計画を立て，監視目
　　的で本件居室を借りていたものの，丙による侵害を予期してい
　　たとはいえないため，「急迫」性があるといえる。甲は丙にス
　　タンガンで攻撃されると思ったため，甲の主観では「急迫不正
　　の侵害」があるといえる。 　　　　　　　　　　　　　　　　50

　　　自己の身体という「自己の……権利」を「防衛するため」上
　　記行為を行った。スタンガンで攻撃される以上防衛のために何
　　らかの行為に出る必要があり，スタンガンに対し素手での対抗
　　は相当であるといえ，「やむを得ずにした」といえる。

　　　よって違法性阻却事由の錯誤があり，責任故意が阻却される。　55

（4）　もっとも，丙の態度を注視していれば丙が直ちに甲に暴行を加
　　える意思がないことを容易に認識できたのに注視を怠ったため，
　　過失が認められ，上記行為に過失致死罪（210条）が成立する。

5　丙の腹部を蹴った行為に傷害罪（204条）が成立するか。

（1）　上記行為は実行行為にあたり，傷害結果が発生し因果関係もあ　60
　　る。

　　　顔面の殴打行為と時間的場所的近接性はあるが，顔面殴打によ
　　り丙は意識を失い侵害は終了しており，甲もそのことを認識して
　　いるため，防衛意思が連続しているとはいえない。よって一連の
　　行為と見ることはできず，全体として誤想過剰防衛は成立しない。　65

（2）　よって上記行為に傷害罪が成立する。

6　よって①詐欺罪，②有印私文書偽造罪，③同行使罪，④過失致死
　罪，⑤傷害罪が成立し，①②③は手段と目的の関係にあるため牽連
　犯（54条1項後段）となり，④⑤は同一法益に向けられているため
　包括一罪となり，これらが併合罪（45条前段）となり，甲はかかる　70
　罪責を負う。

　　　　　　　　　　　　　　　　　　　　　　　　　　　　以上

⇐○誤想防衛の成否の検
討OK

⇐○忘れずに過失致死罪
を検討できている

⇐○丙の顔面を殴った行
為と丙の腹部を蹴った
行為とを1個の行為と
みるか別個の行為とみ
るかの検討OK

本問は，甲が，(1)本件居室の賃貸借契約締結に際し，その契約書の賃借人欄に変更後の氏名ではなく変更前の氏名を記入するなどした上，同契約書をBに渡したこと，(2)その際，Bに対し，自己が暴力団員であることを告げず，本件居室の使用目的がA宅の監視目的であることを秘しつつ，Bとの間で同契約を締結し，本件居室の賃借権を取得したこと，(3)丙の顔面を拳で殴って丙を転倒させ，丙に急性硬膜下血腫の傷害を負わせ，さらに，丙の腹部を足で蹴って丙に腹部打撲の傷害を負わせ，丙を同急性硬膜下血腫の傷害により死亡させたことを内容とする事例について，甲の罪責に関する論述を求めるものである。

(1)については，有印私文書偽造罪・同行使罪の成否が問題になるところ，前者については，客観的構成要件要素である「偽造」の意義を示した上で，変更前の氏名は，甲が自営していた人材派遣業や日常生活で専ら使用していたものであることを踏まえつつ，前記契約書の性質に照らし，名義人と作成者との人格の同一性に齟齬（そご）が生じたといえるのか否かを検討する必要がある。

(2)については，2項詐欺罪の成否が問題になるところ，主に論ずべき点として，客観的構成要件要素である「人を欺く行為」（欺罔行為）の意義を示した上で，甲には家賃等必要な費用を支払う意思も資力もあったことを踏まえつつ，甲の属性（暴力団員であるか否か）や，本件居室の使用目的（暴力団と関係する活動か否か）が，前記契約締結の判断の基礎となる重要な事項といえるか否かを検討する必要がある。

(3)については，甲は，丙が取り出したスマートフォンをスタンガンと勘違いして，これで攻撃されると思い込みながら，自己の身を守るため，第1暴行（丙の顔面を殴る行為）を行っていることから，誤想防衛又は誤想過剰防衛の処理が問題になるところ，甲は，丙が意識を失っていることを認識したのに，丙に対する怒りから，第2暴行（丙の腹部を蹴る行為）を行い，丙に腹部打撲の傷害を負わせているため，第1暴行と第2暴行の関係を踏まえつつ，その擬律を判断する必要がある。

いずれについても，各構成要件等の正確な知識，基本的理解や，本事例にある事実を丁寧に拾って的確に分析した上，当てはめを具体的に行う能力が求められる。

優秀答案における採点実感 |||||

① 全体

検討するべき犯罪をすべて検討できているうえに，各検討項目にメリハリをつけて論じることができている。構成要件の定義や行為の実行行為性，発生した結果などの争いのない部分はコンパクトに論じ，あてはめは本問特有の事情を多くピックアップして厚く論じることができており，点数を上手に稼げている。受験生には，メリハリのつけ方を参考にしてほしい。

② 設問（甲の罪責）

1　X組組員であることを告げずに変更前の氏名を名乗りBと賃貸借契約を締結した行為について，「欺」く行為の定義を正確に示したうえで丁寧なあてはめができている。

2　契約書の賃借人欄に変更前の氏名を記入し認印を押した行為について，名義人，作成者，「偽造」の定義を意識したあてはめができているうえ，保護法益から論じることができている。

3　丙の顔面を殴った行為と丙の腹部を蹴った行為について，両者を1個とみるか別個とみるかの判断要素もあげられている。別個とみたうえで，前者につき誤想防衛の検討を各要件の定義を意識しながら丁寧にすることができている。行為の一体性の判断が後者の行為の検討のなかで書かれているが，これでもかまわない。

以下の事例に基づき，甲及び乙の罪責について論じなさい（特別法違反の点を除く。）。

1　甲（40歳，男性）と乙（35歳，男性）は，数年来の遊び仲間で，働かずに遊んで暮らしていた。甲は，住宅街にある甲所有の2階建て木造一軒家（以下「甲宅」という。）で1人で暮らしており，乙も，甲がそのような甲宅に1人で住んでいることを承知していた。乙は，住宅街にある乙所有の2階建て木造一軒家（以下「乙宅」という。）で内妻Aと2人で暮らしており，甲も，乙がそのような乙宅にAと2人で住んでいることを承知していた。甲宅と乙宅は，直線距離で約2キロメートル離れていた。

2　甲と乙は，某年8月下旬頃，働かずに遊びに使う金を手に入れたいと考え，その相談をした。そして，甲と乙は，同年9月1日に更に話合いをし，設定した時間に発火し，その火を周囲の物に燃え移らせる装置（以下「発火装置」という。）を製作し，これを使って甲宅と乙宅に放火した後，正当な請求と見せ掛けて，甲宅と乙宅にそれぞれ掛けてある火災保険の保険金の支払を請求して保険会社から保険金をだまし取り，これを折半することにした。その後，甲と乙は，2人でその製作作業をして，同月5日，同じ性能の発火装置2台（以下，それぞれ「X発火装置」，「Y発火装置」という。）を完成させた上，甲宅と乙宅に放火する日を，Aが旅行に出掛けて乙宅を留守にしている同月8日の夜に決めた。

3　Aは，同日昼，旅行に出掛けて乙宅を留守にした。

4　甲と乙は，同日午後7時，2人で，甲宅内にX発火装置を運び込んで甲宅の1階の居間の木製の床板上に置き，同日午後9時に発火するように設定した。その時，甲宅の2階の部屋には，甲宅内に勝手に入り込んで寝ていた甲の知人Bがいたが，甲と乙は，Bが甲宅にいることには気付かなかった。

　　その後，甲と乙は，同日午後7時30分，2人で，乙宅の敷地内にあって普段から物置として使用している乙所有の木造の小屋（以下「乙物置」という。）内にY発火装置を運び込んで，乙物置内の床に置かれていた，洋服が入った段ボール箱（いずれも乙所有）上に置き，同日午後9時30分に発火するように設定した。なお，乙物置は，乙宅とは屋根付きの長さ約3メートルの木造の渡り廊下でつながっており，甲と乙は，そのような構造で乙宅と乙物置がつながっていることや，乙物置及び渡り廊下がいずれも木造であることを承知していた。

　　その後，甲と乙は，乙宅の敷地内から出て別れた。

5　甲宅の2階の部屋で寝ていたBは，同日午後8時50分に目を覚まし，甲宅の1階の居間に行ってテレビを見ていた。すると，X発火装置が，同日午後9時，設定したとおりに作動して発火した。Bは，その様子を見て驚き，すぐに甲宅から逃げ出した。その後，X発火装置から出た火は，同装置そばの木製の床板に燃え移り，同床板が燃え始めたものの，その燃え移った火は，同床板の表面の約10センチメートル四方まで燃え広がったところで自然に消えた。なお，甲と乙は，終始，Bが甲宅にいたことに気付かなかった。

6　Y発火装置は，同日午後9時30分，設定したとおりに作動して発火した。乙は，その時，乙宅の付近でうろついて様子をうかがっていたが，Y発火装置の発火時間となって，「このままだと自分の家が燃えてしまうが，やはりAには迷惑を掛けたくない。それに，その火が隣の家に燃え移ったら危ないし，近所にも迷惑を掛けたくない。こんなことはやめよう。」と考え，火を消すために乙物置内に入った。すると，Y発火装置から出た火が同装置が置いてある前記段ボール箱に燃え移っていたので，乙は，乙物置内にある消火器を使って消火活動をし，同日午後9時35分，その火を消し止めた。乙物置内で燃えたものは，Y発火装置のほか，同段ボール箱の一部と同箱内の洋服の一部のみで，乙物置には，床，壁，天井等を含め火は燃え移らず，焦げた箇所もなかった。また，前記渡り廊下及び乙宅にも，火は燃え移らず，焦げた箇所もなかった。

7　その後，甲と乙は，甲宅と乙宅にそれぞれ掛けてある火災保険の保険金を手に入れること
　を諦め，保険会社に対する保険金の支払の請求をしなかった。

答案構成用紙

1 はじめに

本問は，放火罪についての論点が網羅的に盛り込まれたものである。いずれも基本的な論点であるが，現場ですべての論点について的確に処理することは容易ではないだろう。すべての論点や条文解釈について厚く論じようとすると，時間が足りなくなったり，バランスを失することになると思われる。そうならないためには，答案構成の段階で重要性に応じた分量の調整をしておく必要がある。放火罪を論じる際には，特に構成要件それぞれについて適切に認定する必要がある。

2 設問

1 甲の罪責

(1) 甲宅に発火装置を設置した行為について

ア　現在建造物放火罪について

甲宅にはBが存在し，客観的には甲宅は現在建造物である。それに対する放火行為であるから，客観的には現在建造物放火罪の構成要件に該当する。この際には，同罪の条文の文言を解釈し，淡々とあてはめていくとよい。結局成立しない罪ではあるが，この後放火罪の構成要件の認定をすることになるため，ここで要件をしっかり示してしまってもよいだろう。「焼損」についてはだれでもその意義を示すであろうが，「人」「放火」といった文言まで，意義を示してあてはめることができれば周囲と差をつけることができるだろう。

しかし，甲は甲宅にBがいることを認識していない。そのため，38条2項により現在建造物放火罪は成立しないことになる。他の罪責の成否を検討する前に，この点を明示する必要がある。

イ　他人所有非現住建造物放火罪について

甲に現在建造物放火罪が成立しないことを前提にしても，甲に別罪の故意があれば，それに対応する軽い罪の客観的構成要件該当性が認められるかを論じることになる。これを論じるためにはまず，行為者の主観がどういうものであるかを認定すべきである。しかし，構成要件の認定はあくまで客観から主観という順序で行うので，ここを論じすぎると，体系的な誤りと捉えられかねない。他人所有非現住建造物放火罪の主観があるということを示す最低限の認定におさめるべきだろう。甲宅は甲所有であり，甲がこれに放火しても原則として同罪は成立しない。認定する際には115条を示すことを忘れないようにしたい。このような細かい条文を落とさないよう，択一知識と論文知識のリンクを日ごろから心掛けてほしい。

なお，本問のように軽い罪の故意で重い罪を犯した場合についても，抽象的事実の錯誤として論じる見解もある。いずれにしても，保護法益と行為態様の共通性から，構成要件の実質的重なり合いの有無を検討することになる。本問の両罪に実質的な重なり合いがあることは明白であるから，答案例のとおり，簡単に認定すれば十分であろう。

(2) 乙物置に発火装置を設置した行為について

ア　この行為については現住建造物放火罪の成否を検討することになる。同罪の構成要件の意義は，甲宅に対する放火を検討するにあたってひととおり示しているはずであるから，ここでは特に問題となる構成要件以外は簡単に認定するだけでよいだろう。可能なかぎり条文の文言をそのまま使うと印象がよい。

イ　この行為で問題となるのは，乙物置が現住建造物放火罪の客体たりうるか，ということである。乙物置はそれ自体は人が居住するものではないし，発火装置を設置する際，その中に甲と乙以外の者は存在しない。そのため，乙物置は「建造物」ではあるもののそれ自体が独立した現住（現在）建造物ではない。他方，乙宅には放火犯人である乙のほかにAが居住しており，現住建造物にあたることは明白である。そこで，乙物置が乙宅と一体とみられる場合には，乙物置も人の居住する「建造物」といえ，上記行為につき現住建造物放火罪が成立しうる。

本問のような建物の一体性判断については参考になる判例（最決平成元年7月14日）がある。同判例は複合的な建造物の一体性を，物理的一体性と機能的一体性という観点から肯定している。物理的一体性とは，構造上の一体性と延焼可能性から判断する。構造上一体でなければ，

別の部分にいる人に対する危険が生じるとはいえないから，まずこれが必要とされる。さらに，構造上の一体性が認められるとしても，現住部分への延焼可能性がないのであれば，上記と同様に人に対する危険は生じないから，物理的一体性は否定される。

　また，物理的に一体でないとしても，現住部分と一体的に使用される部分については，人が存在する可能性が高く，そこに放火されると人に対する危険が生じる。そのため，現住部分と一体として使用される部分については，機能的一体性という観点から，一体の建造物と判断される。

　本問では，乙宅と乙物置はわずか３メートルばかりの廊下でつながっていて構造上一体といえるうえ，いずれも燃えやすい木造である。そのため，物理的一体性が否定されることはないだろう。また，物置は通常，居宅の収納スペースとして居住部分と一体として使われるから，機能的一体性も認められるはずである。よって，乙物置は現住建造物放火罪の客体たる，人が居住する「建造物」にあたる。

ウ　もっとも，発火装置から生じた火は，乙物置自体に燃え移る前に乙により消火されている。「焼損」について独立燃焼説に立つのであれば，「焼損」は認められず，現住建造物放火未遂罪が成立するにとどまるであろう。

(3)　乙宅の敷地に入った行為について

　乙は内妻Aと同居している。Aも許諾権を有する居住者であり，Aの意思に反する立入りといえることから，住居侵入罪（130条前段）の検討の余地がある。複数の許諾権者の意思が対立する場合については①許諾権者全員の許諾を必要とする立場，②許諾権者のうち１人の許諾を必要とする立場，③「現在者の意思が不在者の意思に優先する」と解する立場の３説が対立している（山口124頁）。本問では，①の立場からは住居侵入罪が成立し，②③の立場からは住居侵入罪は成立しないという結論になる。

(4)　詐欺罪について

　なお，甲と乙は，それぞれ自宅を燃やすことで保険金を得るという詐欺目的で行為にでている。しかし，第23問の思考過程で述べたように，保険金を請求するまでは詐欺未遂罪の成立も認めないのが判例（大判昭和７年６月15日）である。

２　乙の罪責

(1)　乙も，甲とともにすべての実行行為を行っているため，乙について別途検討すべき点は少ない。予備試験の答案用紙が４頁しかない以上，乙については基本的に，甲と同様である，としてしまってよいだろう。そのなかで，甲と異なる検討が必要になる点については，別途言及すればよい。

(2)　中止行為について

　乙は，乙物置に発火装置を置いた後で乙宅が燃えることを防いでいる。それにより，上述のとおり，乙宅についての放火罪は未遂にとどまっていると考えられる。そこで，乙が中止犯となりその罪が必要的に減免されるのではないかを論じる必要がある。

　もっとも，中止犯について本問で特段問題となることはない。また，このほかに論述すべきことが非常に多い。そのため，ここでは端的に条文の文言を解釈し，必要最低限の論述により中止犯となることを認定すれば十分であろう。こうした重要度の低い部分についてはコンパクトにまとめることも，よい評価を受けるためには重要である。

【関連判例】

最決平成元年７月14日刑集43巻７号641頁（判例シリーズ84事件）
大判昭和７年６月15日刑集11巻859頁

【参考文献】

試験対策講座・刑法総論８章２節④【３】(1)，17章２節②【２】・【３】，刑法各論５章２節②・③・④・⑤。判例シリーズ84事件。条文シリーズ38条②１(6)(d)，43条，108条，109条。
山口厚「刑法各論」124頁。

第1　甲の罪責について
1　甲宅に発火装置を設置した行為について現在建造物放火罪（108
　条）が成立しないか。
　⑴ア　まず，甲宅にはBという放火犯人以外の者がいるため，甲
　　　宅は，「現に人がいる建造物」にあたる。　　　　　　　　　　　5
　　イ　次に，甲が設置した発火装置は，設定した時間に自動で発
　　　火するものであり，これの設置により甲宅の焼損を惹起する
　　　危険性が生じている。したがって，「放火」にあたる。
　　ウ　さらに，発火装置により発火した火は，甲宅の床板に燃え
　　　移っている。この時点で，甲宅は火が媒介物を離れ目的物が　10
　　　独立して燃焼を継続しうる状態にいたっているから，「焼
　　　損」したといえる。
　⑵　もっとも，甲は，甲宅に甲乙以外の者がいることを認識して
　　おらず，現在建造物放火罪の故意がない。そのため，同罪は成
　　立しない（38条2項）。　　　　　　　　　　　　　　　　　　15
2　そこで次に，上記行為について他人所有非現住建造物放火罪
　（109条1項）が成立しないか。
　⑴　甲宅は甲の所有物であるが「保険に付したもの」であるため
　　他人所有として扱われる（115条）。また，甲宅に甲以外の者は
　　住んでいないので，109条1項の客体にあたる。そして，上記　20
　　のとおり，これに「放火」し「焼損」している，というのが甲
　　の主観である。
　⑵　では，甲の主観に対応する他人所有非現住建造物放火罪の客
　　観的構成要件該当性があるか。
　　ア　そもそも，客観的構成要件該当性は実質的に考えるべきで　25
　　　あるから，行為者の認識した犯罪と現に発生した犯罪との間
　　　に，保護法益・行為態様において共通性・類似性があり，実
　　　質的な重なり合いが認められる場合には，その範囲で客観的
　　　構成要件該当性が認められると解する。
　　イ　本問で問題となる両罪は，いずれも公共の安全を保護法益　30
　　　とする。また，いずれも放火行為によってなされる。これら
　　　の共通性から，両罪は他人所有非現住建造物放火罪の範囲で
　　　実質的な重なり合いが認められる。
　　ウ　よって，他人所有非現住建造物放火罪の客観的構成要件該
　　　当性がある。　　　　　　　　　　　　　　　　　　　　　　35
　⑶　そして，上述の甲の主観から，同罪の故意がある。
　⑷　以上より，甲に他人所有非現住建造物放火罪が成立する。
3　甲が乙宅の敷地に入った行為につき，住居権者である内妻Aの
　意思に反する立入りが認められ「侵入」したといえるから，住居
　侵入罪（130条前段）が成立する。　　　　　　　　　　　　　　40
4　乙物置に発火装置を設置した行為について現住建造物放火未遂
　罪（112条，108条）が成立しないか。
　⑴　乙物置には人は住んでおらず，また，犯人以外の者は現在し
　　ていない。しかし，乙宅には，犯人以外の者たるAが居住して

→現に人がいる建造物

→放火

→焼損

→故意がないこと

→他人所有として扱われ
　ること
→甲の主観

→問題提起

→規範定立

→保護法益の共通性
→行為態様の共通性

→三段論法の帰結

→故意
→結論
→端的な認定

→事実からの問題提起

いる。そこで，乙物置も乙宅と一体として「人」が居住する 45
「建造物」にあたるかが問題となる。

　　ア　108条の重罰根拠が建造物の内部にいる人に危険が生じる
　　　点にあることにかんがみ，物理的一体性または機能的一体性 ⇨理由づけ，規範定立
　　　が認められる場合に，「建造物」の一体性があると解する。

　　イ　本問で，乙宅と乙物置とはいずれも木造であり，わずか3 50 ⇨物理的一体性
　　　メートルほどの木造の廊下でつながっていることから，いず
　　　れかで生じた火が他方に延焼する可能性が高く，物理的一体
　　　性が認められる。また，乙物置は，乙宅の荷物置き場として ⇨機能的一体性
　　　機能的に一体であるといえる。そうすると，乙物置は乙宅と ⇨三段論法の帰結
　　　一体といえ，「人」が居住する「建造物」にあたる。 55

　(2)　また，甲はY発火装置を設置することで乙物置が焼損する危 ⇨実行の着手
　　険を惹起しており，「放火」が認められ，この時点で「実行に
　　着手」（43条本文）したといえる。もっとも，火は段ボールに ⇨未遂であること
　　燃え移ったのみであるから，乙物置は独立して燃焼を継続しう
　　る状態になっておらず，「焼損」にいたっていない。 60

　(3)　よって，甲に現住建造物放火未遂罪が成立する。 ⇨結論

第2　乙の罪責について
　1　甲宅に発火装置を設置した行為について
　(1)　乙は甲と話し合いのすえ，上記行為を行っている。これは， ⇨共同正犯の要件充足
　　相互利用補充関係が認められる共同実行の意思と，共同実行の 65
　　事実に基づくものといえるから，乙と甲は，「二人以上共同し
　　て犯罪を実行した者」（60条）にあたる。

　(2)　以上より，乙には他人所有非現住建造物放火罪の共同正犯が
　　成立する。

　2　次に，乙は，自宅とはいえ，放火目的で立ち入ることは住居権 70 ⇨端的な認定
　　者であるAの意思に反するため，「侵入」といえる。
　　よって，住居侵入罪の共同正犯が成立する。

　3　乙物置に発火装置を設置した行為について
　(1)　この行為についても，甲と乙が共同で実行しているから，乙
　　に現住建造物放火未遂罪が成立し，甲と共同正犯となる。 75

　(2)　もっとも，乙は中止犯（43条ただし書）とならないか。 ⇨問題提起

　　ア　まず，乙は，火の着いた段ボール箱に対し消火器を使って ⇨中止した
　　　火を消し止めている。これは，結果不発生のための真摯な努
　　　力をしたといえるので，「中止した」といえる。

　　イ　次に，乙は自己の行為により生じる結果の重大性を考え直 80 ⇨自己の意思により
　　　し自発的に中止行為にでているから，犯罪の完成を妨げる外
　　　部事情によらずに中止行為にでたといえ，「自己の意思によ
　　　り」といえる。

　　ウ　したがって，乙は中止犯となり刑の必要的減免を受ける。 ⇨結論

第3　以上より，甲と乙には，①他人所有非現住建造物放火罪（109条 85 ⇨罪数処理
　　1項），②住居侵入罪（30条前段），③現住建造物放火未遂罪（112条，
　　108条）の共同正犯（60条）が成立し，②と③は牽連犯（54条1項後段），
　　①と②③は併合罪（45条前段）となり，その罪責を負う。 以上

第1　甲の罪責について

1　甲が甲宅にX発火装置を設置した行為につき現住建造物等放火罪（108条）を検討する。

(1)　まず，甲はX発火装置を設置した行為が「放火」行為に当たるか。「放火」にあたるには，焼損という構成要件的結果発生の現実的危険性が発生したと言える必要がある。　　　　　　5

本件では，X発火装置を甲宅に設置し，8日の午後9時に発火するように設定している。そこで，設置行為を行った午後7時の時点で，午後9時には発火し，甲宅に火が燃え移るという構成要件的結果発生の現実的危険は生じているといえる。以上より午後7時の設置行為の時点で「放火」したといえる。　10

⬅△実行行為にあたることは間違いないので，この点についてこれほど分量を割く必要はないだろう

(2)　次に本件ではX発火装置設置時には甲宅にはBが存在したことから「現に人がいる建造物」に該当する。

(3)　さらに，「焼損した」といえるためには，火が媒介物を離れて目的物が独立に燃焼を継続しうる状態に達することを要する。　15
本件では，木製の床板約10センチメートル四方まで独立して燃焼していることから「焼損した」といえる。

⬅○「焼損した」の意義を正確に示している

(4)　もっとも，甲は甲宅には火災保険が掛けられていることを認識しているが，Bが甲宅に存在したことを認識していない。そのため非現住建造物放火罪（109条1項）の故意（38条1項）　20
しか有していない（115条参照）。したがって，甲に重い罪である108条の罪責は成立しない（38条2項）。

⬅△「他人所有」非現住建造物放火罪とするとより正確である

2　そうだとしても甲の上記行為につき軽い主観に対応した非現住建造物放火罪（109条1項）が成立しないか。

(1)　そもそも客観的構成要件の判断は実質的に行うべきであるから①保護法益が共通し②行為態様が共通する場合にはその限度で客観的構成要件該当性が認められる。　25

(2)　これを本件についてみるに，①現在建造物放火罪と非現住建造物放火罪は公共の危険を保護法益とする点で共通しており，②住宅に火をつけるという行為態様も共通している。　30

⬅○わかりやすく分析できている

したがって軽い主観に対応した非現住建造物放火罪が成立する。

3　甲が乙宅の敷地に入った行為につき，住居権者である内妻Aの意思に反する立ち入りが認められ「侵入」したといえるから，住居侵入罪（130条前段）が成立する。　35

⬅○よい視点である

4　甲が乙宅にY発火装置を設置した行為につき，現住建造物放火未遂罪（112条，108条）の成否を検討する。

⬅△乙物置に，としたほうがよいだろう

(1)　甲はY発火装置を人の住んでいない乙物置に設置している。そこで乙物置を乙宅を一体として考え，「人が住居に使用」する「建造物」に放火したといえるかが問題となる。　40

ア　そもそも一体性の有無は構成要件該当性の問題であり，108条の重罰の根拠は，現住部分に存在可能性のある人の生命・身体に対する抽象的危険にある。そこで，一体性の有無は①物理的に一体と言えるか否か②機能的に一体と言えるか

否かにより判断する。 　　　　　　　　　　　　　　　　　　　45

　　イ　本件では，乙物置と乙宅は，渡り廊下でつながっており，
　　　しかもそれは燃えやすい素材である木製である。またその長
　　　さも約３メートルと短い。したがって延焼可能性は高く，物
　　　理的一体性は認められる。また物置には生活に必要なものを
　　　置くのが通常であり，生活する住宅と渡り廊下でつながって　50
　　　いる。そこで，機能的一体性も認められる。よって乙物置と
　　　乙宅には一体性が認められ，乙物置は現住建造物に当たる。

　(2)　そして，Ｙ発火装置を乙物置に設置した午後７時30分の時点
　　　で乙宅に火災が発生する現実的危険が発生しており，「放火」
　　　しているといえる。しかし，乙物置内で燃えたものは，Ｙ発火　55
　　　装置のほか，段ボール箱の一部と同箱内の洋服の一部のみにと
　　　どまり，火が媒介物を離れ独立に燃焼を継続するにいたってい
　　　ない。そこで「焼損した」とは言えず，未遂罪の成立にとどま
　　　る。

　(3)　以上より現住建造物放火未遂罪が成立する。 　　　　　　　60

５　甲には以上の罪が成立し，住居侵入罪と現住建造物放火罪は牽
　　連犯（54条１項後段）となり，非現住建造物放火罪と併合罪（45
　　条前段）となる。

第２　乙の罪責

１　甲宅にX発火装置を設置した行為につき非現住建造物放火罪の　65
　　共同正犯（60条，109条１項）が成立しないか。

　　本件では，乙は甲と話し合いを重ね，発火装置を使用して甲宅
　　に放火をする共謀をなしており，共同実行の意思が認められる。
　　また，２人でX発火装置を運び込み，設置していることから共同
　　実行の事実も認められる。したがって，非現住建造物放火罪の共　70
　　同正犯が成立する。

２　乙宅にＹ発火装置を設置した行為につき現住建造物放火罪の共
　　同正犯（60条，109条１項）が成立しないか。

　(1)　甲宅の設置行為と同様に，共同実行の意思や事実は認められ
　　　犯罪は成立する。 　　　　　　　　　　　　　　　　　　　75

　(2)　もっとも，乙はＹ発火装置作動後に，甲に無断で消火活動を
　　　行っている。そこで，中止未遂（43条但書）とならないか。

　　ア　「自己の意思により」といえるには責任減少が認められる
　　　ほどに自発的に中止をしたか否かにより判断する。

　　　　本件では，乙は発火装置が作動した際，外部的事情なく，　80
　　　Aや近所に迷惑がかかることを懸念し自発的に中止を決意し
　　　ている。そこで，「自己の意思により」と言える。

　　イ　また，本件では，乙自ら消火器を手に取り，５分という短
　　　時間で消火を行い，乙物置は焦げた箇所さえ存在しない。そ
　　　こで責任減少が認められるほどに真摯な努力がなされたとい　85
　　　え「中止した」と言える。

　　ウ　以上より中止犯が成立し，刑は必要的に減免される。

３　以上の罪が成立し両者は併合罪となる。 　　　　　　　　以上

〔欄外コメント〕

←○丁寧に事実を評価で
　きている

←○機能的一体性を適切
　に認定できている

←○他の構成要件を端的
　に認定できている。も
　っとも，未遂罪となる
　以上「実行に着手」し
　たとの認定もしてほし
　い

←△「現住建造物放火未
　遂罪」が正しい

←○紙面の制限があるな
　かで，うまく共同正犯
　の要件を認定できてい
　る

←×現住建造物放火罪は
　108条

←△共同正犯となりうる，
　とすべき

←△規範に対応していな
　い

本問は，数年来の遊び仲間である甲と乙が共謀して，各々の自宅建物に掛けてある火災保険金を
だまし取ろうと考え，甲が1人で暮らす甲宅内と，乙が内妻Aと2人で暮らす乙宅（Aは旅行のた
め留守）と木造の渡り廊下で繋がっている物置内にそれぞれ発火装置を設置したところ，甲宅内に
設置した発火装置から出た火はその床板を燃やしたところで消え（なお，同発火装置の設置及び発
火の際，甲宅には甲の知人Bがいたが，甲及び乙はBの存在に全く気付かなかった），乙宅の物置内
に設置した発火装置から出た火は，本件を後悔して物置に戻ってきた乙によって消し止められ，発
火装置下の段ボール箱及び同箱内の衣服の一部を燃やしたにとどまったことから，甲と乙は火災保
険金の請求を諦めたという事例を素材として，事実を的確に分析する能力を問うとともに，放火罪，
抽象的事実の錯誤，中止犯の成否及びこれが成立する場合に共犯へ及ぼす影響等に関する基本的理
解と事例への当てはめが論理的一貫性を保って行われているかを問うものである。

優秀答案における採点実感 ▮▮▮

① 全体
全体的に，必要な論点を十分に論じており上位答案であるといえる。しかし，論じなくてよいと
ころを厚く論じているところもあり，多少バランスが悪いところも見受けられる。

② 設問

1 甲の罪責

(1) 甲が甲宅にX発火装置を設置した行為について
全体としては論点を過不足なく論じており好印象である。しかし，全体の分量を考えると現住建
造物放火罪の「放火」の検討にここまで分量を割く必要はないであろう。甲のX発火装置を設置し
た行為は既遂となっているし，実行に着手していることは明白であるからである。

もっとも，「焼損」の意義をコンパクトに示すことができている点はよい。紙面に余裕がない問
題であるほど，条文の文言の意義を端的に示しあてはめることができるかによって点数に差が生じ
ることを認識してほしい。

さらに，甲が自宅に火災保険が掛けられていることを認識していることから，115条の適用があ
ることを理解し，他人所有非現住建造物放火罪の故意を有していることを端的に示すことができて
いる。「保険に付した」自己所有の住居は「他人の物」にあたるという115条の知識は，平成23年度
の予備試験論文式試験にも出題されている。受験生には，過去問の学習を丁寧に行うことが合否を
分けるポイントであることを認識してほしい。

(2) 甲が乙宅の敷地に入った行為について
本問では思考過程においても述べたとおり住居侵入罪の検討の余地がある。優秀答案では端的に
同罪の成立を認定できている点で評価できる。放火罪の論点にとらわれ，住居侵入罪に言及しなか
った受験生も多かったと思われる。

(3) 甲が乙物置にY発火装置を設置した行為について
建造物の一体性の論点については，事実に丁寧な評価を加えてあてはめができている。答案例と
同様，延焼可能性によって一体性を判断する見解である。

2 乙の罪責
せっかく甲について住居侵入罪を検討できているのだから，乙についても同罪の検討ができると
よかっただろう。もっとも，これを書かないことにより差をつけられることはないため，現場判断
としては十分合理性がある。

以下の事例に基づき，甲，乙，丙及び丁の罪責について論じなさい（特別法違反の点を除く。）。

1　甲は，建設業等を営むA株式会社（以下「A社」という。）の社員であり，同社の総務部長として同部を統括していた。また，甲は，総務部長として，用度品購入に充てるための現金（以下「用度品購入用現金」という。）を手提げ金庫に入れて管理しており，甲は，用度品を購入する場合に限って，その権限において，用度品購入用現金を支出することが認められていた。

　　乙は，A社の社員であり，同社の営業部長として同部を統括していた。また，乙は，甲の職場の先輩であり，以前営業部の部員であった頃，同じく同部員であった甲の営業成績を向上させるため，甲に客を紹介するなどして甲を助けたことがあった。甲はそのことに恩義を感じていたし，乙においても，甲が自己に恩義を感じていることを認識していた。

　　丙は，B市職員であり，公共工事に関して業者を選定し，B市として契約を締結する職務に従事していた。なお，甲と丙は同じ高校の同級生であり，それ以来の付き合いをしていた。

　　丁は，丙の妻であった。

2　乙は，1年前に営業部長に就任したが，その就任頃からA社の売上げが下降していった。乙は，某年5月28日，A社の社長室に呼び出され，社長から，「6月の営業成績が向上しなかった場合，君を降格する。」と言い渡された。

3　乙は，甲に対して，社長から言われた内容を話した上，「お前はB市職員の丙と同級生なんだろう。丙に，お礼を渡すからA社と公共工事の契約をしてほしいと頼んでくれ。お礼として渡す金は，お前が総務部長として用度品を買うために管理している現金から，用度品を購入したことにして流用してくれないか。昔は，お前を随分助けたじゃないか。」などと言った。甲は，乙に対して恩義を感じていたことから，専ら乙を助けることを目的として，自己が管理する用度品購入用現金の中から50万円を謝礼として丙に渡すことで，A社との間で公共工事の契約をしてもらえるよう丙に頼もうと決心し，乙にその旨を告げた。

4　甲は，同年6月3日，丙と会って，「今度発注予定の公共工事についてA社と契約してほしい。もし，契約を取ることができたら，そのお礼として50万円を渡したい。」などと言った。丙は，甲の頼みを受け入れ，甲に対し，「分かった。何とかしてあげよう。」などと言った。

　　丙は，公共工事の受注業者としてA社を選定し，同月21日，B市としてA社との間で契約を締結した。なお，その契約の内容や締結手続については，法令上も内規上も何ら問題がなかった。

5　乙は，B市と契約することができたことによって降格を免れた。

　　甲は，丙に対して謝礼として50万円を渡すため，同月27日，手提げ金庫の用度品購入用現金の中から50万円を取り出して封筒に入れ，これを持って丙方を訪問した。しかし，丙は外出しており不在であったため，甲は，応対に出た丁に対し，これまでの経緯を話した上，「御主人と約束していたお礼のお金を持参しましたので，御主人にお渡しください。」と頼んだ。丁は，外出中の丙に電話で連絡を取り，丙に対して，甲が来訪したことや契約締結の謝礼を渡そうとしていることを伝えたところ，丙は，丁に対して，「私の代わりにもらっておいてくれ。」と言った。

　　そこで，丁は，甲から封筒に入った50万円を受領し，これを帰宅した丙に封筒のまま渡した。

① はじめに

本問は,（業務上）横領罪,贈収賄罪など主に刑法各論の問題になっている。各論の問題においては,各犯罪の成立要件を余すことなく検討することが必要である。共同正犯の成否においては,正犯意思（正犯性）の有無を,主観・客観の両面から丁寧に検討することが期待される。

② 設問

1 甲の罪責

(1) 手提げ金庫から50万円を取り出した行為について

甲はA社の総務部長として用度品購入用現金を管理する権限を有しており,用度品を購入する場合にかぎって当該現金を支出することが認められていたにもかかわらず,これに反して,丙に対する謝礼として支出するために50万円を取り出している。このように本人から与えられた財物管理の権限の趣旨に反する行為については,横領罪（252条以下）および背任罪（247条）の成否がともに問題になる。この点について,横領と背任の区別という論点が存在する。しかし,横領罪と背任罪のように法条競合の関係にある場合は,罪責の重い犯罪の成否から検討すれば足りる（基本刑法Ⅱ336頁）ため,横領と背任の区別を論点として大展開する必要はないと考えられる。そのため,答案例も横領と背任の区別を論じることなく,端的に（業務上）横領罪（253条）の成否を検討している。

甲は総務部長という「業務上」の地位に基づいて,A社の財産である現金という「他人の物」を,手提げ金庫に入れて管理することで「占有」していたといえる。そして,「横領」とは,不法領得の意思の発現行為をいうところ,丙に対する謝礼としての支出は,明らかに委託の任務に背いてその物につき権限がないのに所有者でなければできないような処分をするものといえ,これにあたる。

(2) 丁に50万円の入った封筒を渡した行為について

甲は,後述するように丙に対する「賄賂」である50万円を,丁をとおして丙に渡しているため,その「供与」が認められる（198条,贈賄罪）。甲は,乙に依頼されたためにこれを行ったものの,乙に恩義を感じていたことから積極的に乙を助けようと考えたうえで,自身の同級生である丙に頼むなど現に実行に及んでいる。このような事情からすれば,主観的にも客観的にも自身の犯罪として正犯意思のもと犯罪に及んでいるといえるため,幇助にとどまらず（共同）正犯として処罰される。

2 乙の罪責

前述した甲に成立する犯罪について,乙は何ら実行を担っていないものの,甲に対しそのような行為にでることを依頼する発言をしている。そのため,（共謀）共同正犯（60条）の成否が問題になる。実際に実行行為を行っていなくとも,正犯意思のもと共謀を成立させ,これに基づいて犯罪が実行された場合には,犯罪実現に向けた（正犯としての）因果性が肯定できる。乙は,自身が降格を免れる目的をもって,自身が甲の職場の先輩であり恩義を感じられていることを認識しながら,贈賄および横領行為を依頼している。このような事情からすれば,犯罪実現に対する意欲や主導的地位が認められ,正犯意思を肯定することができる。

さらに,業務上横領罪については,甲と異なり,乙には占有者および業務者という身分が認められないため,身分のない者にも身分犯の共同正犯の成立が認められるかが問題となる。この点,65条1項が真正身分犯の成立と科刑を,同条2項が不真正身分犯の成立と科刑を規定しているとする立場からは,占有者の身分は真正身分,業務者の身分は不真正身分と解すれば,横領罪の共同正犯の成立を肯定することができる。

3 丁の罪責

甲より供与された賄賂について,後述するように丙には（受託）収賄罪が成立する。この点に関して,丁は,それが賄賂であることを説明されたうえで,丙に指示されたとおりに甲から50万円入りの封筒を受け取っている。これが,単に偶然不在であった夫の代わりに一時的に受け取ったものにすぎないことからすれば,自己の犯罪として正犯意思のもとに行われた行為ということは困難で

あろう。そのため，共同正犯にはあたらず，幇助（62条1項）にとどまることになる。

なお，丁が「公務員」の身分を有しない点について，65条1項の適用がある。

4　丙の罪責

丙はB市職員であり「公務員」にあたる。そして，公共工事に関して業者を選定し，契約を締結する具体的職務権限を有しているため，公共工事の契約をしてもらうという依頼は，丙の「職務に関」するものである。その謝礼としての50万円は，その対価としての不正の報酬といえ，「賄賂」にあたる。さらに，丙は事前に甲から前記依頼を受けたうえでA社の選定に及んでおり，「請託」が認められる。

もっとも，本問では，丙は妻である丁に，事情を明かしたうえで賄賂を受け取らせている。そこで丙が「収受」したといえるかどうか，身分のある者が身分のない者を利用した場合に身分犯の間接正犯が成立するかが問題になる。この点について，通説によれば，丁には収賄罪の幇助犯，丙には収賄罪の間接正犯が成立することになる。この説に対しては，非公務員丁も公務員丙との関係で賄賂を受け取れば違法となることを十分認識しているのであるから，丁は丙の指示に抵抗できるはずであり，丁は丙を一方的に利用・支配しているとはいえないという批判がある。答案例は通説の見解に立って論述した。なお，その他の見解としては，丁には収賄罪の幇助犯，丙には収賄罪の教唆犯が成立するというもの，丁と丙に収賄罪の共同正犯が成立するというものがある。しかし，いずれの見解にも批判がなされている（基本刑法I 315頁）。通説の見解に立つと，丁をとおして50万円の入った封筒を受け取っていることから，「収受」が認められる。そのため，受託収賄罪（197条1項後段）が成立する。

なお，この契約については，法令上も内規上も何ら問題がない以上，「不正な行為」にはあたらず，加重収賄罪（197条の3第1項）には該当しない。

【関連判例】

最判昭和34年2月13日刑集13巻2号101頁（判例シリーズ73事件）

最決昭和57年7月16日刑集36巻6号695頁（百選I 77事件）

最大判昭和33年5月28日刑集12巻8号1718頁（判例シリーズ29事件）

最判昭和32年11月19日刑集11巻12号3073頁（判例シリーズ39事件）

【参考文献】

試験対策講座・刑法総論6章3節③【2】(3)，19章2節⑤，20章2節⑥，21章1節，刑法各論4章6節，9章7節①・②・③・⑨。判例シリーズ73事件，29事件，39事件。条文シリーズ60条②2(5)，62条②8，65条，197条，198条，252条，253条。

大塚裕史＝十河太朗＝塩谷毅＝豊田兼彦「基本刑法I ［第3版］」315頁。「基本刑法II ［第2版］」336頁。

答案例

第1　甲の罪責について
1　手提げ金庫から50万円を取り出した行為に業務上横領罪（253
条）が成立しないか。背任罪（247条）の成否も問題となるが，
両罪は法条競合の関係にあるので，業務上横領罪の成否をまず検
討する。　　　　　　　　　　　　　　　　　　　　　　5 ➡問題提起
➡背任罪と横領罪の関係
　(1)　まず，50万円はA社の財産であり「他人の物」にあたる。 ➡「他人の物」
　(2)　次に，甲はA社の総務部長であり，用度品購入用現金を支出
する権限を有し，現実に金庫を管理していたことから，A社か
ら委託を受けて現金を管理していたといえる。
　　　そうすると，甲は総務部長という「業務上」の地位に基づき，10 ➡「業務上」
A社の現金50万円を「占有」していたといえる。 ➡「占有」
　(3)　そして，甲は用度品購入の場合にかぎり支出が認められてい ➡「横領」のあてはめ
るにもかかわらず，贈賄目的で権限を逸脱してA社の現金を取
り出している。また，賄賂による計算がA社に帰属するとも思
えるが，50万円の贈与はA社の名義でなされたものではない。15
さらに，甲はもっぱら乙を助けるために上記行為を行っており，
本人のためにする意思を有しているわけではない。そうすると，
上記行為は，委託の任務に背いてA社でなければできないよう
な処分をする意思という不法領得の意思の発現行為といえ，
「横領」にあたる。　　　　　　　　　　　　　　　　20
　(4)　したがって，甲に業務上横領罪が成立し，後述のとおり，横 ➡結論
領罪（252条1項）の範囲で乙と共同正犯（60条）となる。
2　甲が封筒を丁に手渡した行為に贈賄罪（198条）の共同正犯が ➡問題提起
成立しないか。
　(1)　本問で甲は，乙の依頼を受け，もっぱら乙を助ける目的で乙 25 ➡幇助ではなく正犯であること
の贈賄行為を幇助したにすぎないとも思える。しかし，甲は賄
賂となる50万円を横領し，丙との交渉にのぞむなど，積極的に
関与していることから，丙への贈賄行為の重要な役割を演じた
といえ，正犯性が認められる。
　(2)　そして，後述のとおり本件50万円は受託収賄罪の「賄賂」に 30 ➡「賄賂」
あたり，甲は丁を通して丙にこれを「供与し」ている。 ➡「供与」
　(3)　したがって，甲の行為に贈賄罪の共同正犯が成立する。 ➡結論
3　以上より，甲は業務上横領罪と贈賄罪の罪責を負い，両者は併 ➡罪数処理
合罪（45条前段）となる。
第2　乙の罪責について　　　　　　　　　　　　　　　　35
甲に上記行為を依頼した乙に横領罪および贈賄罪の共同正犯が成 ➡問題提起
立しないか。
1　乙は実行行為には及んでおらず，甲に現金の持ち出しおよび丙 ➡問題の所在
への金銭の供与を依頼したにすぎない。そこで，「共同して犯罪
を実行した」（60条）とはいえないのではないか。　　40
　(1)　この点について，共犯者間に共謀およびそれに基づく実行行 ➡規範定立
為，正犯意思が認められる場合には，実行行為を行っていない
者についても共同正犯が成立すると解する。
　(2)　本問では，甲と乙との間には，甲が総務部長として管理して ➡共謀とそれに基づく実行行為

いる用度品購入用現金から50万円を丙への謝礼として流用する
ことにつき共謀があり，甲は共謀に基づき横領行為および供与
行為に及んでいる。また，乙はこのような50万円を丙への賄賂
とすることでB市と公共工事の契約を締結し，みずからの降格
を免れる目的を有している。

➡正犯意思

　　そうすると，乙は自己の犯罪として実行する意思で，甲に上
記行為を依頼したといえ，正犯意思が認められる。

　(3)　そのため，乙は「共同して犯罪を実行した」といえる。

➡結論

　2　もっとも，業務上横領罪につき，乙は占有者および業務者とい
う身分を有していないため，共同正犯とならないのではないか。

➡問題提起

　　この点について，65条は共同正犯にも適用されると解されると
ころ，同条1項は真正身分犯の成立と科刑を，同条2項は不真正
身分犯の成立と科刑を規定している。そして，業務上横領罪は占
有者という点で真正身分犯，業務者という点で不真正身分犯であ
る。そのため，乙には65条1項，2項により横領罪の共同正犯が
成立する。

➡共犯と身分

　3　よって，乙には横領罪と贈賄罪の共同正犯が成立し，その罪責
を負い，両者は併合罪となる。

➡罪数処理

第3　丁の罪責について

　1　甲から50万円を受領した行為に受託収賄罪（197条1項後段）
の共同正犯あるいは幇助犯が成立しないか。

➡問題提起

　(1)　たしかに，丁はこれまでの経緯を聞き，50万円が賄賂である
ことを認識したうえで受領している。しかし，丁は，不在の丙
の代わりに賄賂を受領したにすぎないため，重要な役割を演じ
たとはいえず，正犯性は認められない。

➡正犯性がないこと

　(2)　もっとも，丁は丙の受託収賄罪の「収受」を容易にしたとい
え，丁に幇助犯（65条1項，2項，62条1項）が成立する。

➡「幇助」

　2　以上より，丁は受託収賄罪の幇助犯としての罪責を負う。

➡形式的に問いに答える

第4　丙の罪責について

　　B市職員である「公務員」丙が，甲の依頼を受け，公共工事の受
注業者としてA社を選定し，50万円を丁に受領させた行為に，受託
収賄罪が成立しないか。

➡問題提起

　1　本件50万円は，丙が公共工事締結に便宜を図ったことに対する
不正の報酬であり，丙の「職務に関」する「賄賂」にあたる。

➡「職務に関し」「賄賂」

　　そして，甲からB市の公共工事の受注業者としてA社を選定す
ることの依頼は，「請託」にあたる。

　2　次に，丙は丁を利用して賄賂を収受しているものの，前述のと
おり丁は正犯としての規範には直面しておらず，規範的には丙の
道具であったといえるため，一方的支配利用関係が認められるし，
また，丙は甲からの請託を受け入れているため正犯意思も認めら
れる。

➡故意ある幇助的道具

　　そうすると，丙は，賄賂を「収受」したといえる。

➡「収受」

　3　よって，丙の上記行為に受託収賄罪が成立し，その罪責を負う。

➡結論

以上

第1　甲の罪責について

1(1)ア　甲が丙に対して謝礼として渡すために用度品購入用現金の中から50万円を取り出して封筒に入れた行為に業務上横領罪（刑法（以下法名略）253条）と背任罪（247条）のいずれが成立し得るか。両者の区別の基準が問題になる。　　　　　5

　　イ　この点について，両者には法定刑に差があることに着目し，権限を逸脱した場合には刑の重い前者が，権限の範囲内で濫用した場合には刑の軽い後者が成立すると考える。

　　　　本件では，甲は用度品を購入する場合に限って用度品購入用現金を支出することを認められており，賄賂のための謝礼　　10としてこれを支出することは認められていない。

　　ウ　したがって，権限を逸脱したといえるので，業務上横領罪が成立し得る。以下，業務上横領罪の成否につき検討する。

(2)ア　「業務」とは，社会生活上の地位に基づき反復継続して行う事務で，委託を受けて物を占有，保管することを内容とす　　15るものをいう。本件では，甲は総務部長という地位に基づき，A社から委託を受けて，用度品購入用現金を管理している。したがって，「業務」に当たる。

　　イ　甲は用度品購入用現金を手提げ金庫に入れて管理しているため，「自己の占有する」に当たる。また，遺失物横領罪と　　20の区別から，「占有」は委託信任関係に基づくことを要する。本件では，甲はA社から委託されて当該現金を管理しているため，「占有」は委託信任関係に基づくといえる。

　　ウ　用度品購入用現金はA社という「他人の物」に当たる。

　　エ　そして，丙への謝礼として用度品購入用現金の中から50万　　25円を取り出して封筒に入れる行為は，不法領得の意思の発現行為といえるので，「横領した」に当たる。

(3)　よって，同罪が成立する（①）。なお，後述のように，横領罪（252条1項）の範囲で乙との共同正犯（60条）が成立する（②）。　　　　　　　　　　　　　　　　　　　　　　　30

2　甲が丙との間で，A社と公共工事の契約をしたら50万円を謝礼として渡す約束をした行為は，「賄賂」の「約束」（197条1項後段）といえるので，贈賄罪（198条）が成立する（③）。

3　甲が丙の妻に対して50万円を渡した行為は，前述の「賄賂」の「供与」といえるので，贈賄罪が成立する（④）。　　　　　35

4　以上より，甲は上記罪責を負う。そして，②は①に吸収され，③と④は包括一罪となり，前者と後者は併合罪（45条前段）となる。

第2　乙の罪責について

1(1)　甲が用度品購入用現金の中から50万円を取り出した行為につ　　40いて，業務上横領罪の共同正犯が成立しないか。

　　ア　共同正犯は共犯者間に相互利用補充関係が認められる場合，すなわち，共謀の事実，共謀に基づく実行行為がある場合で，正犯性が認められる場合に成立する。

⬅○以下，丁寧に解釈論を展開している

⬅○「約束」の認定

⬅×業務上横領罪と横領罪の共同正犯の2罪が成立するわけではない

イ　本件では，甲と乙は用度品購入用現金から50万円を流用す　45
　　　ることについて話し合い，甲は決心してその旨を乙に告げて
　　　いるため，共謀の事実がある。そして，これに基づき前述の
　　　ように甲は横領の実行行為をしている。さらに，本件計画は
　　　乙が甲に持ち掛けたものであり，この計画による利益は乙が
　　　降格を免れるというもので専ら乙に帰属するものであること，　50
　　　甲は乙に恩義を感じており専ら乙を助ける目的で本件計画を
　　　実行していることから，乙に正犯性が認められる。

←○端的な認定ができて
　いる

　ウ　したがって，同罪が成立し得る。
　(2)　もっとも，同罪は身分犯であるため，65条の適用がある。同
　　　条は，文言上，1項が真正身分犯の成立と科刑についての規定，　55
　　　2項が不真正身分犯の成立と科刑についての規定と解される。
　　　　そして，同罪は，占有者にしか成立しない点では真正身分犯
　　　であるが，単純横領罪を加重した点では不真正身分犯といえる。
　　　そこで，「占有者」の身分につき1項が，「業務上」の身分につ
　　　き2項が適用されると考える。なお，身分者も非身分者を介し　60
　　　て身分犯の法益を侵害し得るため，同1項の「共犯」には共同
　　　正犯も含まれると考える。
　(3)　よって，横領罪の共同正犯が成立する（⑤）。
2　甲が丙と50万円を謝礼として渡す約束をした行為に贈賄罪の共
　同正犯が成立する（⑥）。　65
3　甲が丁に50万円を渡した行為に同罪の共同正犯が成立する
　（⑦）。
4　以上より，乙は⑤ないし⑦の罪責を負う。そして，⑥と⑦は包
　括一罪となり，これと⑤は併合罪となる。
第3　丙の罪責について　70
1(1)　丙が甲との間で前述の約束をした行為に受託収賄罪（197条
　　　1項後段）が成立しないか。
　(2)　丙はB市職員であり，「公務員」に当たる。そして，丙は，
　　　公共事業に関して業者を選定し，B市として契約を締結すると
　　　いう「職務に関し」50万円という「賄賂」を受ける「約束」を　75
　　　している。また，丙は甲から公共事業の受注業者をA社に選定
　　　して欲しいとの「請託」を受けている。よって，同罪が成立す
　　　る（⑧）。
2　丁が甲から50万円を受領した行為について，第三者供賄罪（197

←○条文の正確な理解が
　示せている

　条の2）ではなく，受託収賄罪の共同正犯が成立する（⑨）。丁は　80
　丙のために受領したにすぎず，50万円は丙に帰属するからである。
3　以上より，丙は⑧，⑨の罪責を負い，両者は包括一罪となる。
第4　丁の罪責について
　　丁が甲から50万円を受領した行為に受託収賄罪の共同正犯が成立
　しないか。本件では，丁は丙から電話で賄賂についての事情を聞き，　85
　丙から「私の代わりにもらっておいてくれ」と言われたことを受け，
　事情を全て認識し，甲から50万円を受領している。
　　したがって，同罪の共同正犯が成立し，その罪責を負う。　　以上

本問は，建設業等を営むA株式会社の総務部長である甲が，同社営業部長である乙からの要請を受け，B市職員であり，同市発注の公共工事に関する業者の選定及び契約締結権限を持つ丙に対し，業者選定の際に同社を有利に取り計らってほしいとの趣旨であることを了解したその妻丁を介して，総務部長として管理する用度品購入に充てるための現金の中から50万円を供与したという事案を素材として，事実を的確に分析する能力を問うとともに，共同正犯，共犯と身分，贈収賄罪，業務上横領罪等に関する基本的理解とその事例への当てはめが論理的一貫性を保って行われているかを問うものである。

優秀答案における採点実感

① 全体

事実の分析が正確であることに加え，業務上横領罪の成否や，身分と共犯についての論述が厚く，贈収賄の成否の認定が端的，というように全体としてメリハリのついた答案といえる。また，最初から最後まで文章に乱れがなく，読みやすい答案になっているため，好印象である。

② 設問

1 甲の罪責

横領罪と背任罪の区別について，問題提起をしながら自己の見解を適切に論じており，正確な理解がうかがえる。また，「いずれが成立し得るか」というかたちで問題提起をすると，業務上横領罪につき他の要件の検討を落としがちであるが，この優秀答案は他の要件についても，丁寧に解釈論を示して検討することができている。金銭の所有権の所在についても触れられており，申し分ない。

ただ，業務上横領罪と，横領罪の共同正犯の２罪が成立するかのように番号をふり，罪数処理において吸収関係にあるとしている点は誤りであるから，そこは注意する必要がある。

2 乙の罪責

共謀共同正犯の成否について，共同正犯の処罰根拠から丁寧に解釈論を展開し，適切かつコンパクトなあてはめができている。業務上占有者と非占有者の共犯関係についても，余すことなく論じられている。他方で，賄賂の約束と供与については，端的に論じられており，無駄がない。

3 丙の罪責

賄賂の約束と供与について分けて検討しており，実力の高さがうかがえる。

4 丁の罪責

丁が甲から50万円を受領した行為について，優秀答案の80行目では「丁は丙のために受領したにすぎ」ないと評価しているにもかかわらず，簡単に共同正犯と認定してしまっている。紙幅と時間は無限にあるわけではないが，幇助と考えるべき事情にも触れながら論じられると，なおよかった。

論点・論証一覧

○**不真正不作為犯の実行行為性**　　　　　　　　　　　　　　　　第1問
　不真正不作為犯の実行行為性はいかなる場合に肯定できるか。

> 　この点について，実行行為とは構成要件的結果発生の現実的危険性のある行為をいうところ，その危険の実現は不作為によっても可能である。
> 　もっとも，処罰範囲が不当に拡大することを防止しなければ，罪刑法定主義の趣旨に反する。
> 　そこで，作為犯との構成要件的同価値性が認められる場合，すなわち①法的作為義務が存在し，②作為可能性・容易性が認められる場合に，不真正不作為犯の実行行為性を肯定できると解する。

○**間接正犯の成立要件**　　　　　　　　　　　　　　　　　　　　第22問

> 　この点について，他人を利用する場合でも，利用者が正犯意思を有し，被利用者の行為を道具として一方的に支配・利用したような場合には，上記現実的危険が認められるから，実行行為性が認められると考える。

○**因果関係（危険の現実化説）**　　　　　　　　　　　　　　　　第3問

> 　因果関係は，行為者の実行行為に結果を帰属することができるかという問題であるから，条件関係を前提に，行為の危険が結果に現実化した場合に因果関係が認められると解する。

○**因果関係（行為後に特殊事情がある場合）**　　　第1問，第21問，第22問，第24問
　実行行為後に第三者の行為が介在している場合，因果関係を肯定できるか。刑法上の因果関係の判断基準が問題となる。

> 　刑法上の因果関係は，発生した結果を行為者の実行行為に帰責しうるだけの客観的な結びつきが認められるかという問題である。
> 　そのため，条件関係の存在を前提に，全事情を考慮したうえで結果への寄与度を判断し，実行行為の危険が結果へと現実化したといえる場合に因果関係が認められると解する。

○**ウェーバーの概括的故意**　　　　　　　　　　　　　　　第21問，第24問

○**客体の錯誤**　　　　　　　　　　　　　　　　　　　　　　　　第6問
　AをBと誤信し，犯罪行為を行った場合に故意（38条1項本文）が認められるか。客体の錯誤が問題となる。

> 　この点について，故意責任の本質は，規範に直面しつつあえて犯罪事実を実現する点に求められる。
> 　そして，規範は構成要件ごとに与えられているから，行為者はその限度で規範に直面している。
> 　そこで，客体の錯誤があっても，構成要件において符合しているかぎり，故意を阻却しないと解する（法定的符合説）。

○**抽象的事実の錯誤**　　　　　　　　　　　　　　　　　　　　　第24問

◯早すぎた構成要件の実現

　行為者は第2行為によって結果を惹起するつもりで，第1行為を行ったところ，第1行為だけで結果が発生してしまった場合に，第1行為の段階で実行の着手が認められるか。

> 　この点について，実行行為とは，構成要件的結果発生の現実的危険性を有する行為をいうため，このような危険性を惹起した時点において実行行為性が認められ，実行の着手があるといえると解する。そして，犯人の主観もこのような危険性に影響することから，犯人の主観，犯行計画をも考慮するべきである。

◯因果関係の錯誤

　因果経過に錯誤がある場合でも，故意（38条1項本文）が認められるか。

> 　因果関係は構成要件要素であるものの，認識した事実と生じた事実とは構成要件要素という抽象的なレベルで符合していれば足りる（法定的符合説）。
> 　そのため，行為者が認識した因果経過と現実の因果経過が食い違っていても，予見した因果経過と現実の因果経過が構成要件の範囲内で符合していれば，両者の食い違いは構成要件的評価にとって重要ではないといえ，故意が認められると解する。

◯予見可能性の程度

> 　この点について，予見可能性は結果回避義務を生じさせるものであるから，一般人を結果回避へと動機づける程度の具体的予見可能性が必要である。
> 　もっとも，予見は将来の事柄に関する問題であるから，ある程度抽象化して考えざるをえない。
> 　そこで，およそ当該行為によって人の死亡を生ずることがありうるという程度の抽象化された予見可能性があれば足りると解する。

◯信頼の原則

　信頼の原則はいかなる場合に適用されるか。

> 　この点について，信頼の原則は，その事務に関与する者が規則を守り適切な行動をとるであろうということを信頼するのが相当といえる場合に適用されるものである。
> 　そこで，信頼の原則が適用されるためには，①行為者は他の関与者が適切な行動をとるであろうと実際に信頼していたこと，②信頼するのが客観的に相当といえる事情があることが必要であると解する。

違法性
◯被害者の承諾

　傷害結果について被害者の承諾があるとき，行為の違法性が阻却されないか。

> 　そもそも，違法性の実質は，社会的相当性を逸脱した法益侵害にある。
> 　そこで，被害者の有効な承諾がある行為につき，承諾を得た動機・目的，侵害行為の手段，結果の重大性等諸般の事情に照らし，当該行為が社会的相当性を有する場合には，違法性が阻却されると解する。

◯正当防衛（防衛の意思）

> 　「ため」（36条1項）という文言から防衛の意思が必要と解され，その内容としては，急迫不正の侵害を認識しつつ，これを避けようとする単純な心理状態で足りると解される。

○正当防衛（急迫性）

第9問

侵害を予期していた場合，「急迫」性（36条1項）が否定されるか。

> そもそも，36条1項が急迫性を要件とした趣旨は，法秩序の侵害の予防・回復を国家が行う暇がない場合に補充的に私人に緊急行為を許す点にある。
> そして，予期される侵害の機会を利用して積極的に相手に対して，加害行為をする意思で侵害にのぞんだときは，緊急行為として許す必要性に欠ける。
> そこで，防衛者が侵害を予期し積極的な加害意思がある場合には，「急迫」性は否定されると解する。

○自招侵害

第4問

自招侵害の場合，正当防衛（36条1項）の成立は否定されるか。

> この点，急迫不正の侵害を招致した者が反撃行為を行う場合，行為の経過を全体的に観察すると，侵害を招致する行為（先行行為）の時点で不法な相互闘争行為が開始されたといえるので，正当防衛の成立は制限すべきである。
> すなわち，①挑発者の先行行為が，不正の行為であり，②相手方の侵害行為が，挑発者の先行行為に触発された直後における近接した場所での一連の事態と評価できる場合には，挑発者が不正の行為によりみずから侵害を招いたものといえることから，③侵害行為が挑発者による先行行為の程度を大きく超えるなど特段の事情のないかぎり，挑発者の行為につき，正当防衛は成立しない。

責任
○原因において自由な行為

第6問

> この点について，責任能力が必要とされる根拠は，犯罪結果が責任能力のある状態での意思決定に基づいて実現しているときに，はじめて非難が可能という点にある。
> そうだとすれば，自由な意思決定に基づく原因行為があり，意思決定の実現として結果行為が行われた以上は，結果行為は責任能力がある状態での意思決定の実現過程にほかならない。
> そこで，原因行為から結果行為にまで意思が連続していると認められる場合には，原因において自由な行為の理論により完全な責任を問うことができると解する。
> なお，上記の立場からは，結果行為時に心神耗弱状態に陥っていたとしても，原因において自由な行為の理論を適用すべきであると解する。

○誤想防衛の成立による責任故意の阻却

第28問

> この点について，故意責任の本質は反規範的人格的態度に対する道義的非難にあり，違法性阻却事由を基礎づける事実を誤信している場合，行為者は規範に直面しているといえないから，事実の錯誤として責任故意が阻却されると解する。

未遂
○実行の着手時期

第8問

いかなる場合に犯罪の「実行に着手」（43条本文）したといえるか。実行の着手時期が問題となる。

> この点について，未遂犯の処罰根拠は，構成要件の実現あるいは結果発生の現実的危険の惹起に求められる。
> そうだとすれば，実行の着手も，その現実的危険を惹起せしめることをいうと解すべきである。
> そこで，実行の着手時期は，構成要件的結果の発生にいたる現実的危険性を含む行為の開始時点と解する。

○間接正犯の実行の着手時期（利用者基準説）　　　　　　　　　　　　第22問

> この点について，実行の着手時期は結果発生の現実的危険性を有する行為の開始時点であるところ，間接正犯において被利用者の行為は因果経過にすぎないから，利用者の利用行為に現実的危険性が認められる。そこで，利用行為の開始時点で実行の着手が認められると考える。

○中止犯の法的性格　　　　　　　　　　　　　　　　　　　　　　第7問，第10問

○「自己の意思により」（任意性）　　　　　　　　　　　　　　　第7問，第29問
いかなる場合に中止行為が「自己の意思」（43条ただし書）によるといえるか，その判断基準が問題となる。

> この点について，中止犯の必要的減免の根拠は，中止行為に示される行為者の人格態度が責任を減少させることにあると解される（責任減少説）。
> そうであれば，「自己の意思」とは，中止行為に向かっての行為者の積極的な人格態度を意味すると解する。
> そこで，「自己の意思」によるといえるかは，犯罪の完成を妨げる外部的事情によって中止行為にでたといえるか否かを基準とすべきと解する（主観説）。

○「中止した」── 真摯性の要件　　　　　　　　　　　　　　　第7問，第29問
いかなる場合に，犯罪を「中止した」（43条ただし書）といえるか。

> この点について，中止犯の必要的減免の根拠は責任減少にあるから，「犯罪を中止した」とは，結果発生防止に向けた真摯な努力をしたことを意味すると解する。

○「中止した」── 中止行為と結果の不発生との間の因果関係　　　　　　第7問

> この点について，責任減少説からは，結果発生防止のための真摯な努力があった以上，刑の必要的減免を認めるべきである。
> そこで，中止行為と結果の不発生の間に因果関係は不要であると解する。

○不能犯と未遂犯の区別　　　　　　　　　　　　　　　　　　　第8問，第22問

> そもそも，実行行為性は，社会通念を基礎とした違法有責行為類型たる構成要件該当性の問題である。また，行為は主観と客観の統合体である。
> そこで，実行行為性は，行為者が認識していた事情および一般人が認識しえた事情を基礎として，行為の時点に立って，一般人の観点から構成要件的結果発生の現実的危険があったといえるかにより判断すると解する。

共犯
○共謀共同正犯　　　　　　　　　　　　第9問，第17問，第23問，第26問

○共謀の射程　　　　　　　　　　　　　　　　　　　　　　　　　　第26問
共謀に基づく実行行為があるか。共謀の射程が及ぶかが問題となる。

> そもそも，共同正犯は自己の関与と因果性がある限度で結果への責任を負うから，共謀の射程が及ぶかは，共謀と結果惹起との間の因果性の有無により判断する。

○承継的共同正犯

第5問, 第10問

> この点について，60条が「すべて正犯とする」と規定して，一部実行全部責任を認めている根拠は，共同実行の意思のもとに相互に他の共同者の行為を利用し補充し合って犯罪を実現することにある。
> そして，先行者と後行者が相互に利用し補充し合って一定の犯罪を実現することは可能である。
> もっとも，後行者の行為と無関係な先行者の行為および結果については，相互利用・補充関係を認めることはできない。
> そこで，後行者が先行者の行為および結果を自己の犯罪遂行の手段として利用したとみられる場合にのみ，承継的共同正犯が成立すると解する。

○共同正犯と正当防衛

第5問, 第9問

共同正犯者の一方に正当防衛が認められ，他方に認められない場合がありうるのか。

> この点について，違法性の実質は，社会倫理規範に違反する法益侵害およびその危険をいうと解される。
> そうだとすれば，違法は，個々の行為者の主観・客観を総合的に判断されるべきであるから，違法の相対性は当然に認められる。
> そこで，共同正犯者の一方に正当防衛が認められ，他方に認められない場合がありうると解する。

○未遂の教唆

第8問

教唆者が被教唆者の実行行為をはじめから未遂に終わらせる意思で教唆した場合（未遂の教唆），教唆犯（61条1項）の故意（38条1項本文）があるといえるか。教唆犯の故意の内容が問題となる。

> この点について，教唆犯の処罰根拠は，正犯の行為を通じて間接的に法益侵害・危険を惹起する点にあると解する。
> そうだとすれば，未遂の教唆においても，正犯が実行にでれば，法益侵害の危険を惹起するから，間接的に法益侵害の危険を惹起することになる。
> したがって，教唆犯の故意は，自己の教唆行為によって被教唆者が特定の犯罪を行うことを決意し，その実行にでることを認識することで足りると解する。

○共同正犯と幇助犯の区別

第30問

○幇助の因果性

第11問

幇助行為により犯罪を実行したといえるためには，因果関係が必要か。さらに，その内容が問題となる。

> この点について，共犯の処罰根拠は，正犯の実行行為を通じて間接的に法益侵害・危険を惹起する点に求められると解される（因果的共犯論）。
> そうであれば，幇助と正犯の実行行為あるいは法益侵害・危険の惹起との間に因果関係が必要と解する。
> そして，現行法が「幇助した」（62条1項）と規定しているにすぎない点にかんがみ，幇助行為は正犯を援助しその実行行為を容易にすれば足りる。
> そこで，幇助の因果関係の内容は，実行行為を物理的・心理的に容易にすることで足りると解する。

○非業務者が業務者に加功した場合

第30問

業務上横領罪（253条）は不真正身分犯であるが横領罪という真正身分犯をも含む複合的身分犯である。そこで，非業務者かつ非占有者が業務者の横領行為に加功した場合の処理が問題となる。

> この点について，65条1項は真正身分犯の成立と科刑を，同条2項は不真正身分犯の成立と科刑

を規定している。

　そして，業務上横領罪は占有者という点で真正身分犯，業務者という点で不真正身分犯である。そのため，非業務者かつ非占有者が業務者の横領行為に加功した場合は、65条1項，2項により横領罪が成立する。

○共同正犯内の錯誤 　　　　　　　　　　　　　　　　　　　　　　　　　　　　　　　第9問

　共同正犯（60条）が成立するためには，行為を共同すれば足りるのか，それとも特定の犯罪を共同する必要があるのか。

　　この点について，共犯の処罰根拠は，正犯の行為を通じて構成要件を実現し，法益侵害・危険を惹起させることにあると解される。
　　そこで，特定の犯罪を共同する必要があると解する（犯罪共同説）。
　　もっとも，共同正犯となるためには，実行行為を共同して実現すれば足りる。
　　そこで，構成要件的に重なり合う限度で共同正犯を認めるべきであると解する（部分的犯罪共同説）。

○教唆犯内の錯誤 　　　　　　　　　　　　　　　　　　　　　　　　　　　　　　　第6問

　甲は乙に対し，Aへの犯罪行為を教唆したにもかかわらず，乙はBへ犯罪行為をしている。そこで，甲に教唆犯の故意（38条1項本文）が認められるか。教唆犯内の錯誤が問題となる。

　　この点について，法定的符合説からは，構成要件において符合しているかぎり，故意を阻却しないと解される。
　　そこで，教唆犯内の錯誤が同一構成要件の範囲内に属するかぎり，教唆犯の故意は阻却されないと解する。

○共犯関係からの離脱（着手前の離脱） 　　　　　　　　　　　　　　　　　　　第2問，第23問

　　共同正犯の一部実行全部責任（60条）の根拠は，相互利用補充関係のもと，犯罪を実行した点にある。
　　そこで，このような相互利用補充関係が解消された場合，共同正犯からの離脱が認められると解する。

○共犯関係からの離脱（着手後の離脱） 　　　　　　　　　　　　　　　　　　　　　　第11問

　　この点について，共犯の処罰根拠は，正犯の実行行為を通じて間接的に法益侵害・危険を惹起する点に求められると解される（因果的共犯論）。
　　そうだとすれば，自己の行為と因果関係のない結果についてまで責任を負う必要はない。
　　そこで，着手後の離脱が認められるためには，結果発生防止のための積極的行為による因果性の解消が必要であると解する。
　　具体的には，①共犯者がなお実行行為を継続するおそれの有無，②そのおそれがある場合には防止行為の有無によって決すべきである。

[刑法各論]
生命・身体に対する罪
○同意殺人 　　　　　　　　　　　　　　　　　　　　　　　　　　　　　　　　　　第21問

　同意殺人罪の実行行為といえるためには，被害者の「嘱託」（202条後段）が存在する必要があるところ，いかなる場合に「嘱託」したといえるか。

　　そもそも，同意殺人罪が通常の殺人罪に比して法定刑が軽い根拠は，被害者の真意に基づく意思決

定が存在することで違法性が減少する点にある。
　そこで，「嘱託」は，被害者の真意に基づくものである必要があると解する。

○同時傷害の特例（共犯関係にある場合，傷害致死罪への適用）　　第5問

　まず，意思の連絡がない場合でさえ207条の適用があることとの均衡から，共犯関係がある場合であっても，同時傷害の特例は認められると解する。
　もっとも，「傷害した場合」とある以上，罪刑法定主義の見地から，傷害致死には適用できないと解する。

自由及び私生活の平穏に対する罪
○監禁罪の保護法益　　第12問
　「監禁」（220条後段）といえるためには，被害者に身体活動の自由の侵害の意識が必要か，同罪の保護法益と関係して問題となる。

　この点について，身体活動の自由はその主体が行動したいときに行動することを意味するから，同罪の保護法益は潜在的または可能的自由で足りると解する。
　そして，潜在的または可能的自由は，被害者の意識がなくても侵害される。
　そこで，被害者に侵害の意識は不要であると解する。

○「侵入」の意義　　第13問，第16問，第29問

名誉・信用に対する罪
○「業務」（233条後段，234条）に公務が含まれるか　　第13問，第18問

　この点について，強制力を行使する権力的公務は，偽計・威力による妨害を排除するに足りる実力を有しているから，公務執行妨害罪で保護されれば足りる。
　他方，他の公務はそのような実力を有しておらず，民間業務同様，業務妨害罪による保護の必要がある。
　そこで，強制力を行使する権力的公務は「業務」に含まれないが，それ以外の公務については「業務」に含まれると解する。

○「妨害した」（233条後段，234条）の意義　　第13問
　業務の「妨害」とは，現に業務妨害の結果の発生を必要とするか。

　この点について，業務妨害の結果は多様で曖昧であって，その立証は困難である。
　そこで，「妨害」とは，現に業務妨害の結果の発生を必要とせず，業務を妨害するに足る行為をもって足りると解する（抽象的危険犯）。

財産に対する罪
○窃盗罪における不法領得の意思　　第18問

　この点について，不可罰的な使用窃盗や毀棄罪と窃盗罪とを区別するため，権利者を排除して，他人の物を自己の所有物として，その経済的用法に従い，利用し処分する意思（不法領得の意思）が必要と解する。

○詐欺罪と窃盗罪との区別

第 12 問，第 17 問

窃盗罪との区別のため，処分行為が必要である。そして処分行為があるといえるためには，被欺罔者の意思に基づく占有移転が必要であると解する。

○暴行・脅迫と財物奪取との因果性

第 14 問

犯人は相手方の反抗を抑圧するに足りる程度の脅迫を加えたが，相手方は反抗を抑圧されないで財物を交付した場合も，「強取した」（236 条 1 項）といえるか。

この点について，強盗罪の特質は，相手方の反抗を抑圧するに足りる程度の暴行・脅迫を用いる点にある。

そうだとすれば，この場合も，上記程度の暴行・脅迫を加え，現実に財物を奪取しているといえる。

そこで，この場合も，「強取した」といえると解する。

しかも，このように解しても，当然のことながら暴行・脅迫と奪取との間に因果関係の存在を前提とするから，強盗罪を危険犯とするものではない。

○強盗の機会

第 14 問

240 条後段の「死亡」は手段たる暴行・脅迫の結果から生じたことを要するか。

この点について，240 条の罪は，刑事学上，強盗の機会に致死傷などの結果が生じることが多いため，生命・身体を特に保護する見地から規定された特殊な犯罪類型である。

そこで，「死亡」は，強盗の手段たる暴行・脅迫から生じたことを要せず，強盗の機会に行われた行為によって生じたものであればよいと解する。

○事後強盗罪における窃盗の機会

第 15 問

事後強盗罪の「暴行」（238 条）は，いかなる状況のもとで加えられる必要があるか。

この点，本罪の暴行は，財物が取り返されることを防ぎ，逮捕を免れるために行われるから，窃盗行為と暴行との間に一定の関連性が必要である。

そこで，本罪の「暴行」は，窃盗の機会に加えられる必要があると解する。

○事後強盗に途中から関与した者の罪責

第 15 問

事後強盗に途中から関与した者は，事後強盗罪の共犯といえるのか，事後強盗罪は身分犯であるかが問題となる。

この点について，238 条は行為主体を「窃盗」に限定しているから，事後強盗は窃盗行為を行っている特殊の地位，すなわち身分をもっている者だけが行うことができる。

そこで，事後強盗罪は身分犯であると解する。

そして，事後強盗罪の基本的罪質は財産犯であり，「窃盗」犯人でなければ犯せない犯罪類型である。したがって，事後強盗罪は真正身分犯であると解する。

以上より，事後強盗に途中から関与した者は，65 条 1 項により事後強盗罪の共犯といいうる。

○2 項強盗における処分行為の要否

第 25 問，第 27 問

被害者の意思を抑圧する強盗罪は被害者の処分行為を予定していないから，被害者の処分行為は不要である。

もっとも，処罰範囲限定のため，「暴行」にあたるというには確実かつ具体的な利益移転に向けられている必要があると解する。

○ 240条後段は殺意ある場合も含むか

第14問，第27問

> 　この点について，240条の趣旨は，強盗の機会には殺傷を伴うことが多く，これに重い刑罰をもってのぞむ点にある。
> 　そうであれば，殺害して財物を奪取するという1つの顕著な刑事学的類型を除外するのは，その趣旨に反する。
> 　したがって，この場合も，240条後段が適用できると解する。

○詐欺罪における財産的損害の内容（実質的個別財産説）

第17問

> 　詐欺罪も財産犯である以上，実質的な財産の損害が必要であると解する。
> 　具体的には，被欺罔者の経済的目的が達成できなかったことが必要である。

○クレジットカード詐欺における財産的損害の内容（形式的個別財産説）

第16問

　詐欺罪が成立するためには，被害者における財産的損害の発生が必要であるところ，販売店は後日信販会社から商品代金相当額の支払を受けている。そこで，販売店に財産的損害の発生があるといえるのか，財産的損害の内容が問題となる。

> 　この点について，詐欺罪は，被害者の個々の財産権を侵害する個別財産に対する罪である。
> 　そこで，財産的損害の内容は，財物の交付による占有あるいは本権の侵害であると解する。
> 　したがって，商品を交付している以上，販売店に財産的損害の発生があるといえる。

○不法原因給付と詐欺罪

第27問

○国家的法益に対する詐欺

第19問

> 　まず，国自体も財産権の主体となりうるから，その財産的利益も保護されるべきである。
> 　そこで，国家的法益に対する詐欺罪も成立しうると解する。

○口座振込みと恐喝罪

第16問

　口座に振り込ませる行為は，249条1項か2項かいずれの恐喝罪にあたるか。

> 　この点，口座への振込みにより預金債権という「財産上不法の利益」を得たとして，2項恐喝罪が成立するとの見解がある。
> 　しかし，特に自己の口座に金銭が振り込まれた場合，それを引き出すことは容易であることから，「財物」を「交付」させたといえる。
> 　したがって，口座に振り込ませる行為には，1項恐喝罪が成立すると解する。

○横領罪における不法領得の意思

第24問，第25問

> 　この点，「横領」（252条1項）とは，自己の占有する他人の物につき不法領得の意思を実現するいっさいの行為をいうと解される（領得行為説）。
> 　そして，不法領得の意思とは，他人の物の占有者が委託の任務に背いて，その物につき権限がないのに所有者でなければできないような処分をする意思をいうと解する。

○不法原因給付（寄託）と横領（盗品等処分の代金）

第15問，第27問

　本犯者から預かった盗品を処分し，その代金を横領した場合，盗品等を処分した代金は，不法原因寄託

物であるから，「他人の物」（252条1項）といえるかが問題となる。

> 　この点，行為者は，本犯者からとはいえ，委託を受けて自己以外の者のために占有しているから，この代金も，「他人の物」といえると解する。

○盗品を委託された場合の横領 　　　　　　　　　　　　　　第27問
　盗品の保管の委託は刑法上保護されないのではないか。

> 　この点，複雑な財産秩序保護のため他人からの委託信任関係は保護する必要があると解する。
> 　そのため，犯罪行為の委託も刑法上保護に値し，「自己の占有する」物（252条1項）といえる。

○被害者を相手方とする盗品等運搬罪の成否 　　　　　　　　第18問
　被害者を相手方とした盗品等の運搬行為は，「運搬」（256条2項）にあたるか。

> 　この点について，対価を得る目的で上記行為を行えば，被害者による正常な回復を困難にするといえ，追求権の侵害を肯定することができる。
> 　したがって，上記行為は「運搬」にあたると解する。

○盗品等保管罪の知情時期 　　　　　　　　　　　　　　　　第27問

公衆の安全に対する罪
○「建造物」の一体性の判断基準 　　　　　　　　　　　　　第29問

> 　108条の重罰根拠が建造物の内部にいる人に危険が生じる点にあることにかんがみ，物理的一体性または機能的一体性が認められる場合に，「建造物」の一体性があると解する。

○「焼損」の意義 　　　　　　　　　　　　　　　　　　　　第29問

偽造の罪
○マークシートと「文書」 　　　　　　　　　　　　　　　　第19問

○名義人の承諾ある場合と「偽造」 　　　　　　　　　　　　第19問
　名義人の承諾がある場合でも「偽造」（159条1項）にあたるか。

> 　この点，「偽造」とは，作成権限のない者が他人の名義を冒用して文書を作成することをいう。
> 　そうであれば，この場合，名義人と作成者の人格の同一性の偽りはないから，他人名義の冒用はなく，「偽造」にあたらないとも思える。
> 　もっとも，文書の性質上，名義人自身による作成が予定されているものは，名義人の承諾を得て作成したとしても，文書に対する公衆の信用を害する。
> 　そこで，その性質上，自署性が要求されている文書は，この場合でも「偽造」にあたると解する。

○偽造の意義 　　　　　　　　　　　　　　　　　　　　　　第17問

> 　「偽造」とは，作成者と名義人の人格の同一性を偽る行為をいうと解する。

○通称使用が「偽造」にあたるか 　　　　　　　　　　　　　第28問

○代理名義と偽造

第24問

○虚偽公文書作成罪の間接正犯

第19問

無形偽造である虚偽有印公文書作成罪（156条前段）の間接正犯は成立しうるか。

> この点，同罪は真正身分犯であるものの，非身分者も身分者を介して法益を侵害することができる。
>
> そこで，非身分者の行為にも身分犯の間接正犯が成立しうる。
>
> もっとも，157条は，この種の間接正犯を独立の犯罪類型を設けて処罰し，しかも156条の刑よりも著しく軽い法定刑を定めている。
>
> そこで，公務員の身分を有しない非身分者には，虚偽有印公文書作成罪の間接正犯は成立しないと解する。

国家の作用に対する罪

○身代わり犯人と犯人隠避罪の成否

第20問

すでに逮捕・勾留された犯人のための身代わり出頭が「隠避」（103条後段）にあたるか。

> この点について，犯人隠避罪の保護法益は，捜査，審判および刑の執行等広義における刑事司法の作用である。
>
> そして，現になされている身体の拘束を免れさせるような性質の行為も，上記保護法益を侵害するといえる。
>
> したがって，すでに逮捕・勾留された犯人のための身代わり出頭は「隠避」にあたると解する。

○犯人自身による犯人隠避罪の教唆

第20問

犯人自身が身を隠しても不可罰であるにもかかわらず，犯人が他人を教唆して自己を隠避させた場合には，犯人隠避罪の教唆犯が成立するか。

> この点について，犯人自身の単なる隠避行為が罪とならない根拠は，この行為が刑事訴訟法における被告人の防御の自由の範囲内に属するからである。
>
> ところが，他人を教唆してまで隠避の目的を達成しようとするのは防御権の濫用であり，もはや法の放任する防御の範囲を逸脱する。
>
> したがって，この場合は，犯人隠避罪の教唆犯は成立すると解する。

○犯人自身による犯人隠避罪の教唆——犯人の親族への教唆行為

第20問

犯人の親族への教唆行為は，105条により刑が任意的に免除されないか。

> この点について，105条の根拠は，期待可能性が乏しいことによる責任の減少にある。
>
> そして，犯人の親族への教唆行為も，期待可能性が乏しいといえ，責任の減少が認められる。
>
> したがって，犯人の親族への教唆行為も，105条により刑が任意的に免除されると解する。

○親族間の犯罪に関する特例——親族の他人への教唆行為

第20問

親族の他人への教唆行為は，105条により刑が任意的に免除されないか。

> この点について，105条の根拠は，期待可能性が乏しいことによる責任の減少にある。
>
> そして，他人を介そうと，犯人の親族が親族たる犯人のために隠避する以上，期待可能性が乏しいことによる責任の減少があることに変わりはない。
>
> したがって，親族の他人への教唆行為も，105条により刑が任意的に免除されると解する。

○「暴行」（95条1項）の意義　　　　　　　　　　　　　　　　　　　　第13問

この点について，本罪の保護法益は，公務員の職務行為の円滑な実施である。

そうであれば，実行行為である暴行も職務行為の円滑な実施を妨害するに足りるものである必要がある。

そこで，「暴行」とは，物に対して加えられる有形力が，間接的に公務員の身体に物理的に影響を与えるものであることが必要であると解する（間接暴行）。

○「職務を執行するに当たり」の意義　　　　　　　　　　　　　　　　　第13問

○公務執行妨害罪（95条1項）における妨害結果の要否　　　　　　　　　第13問

本罪は公務を妨害するに足る暴行により成立し，暴行・脅迫の結果として公務員の職務執行が現実に害されたことを要しないと解する。

♠伊藤　真（いとう　まこと）

　1958年東京で生まれる。1981年，大学在学中に１年半の受験勉強で司法試験に短期合格。同時に，司法試験受験指導を開始する。1982年，東京大学法学部卒業，司法研修所入所。1984年に弁護士登録。弁護士としての活動とともに，受験指導を続け，法律の体系や全体構造を重視した学習方法を構築する。短期合格者の輩出数，全国ナンバー１の実績を不動のものとする。

　1995年，憲法の理念をできるだけ多くの人々に伝えたいとの思いのもとに，15年間培った受験指導のキャリアを生かし，伊藤メソッドの司法試験塾をスタートする。現在は，予備試験を含む司法試験や法科大学院入試のみならず，法律科目のある資格試験や公務員をめざす人たちの受験指導のため，毎日白熱した講義を行いつつ，「一人一票実現国民会議」および「安保法制違憲訴訟の会」の発起人となり，社会的問題にも積極的に取り組んでいる。

　「伊藤真試験対策講座〔全15巻〕」（弘文堂刊）は，伊藤メソッドを駆使した本格的テキストとして受験生のみならず多くの読者に愛用されている。他に，「伊藤真ファーストトラックシリーズ〔全７巻〕」「伊藤真の判例シリーズ〔全７巻〕」「伊藤真新ステップアップシリーズ〔全６巻〕」「伊藤真実務法律基礎講座」など読者のニーズにあわせたシリーズを刊行中である。
（一人一票実現国民会議 URL：https://www2.ippyo.org/）

伊藤塾
〒150-0031　東京都渋谷区桜丘町17- 5　03(3780)1717
https://www.itojuku.co.jp

刑法［第２版］【伊藤塾試験対策問題集：予備試験論文⑤】

2016（平成28）年11月30日　初　版１刷発行
2021（令和３）年８月30日　第２版１刷発行

監修者　伊　藤　　　真
発行者　鯉　渕　友　南
発行所　株式会社　弘文堂　　101-0062　東京都千代田区神田駿河台１の７
　　　　　　　　　　　　　　TEL 03(3294)4801　　振替 00120-6-53909
　　　　　　　　　　　　　　https://www.koubundou.co.jp
装　丁　笠井亞子
印　刷　三美印刷
製　本　井上製本所

ISBN978-4-335-30428-6

伊藤塾試験対策問題集

●予備試験論文

伊藤塾が満を持して予備試験受験生に贈る予備試験対策問題集！
過去問と伊藤塾オリジナル問題を使って、合格への最短コースを示します。
合格者の「思考過程」、答案作成のノウハウ、復習用の「答案構成」や「論証」など工夫満載。出題必須論点を網羅し、この1冊で論文対策は完成。

1	刑事実務基礎	2800円	6	民法[第2版]	2800円
2	民事実務基礎[第2版]	3200円	7	商法[第2版]	2800円
3	民事訴訟法[第2版]	2800円	8	行政法	2800円
4	刑事訴訟法	2800円	9	憲法	2800円
5	刑法[第2版]	2800円			

●論文

司法試験対策に最適のあてはめ練習ができる好評の定番問題集！
どんな試験においても、合格に要求される能力に変わりはありません。問題を把握し、条文を出発点として、趣旨から規範を導き、具体的事実に基づいてあてはめをし、問題の解決を図ること。伊藤塾オリジナル問題で合格に必要な能力を丁寧に養います。

1	刑事訴訟法	3200円	4	憲法	3200円
2	刑法	3000円	7	行政法	3200円

●短答

短答式試験合格に必須の基本的知識がこの1冊で体系的に修得できる！
伊藤塾オリジナル問題から厳選した正答率の高い良問を繰り返し解き、完璧にマスターすれば、全範囲の正確で確実な知識が身につく短答問題集です。

1	憲法	2800円	4	商法	3000円
2	民法	3000円	5	民事訴訟法	3300円
3	刑法	2900円			

新 伊藤塾試験対策問題集

●論文

合格答案作成ビギナーにもわかりやすい記述試験対策問題集！
テキストや基本書で得た知識を、どのように答案に表現すればよいかを伝授します。
法的三段論法のテクニックが自然に身につく、最新の法改正に完全対応の新シリーズ。
「伊藤塾試験対策講座」の実践篇として、効率よく底力をつけるための論文問題集です。

1	民法	2800円	3	民事訴訟法	2900円
2	商法	2700円			

弘文堂

＊価格（税別）は2021年8月現在

伊藤塾予備試験論文・口述対策シリーズ

予備試験科目を短期間で効率よく学ぶための定石を伝えるシリーズ。重要度を示すランク付けでメリハリを効かせ、受験生が苦手とする部分はより丁寧に説明。図表と具体例を多用するとともに、判例の立場にそったわかりやすい解説で、短期合格をめざす。実際の試験問題をもとに、思考の筋道と答案例も掲載。直前期必携の「要点CHECK」シート・「口述試験再現」答案も便利。

- ●予備試験科目のインプット教材。
- ●重要度がわかるランク付けでメリハリの効いた内容。
- ●判例の立場を軸に据えたわかりやすい解説。
- ●実際の試験問題を素材に、思考の筋道と答案例を掲載。
- ●受験生の再現答案をもとにした「口述試験 再現」。
- ●答案を書くうえで落としてはいけない重要ポイントをシート化した「要点CHECK」。
- ●フローチャート・図表や例示の多用。
- ●実務がイメージできる書類・書式のサンプル、「コラム」。

刑事実務基礎の定石　　　　　2500円
民事実務基礎の定石

（以下、続刊あり）

弘文堂

＊価格（税別）は2021年8月現在

伊藤真試験対策講座

論点ブロックカード・フローチャートなど司法試験受験界を一新する勉強法を次々と考案し、導入した伊藤真が、全国の受験生・法学部生・法科大学院生に贈る、初めての本格的な書き下ろしテキスト。伊藤メソッドによる「現代版基本書」！

- ●論点ブロックカードで、答案の書き方が学べる。
- ●フローチャートで、論理の流れがつかめる。
- ●図表・2色刷りによるビジュアル化。
- ●試験に必要な重要論点をすべて網羅。
- ●短期集中学習のための効率的な勉強法を満載。
- ●司法試験をはじめ公務員試験、公認会計士試験、司法書士試験に、そして、大学の期末試験対策にも最適。

弘文堂

＊価格（税別）は2021年8月現在

伊藤真の判例シリーズ

厳選された重要判例の読み方・学び方を、伊藤メソッドを駆使して伝授！
各判例は、論点と結論、事実、裁判の経緯、判決の流れ、学習のポイント、
判決要旨、伊藤真のワンポイント・レッスン、等の順にわかりやすく解説。
試験に役立つ学習書に徹した伊藤真による初めての判例ガイド、誕生！

憲法[第2版]	3800円
民法[第2版]	3500円
刑法[第2版]	3500円
行政法[第2版]	3800円
刑事訴訟法	3800円
民事訴訟法	3500円
商法	3500円

伊藤真の条文シリーズ

法律の学習は、条文に始まり条文に終わる！　基本六法を条文ごとにわかり
やすく説明する逐条解説シリーズ。条文の意味・趣旨、解釈上の重要論点、
要旨付きの関連判例をコンパクトに整理。「事項索引」「判例索引」の他に、「条
文用語索引」で検索機能も充実。基礎的な勉強に、受験に、そして実務でも
役立つ伊藤メソッドによるスーパー六法。

民法Ⅰ【総則・物権】	3200円
民法Ⅱ【債権・親族・相続】	3200円
商法・手形法小切手法	2700円
憲法	3000円
刑法	3300円
民事訴訟法	2800円
刑事訴訟法	3100円

伊藤真の全条解説 会社法

平成26年改正をふまえた会社法の全条文をオールマイティにわかりやすく解説。
全ての条文に、制度趣旨、定義、口語訳、論点、関連判例、重要度ランク、
過去問番号が入り、さらに引用条文・読替条文の内容をダイレクトに付記。
実務書として学習書として、安心して利用できる便利なコンメンタール。　**6400円**

弘文堂

＊価格(税別)は2021年8月現在

伊藤塾呉明植基礎本シリーズ

愛弟子の呉明植が「伊藤真試験対策講座」の姉妹シリーズを刊行した。切れ味鋭い講義と同様に、必要なことに絞った内容で分かりやすい。どんな試験でも通用する盤石な基礎を固めるには最適である。　　　　伊藤塾塾長　**伊藤　真**

- ▶どこへいっても通用する盤石な基礎を固める入門書
- ▶必要不可欠かつ必要十分な法的常識が身につく
- ▶各種資格試験対策として必要となる論点をすべて網羅
- ▶一貫して判例・通説の立場で解説
- ▶シンプルでわかりやすい記述
- ▶つまずきやすいポイントをライブ講義感覚でやさしく詳説
- ▶書き下ろし論証パターンを巻末に掲載
- ▶書くためのトレーニングもできる
- ▶論点・項目の重要度がわかるランク付け
- ▶初学者および学習上の壁にぶつかっている中級者に最適

憲法	3000円
民法総則［第2版］	3000円
物権法・担保物権法	2500円
債権総論	2200円
債権各論	2400円
親族・相続	
刑法総論［第3版］	2800円
刑法各論［第3版］	3000円
商法(総則・商行為)**・手形法小切手法**	
会社法	
民事訴訟法	
刑事訴訟法［第2版］	3900円

弘文堂　　　　＊価格(税別)は2021年8月現在